对外汉语教学 语法释疑 201 例

（增订本）

彭小川 李守纪 王宏 著

商务印书馆
The Commercial Press
创于1897

图书在版编目(CIP)数据

对外汉语教学语法释疑 201 例/彭小川,李守纪,王宏
著. —增订本. —北京:商务印书馆,2021(2023.11 重印)
ISBN 978 - 7 - 100 - 19545 - 4

Ⅰ.①对… Ⅱ.①彭…②李…③王… Ⅲ.①汉语—
语法—对外汉语教学—教学参考资料 Ⅳ.①H195.4

中国版本图书馆 CIP 数据核字(2021)第 033077 号

DUÌWÀI HÀNYǓ JIÀOXUÉ YǓFǍ SHÌYÍ 201 LÌ

对外汉语教学语法释疑 201 例

(增订本)

彭小川 李守纪 王宏 著

商务印书馆出版
(北京王府井大街36号 邮政编码100710)
商务印书馆发行
北京市十月印刷有限公司印刷
ISBN 978 - 7 - 100 - 19545 - 4

2021 年 10 月第 1 版 开本 880×1230 1/32
2023 年 11 月北京第 3 次印刷 印张 16⅛

定价:60.00 元

总目录

增订本说明

《对外汉语教学语法释疑201例》自2004年出版以来,受到海内外广大读者的欢迎,至今已印刷19次,并出版了韩文版。随着时间的推移,教学中案例的积累,我们深感有修订和增补的必要。本次修订和增订,主要体现在以下几个方面:

一 新增词条

本次修订新增词条共34条,分别是:"想""要"与"愿意""肯"/"会议闭幕闭了两个小时了"为什么不对?/"自己"与"本人"/"全部""所有"与"一切"/还是/净/只/"暂时"与"一时"/"暂时"与"临时"/"一向"与"从来"/"总是"与"老是"/"不断"与"不停"/"确实"与"实在"/"倒"/"千万"与"万万"/"差点儿"/"几乎"与"差不多""差点儿"/"几乎"与"简直"/除了/"替"与"给""为"/"替"与"帮"/"吗"与"呢"/"呢"的特殊用法/"吗"有几种用法?/为什么能说"我能进来吗"?/"与其你去……"与"你与其去……"(连词语序)/"比……更……"与"比……还……"/"是……的"(二)/"才不……""就不……"与"决不……"/"即使"都是用于假设将来的情况吗?/"即使""甚至"与"连"/"只要……就……"与"只有……才……"/一旦/"一旦"与"万一"。

二 重写或做较大修改

本次修订,重写或做较大修改的词条有18条,主要有以下几种情况：

1. 原来的解释欠全面、准确

如词条"'居然'和'反而'"，原书指出"反而"包括 A、B、C 三层意思；"居然"除了 A、B、C 外，还要有第四层 D，即"说话人对乙结果的出现进行评价"。本次修订，我们检索了大型语料库，发现其实此种用法所占比例很小，"居然"句本身往往已含有评价义，因此需重写该条。重写时将"反而"所含的意思改为四层；分析"居然"常用的三种情况，指出两词可以互换的基础，以及它们用法上的四点差异。

2. 原来的配图欠准确，解释也不够清楚

如词条"'来'与'去'"，本次修订，我们将标题改为"'来'与'去'做补语"，换了配图，增加了例句，并将原内容分为两条写，以求解释得更清楚。"'来'与'去'做补语"条集中解释当动作者跟说话人不是同一个人时，汉语表示人或物体的移动，一般要以说话人为参照点，来决定用"来"还是用"去"。另新增词条"为什么能说'我能进来吗'？"，集中说明当动作者就是说话人自己时，参照点所发生的改变，及其语用效果。

3. 原词条的解释过于简单，欠明确

如词条"'一时''一旦'与'一度'"，原来只有一个非常简单的表，词语之间用法上的差别完全没有提及。本次修订，我们将用法上关联度不是那么大的"一旦"独立开来，另立一个词条；再在词条"'一度'与'一时'"中介绍了"一度"的用法，并具体比较了这两个词使用上的差异。

4. 原词条的解释还可以更完美

如词条"'但是''只是'与'不过'"，原来的解释并没有什么问题,但还可以重写得更好些。这次增订,我们给"但是"和"只是"换了关联度大的例句:(1)小明说得很好,**但是**往往做不到。这样的人,我不喜欢。(2)小明说得很好,**只是**稍微快了点儿,他应该会得第一。这样,通过鲜明的对比和有针对性的释疑,学习者能更容易理解"但是"句与"只是"句所强调的重点的不同之处,收到更好的学习效果。

除上述四种情况外,重写或改动较大的词条还有:来来回回(AABB 式动词重叠)/"你别吵她的架"为什么不对?(离合词二)/昨天暖和,今天冷/"高高兴兴"与"高兴高兴"/"多少""几"与"多"/"才"与"就"/"马上""赶紧""连忙"与"一下子"/"一下子"与"一时"/"一直"与"一向""一贯"/"倒"与"但"/"为"与"为了"句末"了"有哪几种用法?/"吗""吧"与"啊"/"和""而"与"并"等。

三　做小增补或小改动

1. 调整了个别词条的顺序,以使解说更合逻辑

如将原来置于"把"与"被"/"把"与"使"后面的"把"调到这两个词条的前面。

2. 修改了个别条目的标题,以使提示性更强

如原词条"'并'与'又'",考虑到"并"既有连词的用法,又有副词的用法,且做副词时有其固定的格式;"又"的用法也很多,与副词"并"有关联的也仅是其固定的格式,故本次修订,我们将标题改为"'并＋不/没……'与'又＋不/没……'"。

3. 修改提法或补充内容,以使解释更为准确

如将"好好打"与"打得很好"/"写不清楚"与"写得不清楚"等条目中的"情态补语"改称为"评注性补语",内容也做了相应的修改与补充;另外,"表可能的'能'与'会'/'只'与'就'/'连……

带……'与'又……又……'"等也修改了某些提法。"很高兴"与"高高兴兴的"/"又"与"也"/给/"他结了婚"与"他结过婚"/把/"不……吗"与"不……吧"/"一面……一面……""一方面……一方面……"与"一来……二来……"等条目则补充了内容。

4. 增加或替换例句,并做相应的说明,以使解释更为周全

如"表示能力的'能'与'可以'/'怎么'与'为什么'/'却'与'但'"等词条增加了例句;"'最近'与'现在'/表能力的'能'与'会'/'不'与'没'/'却'与'但''而'与'但是'"等词条替换了个别例句。解释方面也都做了相应的补充。

5. 增加配图,或替换图表,以使解释更为形象

如"一边……一边……/'其余'与'其他'/'一度'与'一时'"等增加了配图;"'有'与'是'"替换了配图。

6. 个别词条增补了"考考你",或增加了练习题的题量

如"'很多'与'多少'"原来没有"考考你",此次做了增补;"'却'与'但'/'想出(来)''想起(来)'与'想'/'起来'与'下来'"等条目适当增加了题量。

7. 修改了个别练习题

如"'本来'与'原'/'通过'与'经过'/'的''地''得'/'他结了婚'与'他结过婚'/'和'与'及'/'都明天去'与'明天都去'"等条目中的个别练习题做了修改。

四　改正原稿或排版上个别细微的疏漏之处

增订本对原书词条略有增改,主要是增收了 34 条新编的条目,这样加上原来的 201 条,全书条目共 235 条。增订本的书名还叫作《对外汉语教学语法释疑 201 例》,是因为原书的书名已为读者所熟悉,我们只加上"增订本"三个字,以区别于原书。

　　另外，还有一点需说明的是，王红是本书作者之一，现已改名为王宏。因此，署名也相应做了修改。

　　书中尚存的问题，恳请读者批评指正。

2020 年 10 月

凡　例

1. 本书收集、挑选外国人学习汉语过程中在语法方面普遍感到疑惑的问题,进行有针对性的重点分析、答疑。为了分散难点,我们将其中一些比较复杂的语言点分解为若干小问题来进行解答。

2. 所有条目以《对外汉语教学语法大纲》(王还主编,北京语言学院出版社,1995 年)为依据进行分类编排,但不求全面、系统。不同词性的语法条目进行对比,安排在前面的词性归入所属的类别。为了便于使用者查阅,我们在条目目录上标注了分类的名称。另外,书后还附上音序索引。

3. 每个条目包括如下部分:① 典型例句;② 疑问;③ 析疑;④ 考考你(练习);⑤ 练习参考答案(统一附在书后)。

4. 本书没有采取边解释边展示例句的一般做法,而是将典型例句用方框框起来,置于每个条目的首位,目的是希望使用本书的非汉语母语的学生能学着通过观察例句,先自行思考问题,从中提高学习能力。另外,也希望对教师的教学有所裨益。

5. 针对阅读者的特点,各条目的编写力求简明、易懂,并尽可能配以图表。练习题的用词大部分是浅显的,同时,为了满足部分水平较高的非汉语母语的学生的要求,我们也编写了一些用词有一定难度的题目,将其置于该条目习题的末尾。

6. 本书统一使用了一些符号,具体说明如下:

√ 在正文中表示有此种用法;在练习中表示该题正确

× 在正文例句中表示该句是错的(例句中的"×"置于该句的左上角);在图表中表示没有此种用法;在练习中表示该题是错的

= 表示前后两句意思相同

≌ 表示前后两句意思基本相同

≠ 表示前后两句意思不相同

→ 表示可以变换为后者

↛ 表示不能变换为后者

⚹ 表示不能插入别的词语

～ 在正文中代替所讲的词条中的词

／ 在正文中用来隔开例句或短语、词语;在练习的选择填空中表示不需填进词语;在答案中,"/"如果单用,表示不能填进词语,如果其前后有词语,则表示这些答案都对

() 在正文中表示可以省略,或用来补充说明;在例句框中单个的词用括号时,表示该例句可以用括号中的词替换,句子也可成立,但意思不一样

条目目录

（六）副词

（七）介词

（八）助词

一、词类

（一）名词

1."以前""以来""以内"与"以后"

> （1）我是 **4 天以前**得到这个消息的。
> （2）**4 天以来**他一直在紧张地复习，准备考试。
> （3）你们这次写的文章 **5 天以内**一定要交。
> （4）他 **5 天以后**会再来。
>
> （5）**1996 年以前**我一直住在东京。
> （6）**2023 年以前**我都不会离开这里。
> （7）他是 2017 年回国的，**回国以后**给我来过几封信。
> （8）这种药有效期 4 年，**2024 年以后**就不好再用了。

疑问

上面这 4 个词有什么不同？"以前"是不是都指"过去"，"以后"是不是都指"将来"？

析疑

要弄清这个问题，我们首先必须知道，时间分"时段"和"时点"两种。**"时段"**指的是一段时间，如"10 年""3 个月"或"5 个小时"。**"时点"**指的是一个具体的时间点，即什么时候，如"1998 年""3 月"

或"5 点"。**注意**：3 个月 ≠ 3 月。另外，有时候字面上没有出现时间词，但实际上出现在"以前""以后"前的动作或事件已带有了时间的含义，是一个时间点。如"上大学以前"，每个人开始上大学都有一个具体的日期，"上大学"在这里指的就是一个时间点，而不是一个时间段。

下面，我们先看用在表示"时段"的词语后面时，这 4 个词有什么不同：

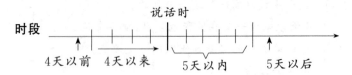

可见，一般来说，如果没有别的时间参照点，这种情况下的"以前""以来"，指的都是说话前的时间；"以内""以后"指的都是说话后的时间。

"以前"用在表示"时点"的词语后面时，也可以指将来；"以后"用在表示"时点"的词语后面时，也可以指过去，如例（5）—（8）：

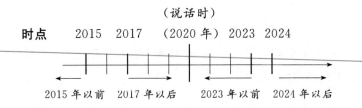

"以前""以后"还可以单用，"以来""以内"不行。

考考你

请用"以前""以来""以内""以后"填空：

① 他毕业已经 5 年了。5 年_____一直没有放弃学习英语。

② 10 年_____这里还是一片荒地。这 10 年变化真大呀!

③ 这项工程不能再拖了,我只给你们 1 个月的时间,1 个月
_____一定要完工。

④ 我现在出去一趟,估计今晚 8 点_____回不来。

⑤ 他回国_____我们再没见过面。

⑥ 这样吧,今天是 5 月 10 号,3 天_____,也就是 13 号
_____,我一定答复你。(这道题可有 2 个答案)

⑦ _____你可再不能这样了!

⑧ 我也不了解她_____是怎样的。

2. "以前"与"从前"

> (1) 我**以前**在这地方住过。　　　　→ 从前
>
> (2) **从前**我特别喜欢跟他在一起。　→ 以前
>
> (3) 2018 年**以前**我一直住在北京。　✕ 从前
>
> (4) 这条公路要在 2021 年**以前**修完。　✕ 从前
>
> (5) 4 天**以前**他来找过我。　　　　✕ 从前

疑问

时间名词"以前"与"从前"的意思一样吗?

析疑

"以前"与"从前"的意思不完全一样,"以前"的意思请看第 1 条。"以前"与"从前"的区别请看下表:

	过去		将来
	单用	时点/时段 ＋～	时点 ＋～
以前	√	√	√
从前	√	×	×

两词都可以单独使用,也就是说,前面可以不加上表示时间的词语,如例(1)、(2)。

不同的是:"以前"的前面可以加上表示"时点"的词语,如例(3)中的"2018 年",例(4)中的"2021 年",也可以加上表示时段的词语,如例(5)中的"4 天"。"从前"没有这种用法。

考考你

请用"以前""从前"填空:

① _____他是很听话的,现在怎么变得这么不听话!

② 明年 8 月份_____这个任务一定得完成。

③ 3 天_____他给我打过一次电话,但当时我不在。

④ _____我绝对不做这样的事情,现在情况不同了。

⑤ 来北京_____先给我个电话。

⑥ 我去北京_____给他打过一次电话。

⑦ 他_____是个骄傲的人,现在变得很谦虚了。

⑧ _____那个地方住的都是有钱人。

3. "以后"与"后来"

> (1) **以后**不许再提这件事。   × 后来
>
> (2) 2001 年**以后**我就一直在上海工作。   × 后来
> (3) 明天到北京**以后**要先给我打个电话。
>
> (4) 你一个月**以后**再来吧。   × 后来
>
> (5) 我们去年三月份见过一次面,**后来**没有再见过。 → 以后
> (6) 刚开始的时候有点儿害怕,**后来**就不怕了。

疑问

  时间名词"以后"与"后来"的意思一样吗?

析疑

  "以后"与"后来"的意思不完全一样,它们的区别请看下表:

	过去	将来
以后	√ [如例(2)、(5)]	√ [如例(1)、(3)、(4)]
后来	√ [只能单用,如例(5)、(6)]	×

  值得注意的是,从上表以及例句我们可以看到,"以后"可用于过去或将来,"后来"只用于过去,而且往往指一个过程的后一阶

段。即：

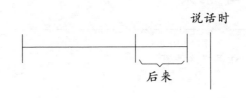

或：

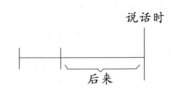

另外，"后来"只可以单独使用，如例(5)、(6)。"以后"的前面常有表示"时点"的词语，如例(2)"2001 年"，例(3)中的"明天到北京"，也可以加上表示时段的词语，如例(4)中的"一个月"。

考考你

请用"以后""后来"填空：

① 20 年_____我们都成老人了。

② 我小时候喜欢玩这个，_____工作了，对它就不感兴趣了。

③ 刚到的时候大家都还很有精神，_____就不行了，都说要回去睡觉。

④ 从那天_____，他就再也不理我了。

⑤ 到美国_____，我会跟你联系的。

⑥ _____不能再这样粗心了，再这样下去会误大事的。

4."后来"与"然后"

（1）他还是去年二月来过一封信，**后来**
就没有再来过信。　　　　　　　× 然后

（2）昨天那场球赛，起初是我们队领先，
后来被对方追上来了。　　　　× 然后

（3）他先是给我打了个电话，**然后**又给
我写了一封信。　　　　　　　→ 后来

（4）今天我们先读课文，**然后**再写作业。　× 后来

疑问

　　"后来"与"然后"的意思一样吗？

析疑

　　"后来"与"然后"的意思不一样：

后　来	然　后
时 间 名 词	连　词
指在过去某一时间之后的时间	表示某一动作或情况发生后，接着发生另一动作或情况
强调时间的先后	强调动作或情况发生的顺序
只用于过去已经发生的事情	用在过去、将来都可以
一般与"开始""原先""起初"等词语相对应	一般与"首先""先"等词语相对应

例(1)中的"后来"指的是"去年二月"以后的时间。例(3)中的"然后"指的是在"打电话"这个动作之后紧接着发生了"写信"的这个动作。这句也可以换成"后来",但意思有一些不同,即两个动作不是接着发生。

考考你

请用"后来""然后"填空:

① 他听完老师的问题,仔细想了想,＿＿＿＿做出了正确的回答。

② 我们想先去市场买东西,＿＿＿＿再找地方吃饭。

③ 刚开始我还以为他是中国人,＿＿＿＿才知道他是韩国人。

④ 原先他在这儿工作过一段时间,＿＿＿＿就调走了。

⑤ 写论文,首先要认真思考,写好提纲,＿＿＿＿再动笔。

⑥ 那个问题很难,我们想了好久,都没有解决,＿＿＿＿在老王的帮助下我们才把它解决了。

5. "之间""之内(以内)"与"中间"

(1) 今晚 8 点到 9 点**之间**我会给你一个电话。

(2) 放心吧,1 个小时**之内**我一定会给你一个电话。

(3) 同学**之间**应该互相关心,互相帮助。

(4) 你们班的同学**中间**谁唱歌唱得最好?

疑问

　　例(1)中的"之间"和例(2)中的"之内"可以互换吗？例(3)中的"之间"和例(4)中的"中间"可以互换吗？

析疑

　　这3个词是不同的,在上面的句子中它们都分别不能互换。它们的区别可通过下面的图表来表示。

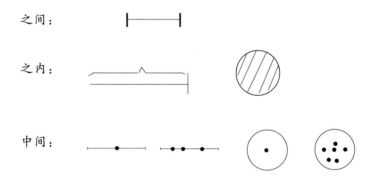

　　从上面的图表可以看出:

　　"之间"表示两个点的距离以内。这两个"点"可以是两个时间,如例(1);可以是两个数量,如:温度最好保持在22℃到25℃之间;也可以是两个地点,如:图书馆在教学大楼和科学馆之间。还可以引申指组成某种相互关系的两个方面,如:两国之间/师生之间/夫妻之间。它不能用在周围的界限之内。"之间"还有另一种用法,表示时间短暂,如:转眼之间/忽然之间。这种用法一般不会跟"之内""中间"相混淆。

　　"之内"表示在一定的时间、数量、处所等的范围里面,强调不超出一定的界限。如:随身行李限制在20公斤之内。强调的是

20 公斤之内的任何一个数量都没问题,就是不能超出 20 公斤。再如:3 年之内/围墙之内。跟"之间"不同的是,"之间"强调的是两个点,而"之内"强调的界限往往只是一个总量或总的范围。

"中间"表示某个距离以内或周围的界限以内的某一个或几个点,可以是跟两端或周围等距离的,也可以是非等距离的。如:相片上左边是我爸爸,右边是我妈妈,中间是我奶奶。(可用"中间"左边第一个图表示)/上半场比赛进行了 40 多分钟,中间暂停了 3 次。(可用第二个图表示)/会议室中间摆了一个大圆桌(可用第三个图表示)。例(4)可用第四个图表示。

考考你

(一) 学完上面的内容后,请具体解释为什么例(1)中的"之间"和例(2)中的"之内"不能互换,例(3)中的"之间"和例(4)中的"中间"也不能互换。

(二) 请用"之间""之内""中间"填空:

① 你们要在 3 天_____完成这项工作。

② 这个消息很快就在同学_____传开了。

③ 圣诞节到元旦_____我会去拜访你。

④ 我们要在两国人民_____搭起友谊的桥梁。

⑤ 会场_____都不允许吸烟。

6. "3 年前"与"前 3 年"

（1）他 **3 年前**到过纽约。

（2）他小时候在美国住过 5 年，**前 3 年**住在纽约，后 2 年住在华盛顿。

（3）他准备用 5 年的时间再攻两门外语，**前 3 年**学法语，后 2 年学西班牙语。

（4）考试已经在 **15 分钟前**结束了。

（5）明天的考试分两段进行，**前 15 分钟**考听力，后 45 分钟考语法和阅读。

疑问

"3 年前"和"前 3 年"有什么不同？它们都表示过去吗？

析疑

"3 年前"指的是距离说话时 3 年以前的时间，表示的一定是"过去"。即：

"前 3 年"指的是一段时间的前面的 3 年，跟说话人说话的时间没有关系。它可以表示"过去"，如例（2）；也可以表示"将来"，如

例(3)。

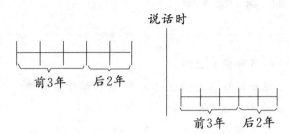

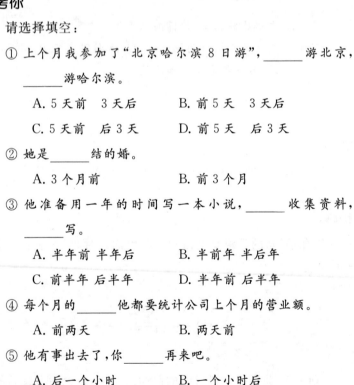

考考你

请选择填空：

① 上个月我参加了"北京哈尔滨 8 日游"，_____ 游北京，
_____ 游哈尔滨。

    A. 5 天前　3 天后　　　B. 前 5 天　3 天后

    C. 5 天前　后 3 天　　　D. 前 5 天　后 3 天

② 她是_____结的婚。

    A. 3 个月前　　　　　　B. 前 3 个月

③ 他准备用一年的时间写一本小说，_____ 收集资料，
_____ 写。

    A. 半年前 半年后　　　B. 半前年 半后年

    C. 前半年 后半年　　　D. 半年前 后半年

④ 每个月的_____他都要统计公司上个月的营业额。

    A. 前两天　　　　　　　B. 两天前

⑤ 他有事出去了，你_____再来吧。

    A. 后一个小时　　　　　B. 一个小时后

7. "头一天"与"前一天"

> (1) 这次考试**头一天**他很紧张,后三天就不紧张了。
>
> (2) 他学习很认真,考试**前一天**晚上还在学习。
>
> (3) 听说下个月的选拔考试**头一天**很难,考专业课,
> 后三天比较容易,考选修课。
>
> (4) 我语法课学得不好,考试**前一天**我要好好复习一下。
>
> (5) 他刚来的**头几天**有点不太习惯,两个星期以后就好了。
>
> (6) 这首诗是他去世**前一年**写的。

疑问

"考试头一天"和"考试前一天"有什么不同?

析疑

"考试头一天"指的是"考试这一段时间里的最前面的一天",它既可以表示"过去",如例(1);也可以表示"将来",如例(3)。

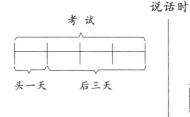
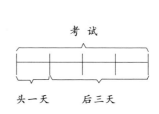

"考试前一天"指的是"在开始考试的时间之前的那一天",跟"考试头一天"一样,既可以表示"过去",如例(2);也可以表示"将来",如例(4)。

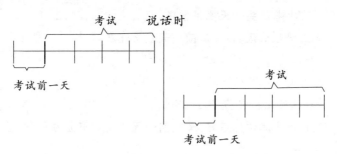

另外,还要注意的是,"前一天"在具体语境中,有时与"头一天"意思一样。请比较:

A. 考试前一天

B. 这回我们一共考了 3 天,前一天考听力,后两天考听力、口语。

这里 B 句跟 A 句不同的地方是,B 句"前一天"的前面已出现了一个具体的时间范围"3 天",这时"前一天"就成了这个范围中的"头一天",也就等同于本条所讲的"头一天"了。这种用法也就是本书第 6 条所说的那种用法。

考考你

请选择填空:

① 比赛_____我们都很紧张,后两个星期就不紧张了。

　　A. 前一个星期　　　　B. 头一个星期

② 她结婚_____就去了美国。

　　A. 前一年　　　　B. 头一年

③ 战争_____他一直住在上海,第三年就搬到香港了。

A. 头两年　　　　　　B. 前两年

④ 他毕业_____就开始找工作了。

A. 前一年　　　　　　B. 头一年

8. "(在)……上""(在)……中"与"在……下"

(1) 这一年他**在**学习**上**有很大进步。

(2) 我们要避免因工作失误而造成**经济上**的损失。

(3) **在我的印象中**她是个非常善良的人。

(4) 双方**在会谈中**友好地交换了看法。

(5) **工作中**遇到困难要多向有经验的人请教。

(6) **在大家的帮助下**他的学习有了很大的进步。

(7) 小明**在哥哥的影响下**爱上了文学。

疑问

方位词"上""中""下"除了表示处所外还有引申的用法吗？它们有什么不同？

析疑

"(在)……上""(在)……中""(在)……下"都可以表示某个地方，如：(在)桌子上/(在)口袋中/(在)桥下，这时介词"在"可以省略。但它们有时并不表示实际的处所，而是有它们各自的引申的用法。其中：

"（在）……上"多表示"……方面"。如例（1）指的是学习方面有进步，而不是工作方面或跟人相处方面。例（2）指的是经济方面，而不是别的方面。

"（在）……中"多表示范围或过程。如例（3）"在我的印象中"指的是范围，例（4）"在会谈中"表示的是某个过程，这里的"中"都不能换成"上"。需要指出的是，例（5）的"中"可以与"上"互换，这是因为"工作"可以是一个过程，即在工作的过程中遇到困难；也可以是一个方面，即在工作方面遇到困难，而不是其他方面。

"在……下"多表示条件。如例（6）中的"他"就是在"大家都帮助他"这样的条件下取得学习上的进步的。表示某种条件的词语常有"教育/支持/鼓励/鼓舞/带动/鼓动/启发/严格要求"等。值得注意的是这些词语都不能单独使用，必须在它们的前面加上表示"谁的"这样的词语，如例（6）、（7）中的"大家的"和"哥哥的"。同时，"在"也不能省略。

考考你

请选择填空：

① 在同学们的鼓励＿＿＿＿她报名参加了卡拉 OK 大赛。

　　A. 上　　B. 中　　C. 下

② 大家在讨论＿＿＿＿发现了一些新的问题。

　　A. 上　　B. 中　　C. 下

③ 这篇文章文字＿＿＿＿还需要作些修改。

　　A. 上　　B. 中　　C. 下

④ 在李老师的启发＿＿＿＿，大家终于弄明白了这道难题。

    A. 上   B. 中   C. 下

⑤ 她在穿戴_____十分讲究。

    A. 上   B. 中   C. 下

9. "心里"与"心中"

(1) 心里 —心中   书里 —书中

    眼里 —眼中   手里 —手中

    怀里 —怀中   家里 —家中

    村子里 —村子中   教室里 —教室中

    假期里 —假期中   那一年里 —那一年中

(2) 省里 —×省中   县里 —×县中

    乡里 —×乡中   厂里 —×厂中

(3) 调查中 —×调查里   谈判中 —×谈判里

    交谈中 —×交谈里   混乱中 —×混乱里

    空中 —×空里   途中 —×途里

(4) 去年厂里分给他一套房子。

疑问

    我们既可以说"心里",也可以说"心中",但为什么只能说"省里""空中",而不能说"省中""空里"?

析疑

方位词"里"和"中"有时候表达的意思一样,都是指一个地方、一段时间或一件事物的"里边、里头",如"心里""心中"都是指"心里边""心里头"的意思。在这种情况下,"……里"和"……中"的意思一样,"里"和"中"可以换用,如例(1)里边的例子。

如果"里"不是指一个地方、一段时间或一件事物的"里边、里头",而是指跟一个地方有关的社会单位、领导或单位里的成员,"……里"就不能说成"……中",如例(2)的各个例子。例(4)"厂里"不是指"某个工厂里边",而是指工厂的领导或管分房子的人员。

如果"中"不是指一个地方、一段时间或一件事物的"里边、里头",而是指一个过程、一种状态或指感觉上范围无限大的事物,"……中"就不能说成"……里",如例(3)各个的例子。"调查中"是"在调查的过程中"的意思,"混乱中"是"在混乱的状态中"的意思。在人们的感觉上,"天空"是很大很大的,好像没有边一样,所以我们说"空中",不说"空里"。

考考你

请选择填空:(有的题可能有两个答案)

① _____ 有几棵大树。

　　A. 村里　　　　B. 村中

② _____ 不同意我去那个地方工作。

　　A. 村里　　　　B. 村中

③ _____ 我们发现了很多新问题。

　　A. 审理里　　　B. 审理中

④ 明天 _____ 要派人来检查卫生。

A. 市里　　　　B. 市中

⑤ 听到这个消息以后，大家都从_____跑了出来。

A. 楼里　　　　B. 楼中

⑥ 当我从_____醒过来，发现自己躺在一个陌生的地方。

A. 昏迷里　　　B. 昏迷中

10. "时间"与"时候"

(1) 明天开会的**时间**是早上 9∶00。

(2) 我每天都用两个小时的**时间**练习听力。

(3) 你要去多长**时间**?

(4) 明天开会的**时候**你要注意听。

(5) 我进门的**时候**，他正在打电话。

(6) 夏天的**时候**这里的风景很美。

(7) 你们打算什么**时候**出发?

疑问

"时间"和"时候"有什么不同?

析疑

"时间"是指某年、某月、某日、几点、几小时或几分钟等可以用数字或数量来表示的，它可以是一个时点，如例(1)的"9∶00"，也可以是时间段，如例(2)的"两个小时"。

　　"时候"常常指某一特定的时刻,如例(4)、(5);或特指的某一段时间,如例(6)。它常常以"……的时候"的形式在句中做状语,表示某个行为或某种情况发生的时间。

　　另外,"什么时候"问的是具体的时间,如例(7)。

考考你

　　请考虑下面的句子该用"时间"还是"时候":

① 现在是北京_____六点。

② 你什么_____有_____? 我有点事想麻烦你一下。

③ 考试的_____改在明天下午三点了。

④ 我小的_____,我们家在农村,那_____家里很穷。

⑤ 夏天的_____,白天的_____很长。

⑥ 我上大学的_____,总觉得_____多的是,所以天天玩儿,浪费了很多_____。

⑦ 十年前我来的_____,这里还是一片废墟。

11. "……的时候"与"以后"

---

(1) 昨天我写作业**的时候**,她在洗衣服。

(2) 昨天我写完作业**以后**,才去洗衣服。

(3) 雨是在 3 点钟**的时候**开始下的。

(4) 3 点钟**以后**你们再来吧!

疑问

"……的时候"与"以后"的意思一样吗?

析疑

"……的时候"与"以后"的意思不一样,"以后"的意思请看第 1 条。

"……的时候"主要**强调同时性**,即甲事情与乙事情是在同一时间发生的,如例(1),如图 1 所示。有时它也强调某一件事就在某一时间发生,如例(3),如图 2 所示。

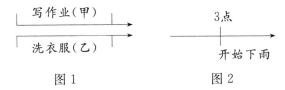

图 1　　　　　　　　图 2

"以后"主要**强调时间上的先后**,即乙事情是在甲事情发生之后发生的,如例(2),如图 3 所示。有时它也强调某一件事在某一时间之后发生,如例(4),如图 4 所示。

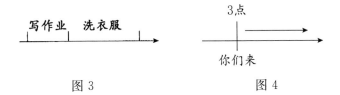

图 3　　　　　　　　图 4

考考你

请用"……的时候""以后"填空:

① 昨天晚上爸爸回来_____,我们正在写作业。

② 我刚来_____,他们都不大喜欢我。

③ 明天放学_____，我们一起去买衣服，好吗？

④ 早上起床_____，他已经把窗帘拉开了。

⑤ 吃晚饭_____，天气十分闷热。

⑥ _____我再也不想去那儿了，那儿的环境太差了！

12. "明天"与"第二天"

(1) 今天我买了件新衣服，**明天**我要穿着它去上课。　×　第二天

(2) 今天晚上我要把作业写完，**明天**就要交了。　×　第二天

(3) 五一劳动节那天我买了件新衣服，**第二天**我就
　　穿着它去上课了。　　　　　　　　　　　　　×　明天

(4) 我回到北京的**第二天**，王老师就打电话给我了。

　　　　　　　　　　　　　　　　　　　　　　×　明天

疑问

"明天"与"第二天"的意思一样吗？

析疑

"明天"与"第二天"的意思是不一样的：

"明天"的意思是**"今天的下一天"**，因此，它一般都是与"今天"相对应的。如例(1)、(2)中"明天"就是与"今天"相对应的。

"第二天"的意思是**"某一天的下一天"**，因此，它一般都是跟一

个**具体时间相对应**的。如例(3)中的"第二天"是指"五一劳动节"的下一天,例(4)指的是"我回到北京的那一天"的下一天。

考考你

请用"明天""第二天"填空:

① 今天已经很晚了,_____再去吧。

② 那天晚上我们一起吃了顿饭,_____一早我就把他送走了。

③ 他出差后的_____,他爸爸就来找他了。

④ 看把你累的,_____你就不要去上班了,在家休息一天!

⑤ 那天下午我很紧张,因为_____就要考试了,我还一点儿都没复习。

⑥ _____就要出发了,今晚你还不收拾一下行李?

13. "最近"与"现在"

(1) **最近**我去北京玩了两天。	✕ 现在
(2) **最近**我要去上海开会。	
(3) **现在**是中午十二点钟。	✕ 最近
(4) **现在**的年轻人生活真是幸福!	✕ 最近
(5) 他以前爱喝酒,**现在**不怎么喝了。	✕ 最近

疑问

"最近"与"现在"的意思一样吗？

析疑

"最近"与"现在"的意思不一样：

"最近"表示**"说话前的一段时间"**，如例（1）；或**"说话后的一段时间"**，如例（2）。即：

"现在"表示**"说话的时候"**，如例（3）；或**"指说话前后的一段或长或短的时间"**，如例（4）、（5）。即：

例（2）中的"最近"可以换成"现在"，但意思不一样了，用"最近"意思是说"我要在未来几天内去上海，但不是说话的时候马上就去"。如果换成"现在"，意思是说"我马上就去上海"。

考考你

请用"最近""现在"填空：

① 过去这个地方是电影院，_____改成体育馆了。

② _____他身体有点不大舒服。

③ 这种老式的电脑_____已经很难见到了。

④ 上海_____将举办一个大型的展销会,你们去不去参加?

⑤ 快点走吧,_____已经八点半了,我们快迟到了!

⑥ 我说过了,你有问题可以下课后到办公室来问我,_____
请你专心听讲。

14. "一天""有一天"与"有时"

(1) **一天**有二十四个小时。

(2) 那个任务很急,我们忙了整整**一天一夜**才完成。

(3) **一天**,我正在教室写作业,突然听到外面有人喊
我的名字。

(4) **有一天**,她悄悄地问:"你妈妈去哪儿了?"　　→一天

(5) 如果**有一天**地球上没有了树,我们会变成什么样子呢?

(6) 他常常去河边散步,**有时**和婷儿一起,**有时**一个人。

(7) 这孩子懂事了,**有时**还能帮着大人做点儿事呢。

疑问

"一天""有一天""有时"有没有区别?

析疑

"一天""有一天""有时"是有区别的：

一天	有一天	有时
一昼夜(24 小时),如(1)	×	×
一个白天,如(2)	×	×
过去的某一天,如(3)	√ 如(4)	×
×	将来的某一天,如(5)	×
×	×	有的时候,如(6)

考考你

请用"一天""有一天""有时"填空：(有的题可能有两个答案)

① 这种药_____只能吃两片,也就是每 12 个小时吃一片。

② _____,家里来了一位年轻人,和爸爸谈了一个下午,我们都不知道发生了什么事情。

③ 这几天我总是忍不住去想辞职的事情,_____24 小时都在想。

④ _____,我正在家里练琴,婷儿哭着跑了进来,说外面有人欺负她。

⑤ 那段时间他总是给我辅导功课,_____在我家里,_____在他的办公室。

⑥ 迟早_____,我会找到一份更适合自己的工作。

⑦ 最近天气有点不正常,_____很冷,_____又很热。

⑧ 她总是忘不了那件事,她真希望脑子_____会是一片空白,她再也不用去想那件事。

15. "刚才""刚"与"刚刚"

(1) 他**刚才**来过,现在已经走了。   → 刚刚

(2) 他**刚**来,还不太熟悉这里的情况。   → 刚刚

(3) **刚才**下课的时候他来找过你。

(4) **刚**下课他就来找你了。

(5) 他**刚才**没来过这儿。

(6) 他不是**刚**走,他早就走了。

(7) 这双鞋我穿着不大不小,**刚**合适。

疑问

"刚才""刚"和"刚刚"在英语中都是 **just now**,在汉语中它们有什么不同?

析疑

"刚才"和"刚"的区别如下:

(一)意思不同。"刚才"指**说话前不久的那个时间**,跟"现在"**相对**。强调不久前的那个时间发生了什么事。如例(1)、(3)。

"刚"指**事情发生不久**,跟它意思相反的是"很久"。注意这里的"不久"是说话人自己的感觉。如例(2)中,"他"可能已经来了几个月了,可是相对于在"这里"已经几年的人来说,他是"刚来"。

　　有时一个句子里两个词都可以用,但是意思的侧重点还是有所不同,如:

　　我刚才/刚看过一遍,不想再看了。

用"刚才"是表明在说话之前的那个时间"我"做了什么,强调的是"看过";而用"刚"是说我看过的时间不久,强调的是"刚"。

　　(二)词性和用法不同。"刚才"是时间名词,在句中可以做时间状语,放在主语后或主语前,如例(1)、(3);还可以做主语,如:**刚才**比现在凉快一点儿;做定语,如:他把**刚才**的事忘了。

　　"刚"是副词,只能放在动词前,做状语,如例(2)、(4)。

　　此外,"刚"可以和"就、又"连用,表示前后两个动作中间的时间很短,如例(4);"刚"和"要、想"连用,表示某事即将发生还没发生,如:他**刚**要出门,电话铃响了。

　　(三)否定形式不一样。

$$\begin{cases} 刚才 + 没/不…… [如例(5)] \\ 不是 + 刚…… [如例(6)] \end{cases}$$

　　另外,"刚"还有恰好达到某一点或某种程度的意思,如例(7),再如:行李刚20斤,没超过标准。/ 声音很小,刚能听见。

　　"刚刚"既有"刚"的意思,又有"刚才"的意思,所以这两个词在口语中一般都可以换成"刚刚"。

考考你

　　请用"刚才""刚"填空:(有的题可能有两个答案)

　　① 他_____学,我学了很久了。

　　② 小宝_____坐在那儿大哭了一场。

　　③ 她_____坐下就大哭起来了。

④ 我＿＿＿＿看过一遍,不想再看了。

⑤ 他＿＿＿＿要骂人,又忍住了。

⑥ 我＿＿＿＿经过他门口的时候,看见他的门锁着。

⑦ 他今年＿＿＿＿十八岁。

⑧ 医生＿＿＿＿来检查了一下,说小李还不能出院。

16. "处处"与"到处"

---

(1) 这个城市**处处**都可以见到绿树。　　→　到处

(2) 节日的北京,**处处**都是欢乐的人群。　→　到处

(3) 你上哪儿去了? 大家**到处**找你。　　×　处处

(4) 多年来,她**处处**关心我,帮助我。　×　到处

(5) 小红**处处**为别人着想,心地非常善良。　×　到处

疑问

"处处"和"到处"有什么异同?

析疑

"处处"和"到处"都可以表示各个地方,如例(1)、(2)。另外,从例句(1)—(5)可以看出,"处处""到处"都要放在句中主要动词的前面。我们不能说"他去到处玩"。

这两个词不同的地方是：

（一）如果后面的动词是具体的动作，就不能用"处处"，只能用"到处"。如例（3）中的"找"是具体的动作，这个句子不能用"处处"。再如：到处玩／到处看／到处跑／到处骂人等。

（二）"处处"还可以表示各个方面，"到处"没有这种用法。如例（4）"她处处关心我，帮助我"，并不是强调"她"在各个地方关心帮助"我"，而是说"她"在各个方面，如"工作方面""学习方面""生活方面"等，都关心帮助"我"。例（5）也是这样。

"到处"不能表示各个方面，所以例（4）、（5）一般都不能换成"到处"。

考考你

请用"处处""到处"填空：

① 你一个人在国外，可要_____当心，注意安全。

② 这么小的孩子怎么一个人在外面_____跑？

③ 这个国家_____都有为残疾人服务的设施。

④ 生活中_____都离不开数学。

（二）数量词

17.“二”与“两”

（1）第二年　　≠　　两年
（2）二月　　　≠　　两个月
（3）二楼　　　≠　　两层楼
（4）二班　　　≠　　两个班

疑问

“二”和“两”都是2，它们有什么不同？

析疑

“二”和“两”都既可以用于数字中，又可以用于量词前，但是它们的用法是不相同的：

用于表示数字、序号和号码时，一般用“二”，如“二、十二、二十、二百、二万”，“第二”，“八五二七”等；“两”只能用在“百、千、万、亿”的前面，口语中多用。

个位数，在量词和一些可以做量词的名词前面一般都用“两”，如“两个”“两斤”“两辆”“两年”“两点（钟）”“两岁”；可是在表示重量、长度和容量的量词前面也可以用“二”，如“二斤”“二厘米”“二升”等。在说钱数时，“毛（角）”的前面如果没有“块”，就说“两毛”，如果前面还有，就用“二”，如“三块二（毛钱）”。

请注意，例（1）中的“第二年”与“两年”不相同：

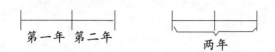

另外，"二"可以直接在一些名词前，表示**"第二"**，指具体的某一个事物。如例(2)的"二月"是说一年的第二个月，例(3)"二楼"是说第二层楼，例(4)"二班"是说一个年级的第二个班。

考考你

请考虑下面的句子该用"二"还是用"两"：

① _____ 年级 _____ 个班都来了，一班来了 20 个人，_____ 班来了 18 个人。

② 他的房间在 _____ 号楼 _____ 楼第 _____ 个房间。

③ 我是前年 _____ 月 _____ 号来的，现在在中国已经呆了整整 _____ 年零 _____ 个月了。

④ 他的 _____ 个哥哥都结婚了，大哥和大嫂都在公司工作，_____ 哥 _____ 嫂都是老师。

⑤ 这孩子 _____ 个月大的时候就会认人了，_____ 岁的时候已经会说很多话了。

⑥ 一共是 _____ 百一十九块八，您给了 _____ 百 _____ 十块，找您 _____ 毛钱。

18. "口""名""位"与"个"

> （1）我家有 4 **口**人，爸爸、妈妈、哥哥和我。　　→ 个
>
> （2）我们厂有五百**名**工人。　　　　　　　　　→ 个
>
> （3）我给你们介绍一下，这**位**是张先生。
>
> （4）我有两**个**哥哥。
> （5）我看见前面有一**个**人。

疑问

"口""名""位""个"都是可以用于人的量词，它们有什么不同？

析疑

"口"用于人的时候，一般只用在说家里一共有多少人的时候，如例（1）。

"名"只用于说人的某种身份，如"1 名学生""3 名司机""4 名警察""几名顾客"等。语气比较庄重，如例（2）。但不能用于表示社会关系的人，如"朋友""亲戚"。

用"位"一般表示尊敬、礼貌。所以在一些比较正式的场合以及与不熟悉的人说话时，常常用"位"，如例（3）。另外，"几位""各位"和"二位"单独用时，是指听话的几个人或一群人。

"个"用于人时用的范围很广,如例(4)、(5)。可是**语气较随便,口语性很强**,在书面语和有些需要表示尊重的场合用"个"就不合适,如例(3)就不能用"个"。另外,"个"可以重叠,如"她们个个都很能干",见第 23 条。

考考你

请用"口""个""位""名"填空:(有的题可能不止一个答案)

① 车上共有 40 _____ 乘客,其中有 3 _____ 来自日本。

② 他们班有 18 _____ 人,8 _____ 男同学,10 _____ 女同学。

③ 这 _____ 老师已经教了 40 多年的书了。

④ 今天我请了几 _____ 同事来家里玩儿。

⑤ 这家餐厅的几 _____ 厨师的手艺都相当不错。

⑥ 各 _____ ,我现在向大家宣布一个好消息。

⑦ 他们一家三代十几 _____ 人都住一起。

⑧ 一 _____ 先生已经替您付了账了。

⑨ 三 _____ 主犯都已被抓获,此案目前正在审理中。

⑩ 两 _____ 领导人就两国之间的贸易往来问题进行了深入的探讨。

19. "只""头""条"与"匹"

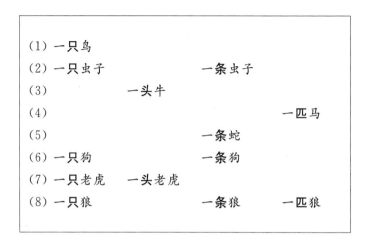

疑问

"只、头、条、匹"都是可以用于动物的量词,它们有什么不同?

析疑

在用于动物的量词里,"只"是用得最广的。大动物、小动物、飞的、爬的、跑的大部分都可以用"只"。

"头"一般用于体形比较大的动物,如"猪、牛、虎、熊"。

"条"一般用于身体比较细长的动物,如"鱼、蛇、狗、狼"。

"匹"是用得最少的,只用于"马、骆驼、骡子、狼",其中"马"只能用"匹"。

考考你

请在下面的空白处填上合适的量词:(有的题可能不止一个答

案）

① 一__猫　两__驴　三__骆驼　四__蝴蝶

② 五__鱼　六__鹿　七__猪　八__鸭子

③ 九__熊猫　十__羊　两__狮子　一__老鼠

20. "一群""一批"与"一堆"

> (1) 上次进的那**批**货卖得很好。
>
> (2) 厂里最近来了一**批**新工人，听说还要来一**批**。
>
> (3) 前面来了一**群**工人。
>
> (4) 刚才那一**群**鸭子是他们家的。
>
> (5) 桌子上摆了一**堆**东西。
>
> (6) 我看见前面围了一**堆**人。　　　　→ 群
>
> (7) 今天的会上大家提了一大**堆**意见。

疑问

"批""群"和"堆"都是用于数量比较多的人或东西，它们有什么不同？

析疑

"批"用于在同一段时间中或一次出现的多个东西或人，而且往往含有不止这一批，在此之前和之后还有的意思。如例(1)中的

"那批货"是说在同一次进的各种货。例(2)中用"批"是说那些工人都是在同一段时间里来的。

"群"用于**聚集在一起的人、动物**等,而且这些人或动物可以是走动着的,如例(3)、(4)。

"堆"一般用于**堆积的东西**,如例(5);也可以用于**围聚在一起的人**,这时含有一个挤着一个的意思,是不走动的,如例(6)。这时可以换成"群",但是就没有拥挤的意思了。它还可以用于**抽象的事物**,如例(7)。

考考你

请给下面的句子填上合适的量词:

① 山坡上有一_____羊。

② 去年来的那_____学生都住在这栋楼里。

③ 他家院子里摆了一_____木头。

④ 最近先后盖起来的那_____楼是要分给教授们住的。

⑤ 今年冬天这个湖上不知从哪儿飞来了一_____天鹅。

⑥ 他啰里啰嗦说了一大_____,我也没搞明白他到底想说什么。

⑦ 屏幕上一_____姑娘跳得正高兴,可他却一点情绪都没有。

⑧ 我们找来许多干树枝,在野地上生起了一_____篝火。

21. "次""下""趟"与"遍"

(1) 我去过三**次**北京。

(2) 下一**次**(的)会议将在两年后举行。

(3) 他敲了两**下**门,屋里没有人。

(4) 他看了一**下**,没看到什么。

(5) 今天我去找了两**趟**校长,都没找到。　　→ 次

(6) 我想回一**趟**家。　　　　　　　　　　→ 次

(7) 这个电影我看了三**遍**。　　　　　　　→ 次

(8) 我没听清楚,请你再说一**遍**。

疑问

"次、下、趟、遍"都是用于动作的量词,它们有什么不同?

析疑

"次"是用得最多的动量词,**用于表示一件事情发生的数量**,如例 (1)。它还可以用在名词前,用于那些可以重复出现的事物,如例(2)。

"下"一般**用于时间很短的动作**,如例(3)。另外,"一下"作为一种固定用法,用在动词后时和动词重叠一样,表示动作时间短,或表示尝试等(参见第 37 条),如例(4)。

"趟"一般**用于一去一来的动作**,如例(5)、(6)。另外它还可用

于火车,火车的一去或一来是一趟。

"遍"用于表示动作从头到尾地完成一次,所以这个动作的对象总是有一定长度的,而且常常和文字、语言有关,如文章、电影、音乐、说的话等,如例(7)、(8)。

考考你

请给下面的句子填上合适的量词:(有的题可能不止一个答案)

① 下午我要去一_____办公室。

② 请你到我的办公室来一_____,我有点儿事要跟你说。

③ 我曾经问过他一_____,可他没有说。

④ 他觉得眼睛有点儿酸了,不由得眨了两_____。

⑤ 这篇草稿他已经修改了几_____了,可还是不满意。

⑥ 我不想放弃这_____机会,不然我会后悔的。

⑦ 他紧赶慢赶到了火车站,总算赶上了最后一_____火车。

⑧ 由于在工作中表现出色,他受到了上司的多_____表扬。

22. "10 多斤"与"10 斤多"

(1) 我今天买了 **10 多斤**水果。

(2) 我今天买了 **10 斤多**水果。

(3) 630000　　→ **60 多万**

(4) 63000　　→ **6 万多**

疑问

"10 多斤"和"10 斤多"一样重吗？为什么"多"的位置不一样？

析疑

这两个数量是不一样的。"10 多斤"指的是 11 斤到 19 斤之间的任何一个数；而"10 斤多"只可能是 10.1 斤到 10.9 斤之间的数量。我们可以这样区分它们：

"14 斤水果"实际上就是"14.0 斤水果"，小数点"."可表示量词"斤"的位置。它与"10.4 斤水果"不同的地方是：

例（3）、（4）的情况也一样：

值得注意的是，大部分的数量都没有这种情况。如：×20 个多人→20 多个人 / ×100 本多书→100 多本书。这是因为"斤"是由"两"组成的（1 斤 = 10 两），"6 两"完全可以说"0.6 斤"；而"1 个人"是不可能再分开的，不可能有"0.6 个人"，同样买书也不可能买半本书。

考考你

请选择填空：

① "16 年"我们也可以说_____。

    A. 10 年多   B. 16 年多

    C. 10 多年   D. 16 多年

② "3700000 斤"我们也可以说_____。

    A. 3 百多万斤   B. 3 百万多斤

    C. 3 百万斤多   D. 3 百多斤万

③ 钱包里有 23.50 元,我们也可以说,钱包里有_____。

    A. 23 多块钱   B. 23 块钱多

    C. 23 多块钱   D. 23 块多钱

④ 我的行李比他的行李_____。

    A. 多重 11 斤   B. 重多 11 斤

    C. 重 11 斤多   D. 重 11 多斤

⑤ 我已经有_____没有收到他的 E-mail 了。

    A. 3 多个月   B. 3 个多月

    C. 3 个月多   D. 多 3 个月

23. "个个"与"每个"

(1) 他们**个个**都认识我。	→ 他们**每个**人都认识我。
(2) ×我认识他们个个。	→ 我认识他们**每个**人。
(3) **辆辆**车都是新的。	→ **每辆**车都是新的。
(4) 这些车**辆辆**都是新的。	→ 这些车**每辆**都是新的。
(5) 他**每次**考试都是第一。	→ 他**次次**考试都是第一。
(6) 他**每次**打完球就去洗澡。	
(7)这些书**本本**都好看。	→ 这些书**每本**都好看。
(8)这儿**朵朵**花儿都很漂亮。	→ 这儿**每朵**花儿都很漂亮。

疑问

"个个"和"每个"是不是一样的?

析疑

"个个"的意思就是"每个",如例(1)。这种用法叫量词重叠,在汉语中很常见,句中一般要出现"都"。如例(1)、(3)、(4)、(7)、(8)。

这两种用法都表示事物的每一个都具有某种相同点,没有例外。可是用量词重叠有强调的语气。

值得注意的是,这两种结构,放在所说明的事物前面或者后面都可以,如例(3)、(4)。再如例(7)也可变换成:本本书都好看。

如果所说明的事物在宾语的位置上,那么,只能用"每+量词",不能用量词重叠。如例(2),再如:

× 我喜欢这儿的朵朵花儿。

→我喜欢这儿的每(一)朵花儿。

另外,还要注意:不仅是名量词可以重叠,动量词也可以重叠,表示事情的每一次的相同性,如例(5)。可是,如果表示的是一种习惯性的行为,就不能用量词的重叠,而只能用"每+量词",如例(6)。

考考你

请考虑下面哪些句子可以换成量词重叠的形式:

① 这三间房子,每一间都很漂亮。

② 我给他打了三次电话,每一次都没人接。

③ 我清楚地记得他说的每一句话。

④ 他每年春节都回家。

⑤ 这些树每一棵都是他亲手栽的。

24. "一个个"与"个个"

> (1) 他们一个个都喜欢打球。　　　　→ 个个
>
> (2) 他们一个个地走了出去。　　　　　× 个个
>
> (3) 一辆辆车子都是新的。　　　　　　→ 辆辆
>
> (4) 车子一辆辆地开了过去。　　　　　× 辆辆
>
> (5) 门口整齐地停放着一辆辆车子。　　× 辆辆
>
> (6) 我一次次地去找他,可他总是不在家。× 次次
>
> (7) 他一遍遍地重复着自己的话。　　　× 遍遍

疑问

重叠量词前面有"一"和没有"一"有什么不同?

析疑

量词有两种:用于名词的量词(名量词)和用于动词的量词(动量词)。

重叠的名量词前面有"一"时,有三种意思:

(一) 表示"每一个""每一辆",这时后面常有"都"。如例(1)中的"一个个"和例(3)中的"一辆辆",意思上分别跟"个个""辆辆"相同。这种用法,重叠量词前的"一"可以去掉。

(二) 表示动作的方式,后面常有"地"(参见第 25 条)。如例(2)中的"一个个"不是"每(一)个"的意思,而是表示走出去的方式是"一个

(跟着)一个"。例(4)中"一辆辆"是"一辆(接着)一辆"的意思。

（三）**表示数量多**,如例(5)。

表示第二、三种用法时,重叠量词的前面必须有"一"。

重叠的动量词前面有"一"时,如"一次次"和"一遍遍"只表示"一次(又)一次"和"一遍(又)一遍",含有动作重复多次的意思,如例(6)、(7)。表示动作重复多次时,"一"也不能省去。

考考你

请分析下面句子中画横线的词所表示的意思:

① 这一句句话都是她的心里话。

② 时间一年年地过去了。

③ 天上飘着一朵朵白云。

④ 一双双眼睛都在看着他。

⑤ 草原上到处是一群群的牛羊。

⑥ 他围着操场一圈圈地跑着。

⑦ 他把肉片一刀刀地切成细丝。

⑧ 这次旅游中遇到的一件件事都那么令人难忘。

25. "一一"是"二"吗?

(1) 阿里要回国了,他跟我们一一握手告别。

(2) 他把参观的情况向大家一一做了介绍。

(3) 拿到剧本后,她一遍一遍地背诵。

(4) 考生两个两个地进考场考口语。

疑问

"一一"是多少？"一一"等于"二"吗？

析疑

"一一"不等于"二"，它放在动词前，表示"一个一个地"。如例(1)，阿里不可能同时跟好几个人握手，他是握完了一个人的手，接着再握另一个人的。例(2)中参观的情况肯定不止两个，句子的意思是"一个情况一个情况地"全做了介绍。

例(3)也不是说"她"只背诵两次。而是背了一遍又背一遍，背了很多遍。要注意的是：例(1)中的"一个一个"指的是名词"人"，"个"可以不说；例(3)"一遍一遍"说明的是动作"背诵"，"遍"不能省去。

考考你

例(4)中的"两个两个地进考场"是什么意思？

（三）动词

26. "想"与"要"

（1）我**想**买辆车。

（2）我**要**买辆车。

（3）我**想**帮你,可是我也没有办法。 × 要

（4）老师,我**想**请你帮个忙。

（5）小林,我**要**请你帮个忙。

（6）我们几次邀请她来,可是她就是**不来**。

（7）我本来**不想**去,可是她们一再邀请,我就去了。

疑问

　　"想"和"要"都可以表示个人的愿望、打算。它们有什么不同? 表示个人的愿望时,可不可以说"不要"?

析疑

　　"想"和"要"在表示个人的愿望、打算时,它们的语气不同。

　　"想"的**语气稍弱**一些,它只是表示这个人有这种**想法**,有这种**打算**,可是去不去做还不一定。

　　"要"的语气很强,用"要"时,说话人的**语气很坚决**,常常表示一种

很强烈的愿望，或者是一个**决定、决心**，说话人一般也会这样去做。

如例(1)，用"想"时，表示有这个想法，可是最后去不去买，还不一定。例(2)用"要"时，表示"我"决定去买，也就会去买。例(3)包含我有"帮你"这个想法，可是做不到。这里不能用"要"，因为如果用"要"，那就表示"我"决定"帮你"，就不会说"没办法"了。

因为"想"的语气比较弱，所以当我们向别人提出请求时，多用"想"，这样显得客气、礼貌；如果用"要"，口气就很随便。如例(4)对老师应该客气一些，所以用"想"。例(5)对朋友可以随便一点，可以用"要"。

需要注意的是，当我们表示没有某种想法或打算时，我们通常说"不""不想"，而不说"不要"。"不要"一般用来禁止或劝阻别人做某事，相当于"别"。和"要"与"想"一样，"不"和"不想"也有语气的不同。用"不"显得很坚决，表示一种**决心、决定**，如例(6)；"不想"的语气弱一些，只是在说一种**想法**，如例(7)。

因为"想"和"不想"的语气都比较弱，它们前面都可以用"很""比较""有点儿"等来表示它们的程度。而"要"和"不"的语气强，可以用"一定要""非要""决不"来表达更坚决的语气。

考考你

请用"想""要""不想"或"不"完成下面的句子，如果有几种选择，想想它们有什么不同：

① 不能看你这样下去，我一定_____帮助你。

② 她们家在法国，明年暑假她回国的时候，我_____跟她一起去法国玩儿。

③ 你在信上说_____来看我，你_____什么时候来？

④ 刚上学时,班上除了我都是男孩子,我觉得没意思,就_____
上学了,后来父母就给我转了校。

⑤ 你以后别来找我,我_____再见到你。

⑥ 我_____挣很多很多的钱,因为我_____让我的孩子过上好
日子。

⑦ 我知道你觉得我很傻,不过我还是_____再一次请求你,我希
望你跟我走。

⑧ 他们请我去参加那个会议,我也很_____去,可是工作上实在
脱不开身,最后只好_____去了。

27. "愿意"与"肯"

(1) A:你愿意帮我们这个忙吗?
    B:非常愿意。

(2) 周末没有事的时候,我愿意一个人呆在房子里。

(3) A:他肯帮我们这个忙吗?
    B:肯。

(4) 她本来不愿意去,我跟她说了半天好话,她才肯去。

(5) 他很聪明,又肯吃苦,所以在学习上进步很快。

疑问

"愿意"和"肯"都可以表示一个人对做某事的态度,它们有什么不
同?

析疑

"愿意"和"肯"都是能愿动词,用于动词的前面。它们的意思有所不同:

"愿意"用来表达一个人的**心里的感觉**,即心里面接受甚至喜欢去**做某件事**,没有不高兴的感觉。如例(1)问的是"你"心里想不想"帮我",而答话的人表示很高兴帮助他。它的前面可以有程度副词"很、非常"等。

当需要一个人付出一定的努力或做出一定的牺牲去做什么的时候,这个人用**语言或行动表现出接受**,我们可以说这个人"肯"做某事。

"肯"可以分为两种情况:一是**在别人的要求下接受去做具体的某件事**,这时**前面不能有程度副词**。如例(3)是说"我们"请他帮忙,他同意了。这时,不能说"非常肯"。再如例(4)中"她"心里是不想去,不高兴去的,可是因为"我"求她,"她"同意去了。二是没有人要求,主观上愿意付出,一般用于说某人平时的表现,这时可以换成"愿意",且前面可以有程度副词。如例(5)中的"肯吃苦"不是说有人要"他"吃苦,而是说每当需要吃苦的时候,他总是表现出愿意吃苦的态度。这时,可以说"很肯吃苦"。

考考你

请用"愿意"或"肯"填空:

① 爸爸妈妈从来都不_____让她去男同学家里玩儿。

② 虽然这件事比较麻烦,可是我还是很_____去做。

③ 我_____一生陪伴着你。

④ 他在学习上总是不_____下功夫。

⑤ 他很贪玩儿,每天都要姐姐来喊他几次,他才_____回家。

⑥ 是我自己_____的,没有人强迫我。

28. "想""要"与"愿意""肯"

(1) 我**想**去一趟西藏旅游。
(2) 他决心**要**走,我不好阻止。

(3) 我**愿意**嫁给他。
(4) 哀求了半天,他才**肯**来。

(5) 这活儿我早就**不想**干了。
(6) 他从**不**吹嘘自己。

(7) 你**不愿意**答应他吗?
(8) 这孩子哭着闹着,就是**不肯**吃药。
(9) 他用尽全身力气哭着喊:"我**不**回去!"

疑问

表示个人意愿的"想""要"与"愿意""肯"这两组词有什么不同?

析疑

关于表示个人意愿的词语,我们已在第 26 条对比了"想"和"要",第 27 条对比了"愿意"和肯"。那么这两组词语的不同之处是什么呢? 结合第 26、27 条,我们用图表的形式对比如下:

(一) 表示个人意愿的肯定形式。

［＋自发性］	［＋回应性］［＋取向性］
意愿强 要［＋决定行动］	肯［±符合心愿］(强调行动)
意愿弱 想［＋自身欲望］	愿意［＋符合心愿］

一定、决心＋要

有点儿、很、非常、太＋想

(二) 表示个人意愿的否定形式。

［＋自发性］	［＋回应性］［＋取向性］
意愿强 不 （例(6))	不肯/不 （例(8)(9))
意愿弱 不想 （例(5))	不愿意 （例(7))

考考你

请用"想""要""愿意""肯""不"填空：

① 他从来不＿＿＿向别人借钱。

② 大家都推举你当代表，你＿＿＿吗？

③ 他悄悄地走进来，不＿＿＿影响别人。

④ 我请求看她的影集，她不＿＿＿。

⑤ 只要你＿＿＿答应，所有的问题都可以解决。

⑥ A:这事就这样算了吧?

　　B:＿＿＿!

⑦ 我真不＿＿＿在这个地方待，但又没办法。

⑧ 他为人正直，从＿＿＿巴结讨好上司。

29. "应该"与"必须"

> (1) 我们**应该**去试一试。
>
> (2) A:小张早上打了一个电话,说他今天不来了。
>
> 　　B:你怎么现在才说啊! 你**应该**早点儿告诉我嘛!
>
> (3) A:听说那座楼已经拆了。
>
> 　　B:都那么旧了,**应该**拆了。
>
> (4) 你们明天**必须**去参加那个会!
>
> (5) 她不能跟我们一起玩,是因为她**必须**帮妈妈卖点心。
>
> (6) **必须**走两个小时才能到那儿。

疑问

"应该"和"必须"有什么不同,它们可不可以互换? 上面这些句子中的"必须"和"应该",哪些可以互换? 哪些不能互换? 为什么?

析疑

"应该"表示说话人认为**怎样做是正确的**,用来说出自己对某件事的建议或看法。如例(1)中,说话人认为"去试一试"是对的,建议这样去做。例(2)和例(3)中,说话人认为"早点儿告诉我"和"拆了"是对的,用"应该"来表示对他"现在才说"的不满和对"拆楼"的赞同。

"必须"的意思就是**"不这样不行,一定要这样,只能这样,没有别的选择"**。它经常用在两种场合下:

（一）说话人发出**命令**或做出**决定**,如例(4)。这种句子中的"必须"常常可以换成"应该",但是这样就由命令变成了提议;反过来,表示提议的"应该"也可以用"必须"替换,变成命令的语气,在使用时究竟用哪一个要根据具体的场合来选择。

（二）**客观陈述**在某种情况下只能这样做,或事实上不这样做不行。这是外国留学生经常误用成"应该"的地方,一定要注意从意思上区别这两个词。如例(5)中说话人不是说"她"怎样做才对,而是告诉别人"她"因为某种原因只能去"帮她妈妈卖点心",不这样做不行。例(6)也没有对错之分,说话人只是告诉你事实上想到那儿就一定要"走两个小时",不然就到不了。这两句都不能用"应该"。

另外,"应该"还可以用来表示说话人对某种情况的猜测,如:"现在她应该在家。"

考考你

请用"应该"或"必须"填空,如果有几种选择,想想它们有什么不同:

① 在美国留学时,他们学习很忙。因为除了专业课以外,

他们还_____学好英语。

② 你为什么骗他? 你_____告诉他实情。

③ 昨天晚上我没能去刘老师家,因为我_____送我的朋友去医院。

④ 动植物都_____有水才能生存。

⑤ 他昨天_____已经到了。

⑥ 学习的时候_____专心。

⑦ 他_____会来的。

⑧ 这么重要的会议,你_____去参加。

30. 表示能力的"能"与"会"

（1）他**会**游泳。　　　　　　→ 他**能**游泳。

（2）他真**能**游。　　　　　　⌣ 他真**会**游。

（3）他一分钟**能**游 80 米。　　× **会**

（4）他的腿好了,**能**游泳了。　× **会**

疑问

　　"他真能游"和"他真会游"意思一样吗?"能"跟"会"表示的意思一样吗?

析疑

　　"能"和"会"都可以表示"能力"或"可能"。上面的例子都是表示**"能力"**的。

　　当**表示通过学习具有的某种能力**时,"会"和"能"都可以说,如例（1）。不过,一般还是更多用"会"。表示没有某种能力时只能用"不会"。

　　当**表示某方面有特长,善于做某事**时,"会"和"能"也都可以说,前面常有"很""真"等。如例（2）表示不但懂得游泳,而且能力还很强。但用"能"与用"会"还是有一点儿细微的差别。"真能游"

更侧重从量上强调所具有的能力,比如说能游很远的距离或很长的时间;"真会游"更强调技巧,比如说游得特别好。

下面两种情况中,"能"都不能换成"会":

（一）**表示能力达到一定的程度、水平或效率。**如例（3）具体指出了"他"达到了一分钟可以游80米这样的水平,只能用"能"。

（二）**表示恢复某种能力。**例（4）中的"他"原来就会游泳的,只不过因为腿摔伤了一时没办法游,现在腿好了,游泳的能力也就恢复了,也是只能用"能"。

考考你

请用"能"或"会"填空,如果有几种选择,想想它们有什么不同:

①　小明_____说日语。

②　谢力一顿_____吃50个饺子。

③　我不_____弹钢琴。

④　她的嗓子的毛病治好了,现在又_____唱了。

⑤　他英语学得很好,_____教你。

⑥　那么难的问题,他竟然_____说出正确的答案。

31. 表示可能的"能"与"会"

（1）天这么晚了，他**能**来吗？
（2）天这么晚了，他**会**来吗？

（3）那儿的物价很便宜，100 块**能**买到不少东西。　×会
（4）只要是我喜欢的东西，再贵我也**会**买。　×能

（5）你去找他吧，他认识不少人，**能**帮你这个忙。　×会
（6）你去找他吧，他很热心助人，**会**帮你这个忙的。　×能

疑问

为什么例（1）、（2）中"能"和"会"都能用，而例（3）、（5）只能用"能"，例（4）、（6）只能用"会"？

析疑

"能"和"会"都可以表示"可能"，上面的例子都是表示可能的。但它们的侧重点不同：

"能"着重表示客观上有条件做某事，客观上有这种可能性。如例（3），你手上有 100 块钱，这并不等于你想买很多东西就一定能买得到。只有满足客观条件，比如说，东西很便宜，才有这种可能性。例（5）"认识不少人"也是"帮你这个忙"的客观条件。这种用法的"不能"表示"不可能"。

"会"着重用在告诉别人某种**可能性**，如例(4)，或**估计某种可能性**，如例(6)。它不强调客观条件。"会"的前面如果是人，"会"往往表示这个人的主观意愿。如例(4)是"我"愿意买；例(6)是估计他愿意帮这个忙。而例(5)认识不少人不等于就愿意帮忙，所以不能用"会"。如果"会"的前面不是人，那就只是表达说话人认定的一种可能性，如：(7)你放心，下飞机后会有人在那儿接你。又如：(8)看样子明天会下雨。

例(1)、(2)都是在问"他"有没有来的可能性，"能""会"都可以用，不过，我们还是可以体会到它们的侧重点不一样。

考考你

请用"能""会"填空：

① 她那么喜欢跳舞，今晚的晚会，她肯定_____来。

② 火车还有半个小时就要开了，我们_____赶上这班车吗？

③ _____到英国去上大学，我非常高兴！

④ 看样子，下午_____有大风雨。

⑤ 请相信我，我不_____骗你的。

⑥ 真倒霉，相机坏了，不_____照了。

32."(如果)……就能……"与"(如果)……就会……"

(1) 想减肥吗？那好办,**如果**每天跑上几圈,
   就能瘦下来。   →会

(2) 减肥也不能不吃东西呀,**如果**你再这样
   下去,**就会**得病的。   × 能

(3) 多听多说多读多写**就能**学好汉语。   × 会

(4) 骄傲**就会**退步的。   × 能

疑问

为什么例(2)、(4)中的"会"不能换成"能"?

析疑

例(1)、(2)两句都有"如果……就……",例(3)、(4)两句没有出现,但也都是假设句,例(4)的意思是"如果你骄傲了,那么你就会退步的"。表示"可能"的"能"和"会"在假设句中表示的意思不同:

1.(如果） _____a_____ ,就能 **b 达到某个目的**

2.(如果） _____a_____ ,就会 **b 出现某种结果**

这是因为,我们在第31条中讲过,"能"着重表示客观上有条件做某事。如例(1),"能"表示客观上有条件有可能"瘦下来",这客观条件就是"每天跑几圈"。在假设句中,a 表示的就是客观条件。如果真的具备了这个条件,那么实现 b 就有可能了。这个 b 一般是动

作者所希望的,如例(1)中的"瘦下来",例(3)中的"学好汉语"。

"会"着重告诉别人某种可能性。在假设句中,它表示如果在 a 这种情况下,一般就会有出现 b 这种结果的可能性。而这种结果就不一定是动作者所希望的了。如例(2)中的"得病",例(4)中的"退步",都是不好的事情,一般不可能是目的,所以不能用"能"。

考考你

请用"能""会"填空:

① 如果细心一些,就不_____出现这样的差错。

② 身体不好的人,冬天如果注意保暖,就_____避免感冒。

③ 可怜这样的坏东西,就_____害了自己。

④ 国家应该重视知识和人才,否则,我们国家的素质_____越来越低。

33. "不能出来""不会出来"与"出不来"

---

(1) 他**不能**出来。

(2) 他**不会**出来的。

(3) 他**出不来**。

疑问

上面 3 个句子的意思有什么不同?

析疑

"能"除了表示"能力"(见第 30 条)和"可能"(见第 31 条)外，还可以**表示"准许""许可"**，这种用法的"不能"就是"不能够"的意思(与"不可能"的"不能"不同)，**表示不准许**。多用于疑问或否定。如："我能进去吗?"就是问别人是不是准许他进去。例(1)"他不能出来"的意思就是"(情理上或某种环境)不准许他出来"。比如说"他"正在讲课或参加考试，都是不准许随便离开的。

"不会"表示没有这种可能性。例(2)"他不会出来的"表示他不可能出来，主观上没有这个意愿(见第 31 条)。比如说"他"正在里面干要紧的事，有人找"他"出来玩，我们知道他肯定不愿意这个时候出来，就可以对找"他"的人说这句话。

例(3)"出不来"是可能补语的用法(见第 177 条)。整句的意思是"他想出来，也得到准许，但没有办法出来"。比如说门坏了打不开，他就没办法出来。

考考你

请考虑下面的句子对不对，并改正错误的句子：

① 医生对病人说："你的病还没好，不会喝酒。"

② 那天买票的人很多，结果我们不能买票。

③ 坐飞机不能打手机，否则很危险。

④ 我不喜欢那样的人，我不会再跟他交朋友了。

⑤ 我昨晚睡得太晚了，今天早上不会起床。

⑥ 我爱我的女朋友，如果遇到什么危险，我一个人逃走不了。

⑦ 谢谢你的关心，这事只能靠我自己去解决，你不会帮我的。

⑧ 他知道吸烟对身体没有什么好处，他吸不了烟。

34. 表示能力的"能"与"可以"

（1）A：阿里真能写。　　　　　　× 可以

　　　B：是的，他能在 1 小时内写出
　　　　 1000 字以上的作文。　　　→ 可以

（2）他很能团结周围的人。　　　× 可以

（3）他一天能记住 30 个生词。　 → 可以

（4）他嗓子的毛病治好了，又能
　　 开口说话了。　　　　　　　→ 可以

疑问

"能"可以表示"能力"，"可以"也跟它一样吗？

析疑

"可以"也可以表示"能力"，但跟"能"（见第 30 条）不完全相同。

从上面的例子可以看到：

	能	可以	
善于做某事	√	×	如例（1）A、（2）
能力达到一定程度、水平	√	√	如例（1）B、（3）
恢复某种能力	√	√	如例（4）

考考你

请用"能"或"可以"填空,如果有几种选择,想想它们有什么不同:

① 小王不怎么会说,但很_____写。

② 她一小时_____打 2000 个汉字。

③ 他真_____讲,不用看讲稿,一讲讲了两个小时。

35. 表示可能的"能"与"可以"

（1）A：今晚的晚会，你能来参加吗？　　→ 可以

　　　B_1：**可以**。／ 我能来。　　　　× 能

　　　B_2：**不能**。　　　　　　　　　× 不可以

（2）我明天有事，**不能**陪你去玩了。　　× 可以

（3）这种草药**能**治肝病。　　　　　　　→ 可以

疑问

"能"和"可以"在表示可能时有什么不同?

析疑

在表示可能时,"能"和"可以"有相同的地方,也有不同的地方,我们可以看下面的图表:

问有没有可能	能/可以	如例(1)A
有客观可能性	可以 ／ 能(单独回答不用"能")	如例(1)B_1
没有可能	不能	如例(1)B_2、(2)
有某种用途、作用	能 ／ 可以 (否定用"不能")	如例(3)

考考你

请用"能"或"可以"填空,如果有几种选择,想想它们有什么不同:

① 他刚才来电话说,公司临时有很多活要干,他不_____来了。

② A:你_____帮我一个忙吗?

B:_____。

③ A:明天的球赛你_____参加吗?

B:我_____参加。

④ 机器人_____代替人干不少事情。

36. 表示许可的"能"与"可以"

---

(1) A:我**能**参加你们班的活动吗? → 可以

B:**可以**。

(2) A:我**能**不**能**进去? → 可不可以

B:**不能**进去。/**不可以**进去。/**不行**。

(3) 你们有什么问题都**可以**提出来。

(4) HSK 考试要求用铅笔答题,**不能**用圆珠笔。

(5) 老王还没到没关系,我们**可以**先干起来。

疑问

表示许可时,"能"和"可以"的用法,什么时候相同,什么时候不同?

析疑

"许可"和"可能"有联系,但它们又是可区分的。比如例(1)"我能参加你们班的活动吗?"这是问对方是不是同意、许可自己参加。而"你能参加我们班的活动吗?"这是问对方有没有这种可能。

"能"和"可以"都可表示"许可"。但具体用法有不同:

请求准许	能 / 可以	如例(1)A、(2)A
许可做某事、情理上容许	可以	如例(1)B、(3)
不许可做某事	不能 / 不可以 / 单独回答用"不行"	如例(2)B、(4)
建 议	可以	如例(5)

可见,表示"许可"时,"能"一般用在疑问句和否定句,不用在肯定句。"可以"都能用。

考考你

请用"能""可以"或"不行"填空:

① A:我_____问个问题吗?

　　B:_____。

② 车厢里不_____吸烟。

③ 听说那家公司经销这种产品,你_____到那儿看看。

④ A:这件衣服_____便宜一些吗?

B：_____，就这个价！

⑤ 现在中国也_____贷款买房子。

37. "听了听"与"听（一）听"（动词重叠）

> （1）门外有人说话，我**听了听**，好像是小王。
>
> （2）这盒磁带我借去**听（一）听**就还给你。
>
> （3）昨晚我**复习了一下**生词就睡了。
>
> （4）这段录音我有点儿听不清楚，你来**听（一）听**看。
>
> （5）这个问题很复杂，你应该好好**想（一）想**。
>
> （6）平时没事的时候，我就**看（一）看**电视，**听（一）听**音乐。

疑问

动词重叠有什么意思？用"了"与不用"了"有什么不同？

析疑

动词重叠在不同情况下有不同的作用：

（一）表示**动作的时间短，次数少**。当用于已经做的动作时，在重叠动词的中间加"了"，如例（1）；不用"了"，表示动作还没有做，这时中间可以加"一"，如例（2）。

但是,如果动词是**双音节的,不能用重叠动词加"一"的形式**,即:×复习一复习/×打扫一打扫。这时,除了说"复习复习""打扫打扫"外,还可以用动词加"一下"来表达。如:复习一下/打扫一下。如果用于已经做的动作,就加上"了"如例(3)的"复习了一下"。

(二)表示**试着做某事**,动词后面可以加表示尝试的"看",如例(4)是说我听不清楚,你来试着听一下,看你能不能听清楚。

(三)**使语气显得缓和、客气**,所以常用在要求或建议别人做某事和自己要求做某事的时候,如例(5);如果不用重叠式,语气就变得比较生硬、不客气。

(四)用来表明做事情的**轻松、随便**,这时候一般用在经常性的动作或没有一定的时间的动作,如例(6)中用重叠式以后,就表现出了说话人做这两件事的时候轻松、随意的态度。

考考你

看看下面句子中的动词重叠式有什么作用:

① 阿里,我借你的词典用用,好吗?

② 小张每天下班以后就跟同事打打球、下下棋、聊聊天。

③ 张强,你帮我翻译翻译这句话,好吗?

④ 他看看我,又看看她,笑了笑,没说话。

⑤ 叫他来做做家务,他就知道做家务有多麻烦了。

⑥ 游戏开始以前,他给我们讲了讲规则。

⑦ 你要的那篇文章我可以帮你找找,可是不一定能找到。

⑧ 这两天可把你累坏了,回去以后好好休息休息。

38. "来来回回"(AABB 式动词重叠)

> (1) 这条路我很熟,**来来回回**不知走过多少次了。
>
> (2) 他从小喜欢**写写画画**。
>
> (3) 老王喝醉了酒,**摇摇晃晃**地走了出去。
>
> (4) 一路上,大家**说说笑笑**的,十分愉快。
>
> (5) 你有什么事就对我说,不要**躲躲闪闪**的。

疑问

"来来回回"是什么意思?

析疑

第 37 条已介绍汉语中能重叠的双音节动词,它们的重叠形式多是 ABAB,表时短、量少,或随意。例如:

学习—学习学习　　　研究—研究研究

讨论—讨论讨论　　　观察—观察观察

但是汉语中也有少量动词可以有 AABB 的重叠形式,当它用这种形式重叠的时候,往往**表示"量大"**,即动作行为的反复多次。如例(1)中的"来来回回"表示"来回"的次数很多。例(2)的"写写画画"表示写或者画的次数很多。

另外,反复多次的动作行为**还可以体现为一种动作的状态**。如例(3)的"摇摇晃晃"是描写老王喝醉酒后行走时状态。例(4)、

(5)也都体现了一种状态。

能构成 AABB 式的动词有下面 3 种情况：

（一）A 与 B 是反义动词。这小类的 A 与 B 都是反义动词，表示动作行为反复多次。这样的动词如：

1. AB 本身就是一个动词。

　　来回—来来回回　来往—来来往往　来去—来来去去

　　上下—上上下下　进出—进进出出　装卸—装装卸卸

2. AB 本身不是一个词。

　　出出进进　　　　开开关关　　　　关关开开

　　走走停停　　　　停停走走　　　　分分合合

（二）A 与 B 是相关的动词。这小类的 A 与 B 都是相关的动词，如例(2)的"说"与"笑"。

1. AB 本身就是一个动词。

　　说笑—说说笑笑　吵闹—吵吵闹闹　哆嗦—哆哆嗦嗦

　　摇晃—摇摇晃晃　摇摆—摇摇摆摆　躲闪—躲躲闪闪

2. AB 本身不是一个动词。

　　写写画画　　　唱唱跳跳　　　　跑跑跳跳

　　走走看看　　　哭哭啼啼　　　　吃吃喝喝

考考你

根据上下文，用 ABAB 或 AABB 的重叠形式填空：

① 这个问题我们还要_____才能决定。（研究）

② 这个人说起话来，总是_____的，没完没了。（唠叨）

③ 不要再让我去了，今天下午我_____的不知跑了几十趟了，都快把我给累死了。（来回）

④ 他的病现在还不能确诊,先住院＿＿＿＿吧! (观察)

⑤ 你们不要在楼下＿＿＿＿的,影响别人休息。(打闹)

⑥ 他＿＿＿＿地从怀里掏出一封信,交给了经理。(哆嗦)

39. "我要帮忙他"为什么不对? (离合词一)

(1) ×我要帮忙他。

(2) 我要帮助他。 / 我要帮他。

(3) 我要**帮**他的**忙**。

(4) ×我真想见面他。

(5) 我真想见他。

(6) 我真想**见**他一**面**。/我真想跟他**见面**。

疑问

为什么可以说"我要帮助他",不能说"我要帮忙他"呢?

析疑

"帮助""帮忙"都是动词,可它们的用法不同:

"帮助"这类动词是一般的动词,不管在什么情况下,都是作为一个完整的词来用的,"帮"与"助"结合得很紧密,它们之间不能分开来同时用,如:×我帮过助他。除非单独用一个字如例(2)"我要帮他"。这类动词有很多,如:介绍/表演/打扫/收看/修理/交谈/

研究/讨论/访问/商量/修改/检查等。

　　"帮忙",这类动词的用法比较特别,组成这个词的"帮"与"忙"可以合起来用,如:看到朋友有困难,当然应该帮忙。也可以离开、分开用,如例(3)"帮他的忙"。我们把这类动词叫**离合词**,常见的有:见面/订婚/结婚/离婚/握手/请客/会客/谈天/操心/听话/道歉/告状/吵架/打架/发火/报仇/上当/吃亏/生气/汇款/捐款/毕业/失业/住院/鞠躬/留学/跳舞/散步/睡觉/鼓掌/发愁/洗澡/游泳/理发/报名/签名等。

　　离合词和一般动词的不同可看下面的图表:

	一般动词	离合词
能否带宾语	可以: 介绍朋友 表演节目 打扫房间	不能: ×结婚他　（跟他结婚） ×道歉他　（向他道歉） ×生气她　（生她的气）
加"了/着/过/起来"等	AB…… 收看了电视 修理过自行车 交谈起来	A……B 吵了一架 离过婚 发起火来
加时量补语、动量补语	AB…… 研究了一个月 修改过一次	A……B 住了一个月院 吵过一次架
重叠	ABAB 商量商量 检查检查	AAB 见见面 握了握手

考考你

　　请判断下面的句子对不对?

① 你看,你不听我的话,结果上当他了。

② 听说你已经订婚你的女朋友,恭喜你!

③ 这个月我请客过几回,花了不少钱。

④ 他鞠躬大家。

⑤ 任务完成了,今晚应该跳舞跳舞,放松一下。

⑥ 小时候他妈妈为他操了不少心。

⑦ 这一次,大家都捐款很多。

⑧ 他最近正发愁这件事。

40. "你别吵她的架"为什么不对?(离合词二)

---

(1) 你别跟她**吵架**。 ×你**吵**她的**架**。

(2) 他要跟玛丽**结婚**了。 ×他要**结**玛丽的**婚**了。

(3) 谢谢你**帮**了我的**忙**。 = 谢谢你给我**帮**了**忙**。

(4) 他要**罚**你的**款**。 = 他要向你**罚款**。

(5) 我要向他**道歉**。 ×我要**道**他的**歉**。

(6) 孩子们给长辈**拜年**。 ×孩子们**拜**长辈的**年**。

疑问

为什么可以说"你别生她的气",不能说"你别吵她的架"呢?

析疑

"生气""吵架"都是离合词。关于离合词我们在第 39 条已谈了一些,这里要做进一步的介绍。

离合词有一类是动作不关系到别人的,如"睡觉""游泳""住院""散步"等;还有一类是动作关系到别人的,如"见面""结婚""帮忙""罚款"等,第 39 条已举例说明所关系到的人不能放在离合词后做宾语,如不能说"见面马克""握手他"。问题是所关系到的人应该放在句中什么位置?为什么"你别吵她的架"是错的,而"你别伤了她的心"却又可以说呢?学习汉语的外国人往往弄不明白。

应该看到,动作行为跟别人有关的离合词其实有两种情况:

(一)**动作行为是双方都共同参加的。**先看例(1),"吵架"肯定是吵架的双方共同的动作行为,只有一个人是不可能吵架的,也就是说,所吵的架不是"她"一个人的,所以不能说"别吵她的架"。例(2)是同样的情况,一个人不可能结婚,"婚"不可能是玛丽一个人的,所以也不能说"他要结玛丽的婚"。

可见,**凡是双方都参加的动作行为,一般都不能把其中的一方插进这类离合词的中间,而要放在离合词的前面。**这类离合词还有"打架、订婚、离婚、谈天、谈话、合影、通信、签约、讲和"等。所以"别打他的架""我要离她的婚""他谈马克的天""我们合游泳冠军的影"也都是错的,只能说:"别跟他**打架**""我要跟她**离婚**""他跟马克**谈天**""我们跟游泳冠军**合影**"。

(二)**动作行为是一方对另一方的。**具体来说,这类离合词所表示的动作行为虽然关系到别人,但它只是当事人一个人的动作,所关系到的人并不参与这个动作。这里有两种情况:

1. 动作是当事人一个人的,但涉及的事物是对方的。

如例(3),"帮忙"仅仅是"你"这一个人的动作,"我"只是被帮的人,也就是说这个"忙"是"我"的;再如例(4),"罚款"也仅仅是罚款人"他"这一方的行为,但所涉及的事物"款"是对方"你"的。

这类离合词,往往可将动作行为所关系到的人插进离合词的中间,如例(3)"帮了我的忙",例(4)"罚你的款"。再如"他告了我的状""别拆他的台"等。

值得注意的是,这类离合词,也可将动作行为所关系到的人放到离合词的前面,如例(3)、(4)右边的句子。

2. 动作是当事人一个人的,所涉及的事物也是当事人的。

这类离合词,一般不能将动作行为所关系到的人插进离合词的中间。如例(5)"我要向他道歉",道歉的人是动作者"我",所道的"歉"也是"我"的,这种情况下不能将道歉的对象"他"插进"道歉"的中间,即不能说"我要道他的歉"。同理,例(6)不能说"拜长辈的年",只能说"给长辈拜年"。再如"我向老师请假""父母为孩子操心"等。

考考你

请判断下面的句子对不对,不对的请改正:

① 小强订她的婚了。

② 乔治获奖了,大家纷纷向他贺喜。

③ 我上了他的当。

④ 毕业典礼上,毕业生们鞠老师的躬。

⑤ 你别生她的气。

⑥ 甲公司跟乙公司签约了。

41. "会议闭幕闭了两个小时了"为什么不对?

（1）会议闭幕两个小时了。
　　×会议闭幕闭了两个小时了。
（2）他打球打了两个小时。
　　×他打球两个小时。

（3）她结婚三年了。
　　×她结婚结了三年了。
（4）他毕业三年了。
　　×他毕业毕了三年了。

（5）他看书看了一个小时。
　　×他看书一个小时。
（6）我坐火车坐了一个下午。
　　×我坐火车一个下午。

疑问

　　为什么可以说"他打球打了两个小时"，却不能说"会议闭幕闭了两个小时了"呢?

析疑

让我们先看看下面两个句子：

a. 桥塌了三个小时了。

b. 他看了三个小时了。

两句话都有"三个小时"，可是意思不一样。a句是"塌"这个动作完成后经历了三个小时；b句很明显，"看"这个动作并没有完成，而是持续了三个小时。

这种区别是由这两个动词性质的不同所决定的。"塌"是瞬间变化并产生结果的动词，这类动词所表示的动作在瞬间就可以完成，不能延续下去，所以"三个小时"不可能指"塌"这个动作所持续的时间。而"看"是持续性动词，这类动词所表示的动作可以延续一段时间，所以"三个小时"就是指一直在看的时间。

明白这点，我们再来看上面的例(1)和例(2)。

显然，例(1)的"闭幕"跟"塌"同类，是瞬间变化并产生结果的动词，当主持人宣布"会议闭幕"时，会议就正式结束了，表示结束这个动作的"闭"不可能持续两个小时，所以不能说"会议闭幕闭了两个小时了"。同类的还如例(3)、(4)。

而例(2)的"打球"则跟"看"同类，是持续性动词。"两个小时"表示"打球"这个动作持续进行的时间，作为时量补语，要跟在动词或动词性语素后，所以句子需重复出现"打"这个动词。同类的还如例(5)、(6)。

需要说明的是，使用持续性动词的这类句子，还有另外一种表达方式：

(2) → 他打了两个小时的球。

(5) → 他看一个小时的书。

（6）→ 我坐了一个下午的火车。

考考你

请判断下面的句子对不对，不对的请改正：

① 他离开离了两个小时了。

② 他学法语学了一个下午。

③ 她跳舞半个小时。

④ 王明牺牲 10 年了。

⑤ 昨晚小强睡觉了 6 个小时。

⑥ 他们出发出了两天了。

（四）形容词

42. "他很忙"与"他是很忙"

（1）你别去找他，他这一段很忙。

（2）× 你别去找他，他这一段是很忙。

（3）A：听说这一段他很忙，是吗？

B：对，这一段他**是**很忙。

（4）听说他的房间很干净，我才不信呢。

（5）× 听说他的房间是很干净，我才不信呢。

（6）A：他的房间怎么样，是不是很干净？

B：不错，**是**很干净。

疑问

"他很忙"跟"他是很忙"都对吗？

析疑

"他很忙"是对的；"他是很忙"有时候对，有时候不对。因为，"忙"是形容词，汉语的形容词做谓语时，跟英语不一样。就拿例（1）来说，汉语和英语的表达形式不同：

他　　很　忙。

He is very busy.

英语形容词做谓语,它的前边必须加上动词"be",而汉语形容词的前边,一般来说,不能加动词"是"。所以"他很忙"是对的,"他是很忙"是不对的。相同的情形还有例(4)、(5)。

但在对话中,如果想表示你同意、肯定别人所说的话,就可以在形容词前边加上"是",但这时"是"一定要重读。如例(3),B 同意、肯定 A 所说的话"他很忙",所以就说"他**是**很忙"("是"要重读)。相同的情形还有例(6)。

考考你

请完成下面的对话:

① A:听说那儿的东西质量很好,是吗?

　　B:对,＿＿＿＿＿。

② A:你今天能跟我一起去买东西吗?

　　B:对不起,今天＿＿＿＿＿,明天好吗?

③ A:他篮球打得怎么样?

　　B:＿＿＿＿＿。

④ A:今天那儿人特别多!

　　B:我不信!

　　C:是真的,＿＿＿＿＿。

⑤ A:那儿里的东西便宜吗?

　　B:不,＿＿＿＿＿。

⑥ A:听说昨天的球赛很好看,是真的吗?

　　B:对啊,＿＿＿＿＿,你怎么不去看?

　　A:昨天＿＿＿＿＿,没有时间去看。

43. "昨天暖和,今天冷"

(1) 今天特别冷/非常冷/真冷。

(2) 这个季节南方十分潮湿/很潮湿/有点儿潮湿。

(3) 昨天暖和,今天冷。

(4) 南方潮湿,北方干燥。

(5) 你汉语好,还是你说吧。

(6) A:你们俩谁个子高?

B:他高。

(7) A:哪本好?

B:这本好。

疑问

我们可以说"昨天暖和,今天冷",也可以说"今天非常冷",但一般不能单独说"今天冷",为什么?

析疑

汉语形容词做谓语有两个特点:

(一)形容词的前面一般不能加动词"是"。这点具体见第 42 条。

(二)形容词一般不单独做谓语,它的前面要加上"特别""非常""真""十分""很""有点儿"等副词。如例(1)、(2)。也可以采用形容词重叠的形式,如"他个子高高的"。

那么,形容词在什么情况下可以单独做谓语呢?

1. **对比着说**。如例(3)是"昨天"和"今天"对比,可以直接说"昨天暖和,今天冷",形容词"暖和"和"冷"的前面不需加上"非常""很"等副词。而例(1)只是说"今天",就不能单独说"今天冷"。同样,例(4)是"南方"和"北方"对比,所以"潮湿"和"干燥"可以单独用。

例(5)表面上只出现"你",但实际上含有别人的汉语都没有你好,应该你说的意思。也就是说还是将"你"和"别人"做了对比,所以这句可以单独说"你汉语好"。

2. **回答问题**。如例(6)、(7)都是在回答问题,可以单独说"他高""这本好"。

总之,如果没有对比的意思,或者不是回答问题,形容词都不单独做谓语。

考考你

下面的句子对不对? 不对的请改正:

① 这天是星期天,商店里顾客特别多。

② 星期天商店里顾客多,我们星期一去吧。

③ 走进一看,屋子里干净。

④ 这本书贵。

⑤ 这本书贵,那本书便宜。

⑥ A:最近他怎么老迟到?

　　B:他忙。

⑦ 我们班最近来了一位新同学,他个子高。

⑧ 这件衣服非常漂亮。

44. "高高兴兴"与"高兴高兴"

(1) 他们**高高兴兴**地走了。
　　[×]他们**高兴高兴**地走了。

(2) 快把这个好消息告诉他，让他**高兴高兴**。
　　[×]快把这个好消息告诉他，让他**高高兴兴**。

(3) a. 今天我们一定要**痛痛快快**地玩一会儿。
　　b. 今天我们去玩一会儿，**痛快痛快**。

(4) 就盼着下一场大雨让人**凉快凉快**！

(5) 你们已经连着干了几个小时了，该歇下来**舒服舒服**。

(6) 把城里人接来，烧些乡村年饭让城里人**新鲜新鲜**。

疑问

"高高兴兴"与"高兴高兴"的意思一样吗？

析疑

汉语中双音节形容词的重叠一般都是 AABB 的形式，如：

高兴—高高兴兴　　　大方—大大方方
整齐—整整齐齐　　　漂亮—漂漂亮亮

但是汉语中也有少量形容词可以像动词那样，有 ABAB 的重叠形式，如例（2）中的"高兴高兴"和例（3）b 中的"痛快痛快"，以及例（4）—（6）中的"凉快凉快""舒服舒服""新鲜新鲜"。它们跟"高高兴兴""痛痛快快""舒舒服服"等的意思不完全一样，用在句中都是表示一种动态。如例（1）"高高兴兴"是描写"他们"离开时的心情。而例（2）的意思是使"他"感到高兴。

值得注意的是，"痛快痛快""高兴高兴""凉快凉快""舒服舒服""新鲜新鲜"都不是动词，而是由于处在特定的句法位置上而具有一种动态性，且有它们使用的条件。

那么，特定的句法位置是什么呢？大家观察例句可看到，多为祈使句（要人怎么做）、使字句（让/叫）（使别人怎么样），或者"可以（怎么做）""应该（怎么做）"。同时，这些"怎么做"都具有共同的特点，做后让人感受到该形容词所表示的状态，如：感到高兴、感到痛快、感到凉快、感到舒服、感到新鲜，等等。很明显，这个隐含的"感到"是具有动词性的。所以，这些词语的重叠形式不是 AABB，而是 ABAB。

要注意的是，**能够这样既有 AABB 又有 ABAB 的重叠形式的形容词很少，它们都是跟体表感受或心理感受有关**的。除了上面提到的以外，还有以下一些：

快乐：	快快乐乐	快乐快乐
热闹：	热热闹闹	热闹热闹
轻松：	轻轻松松	轻松轻松
安静：	安安静静	安静安静

考考你

根据上下文,用所给词语的重叠形式填空:

① 放学了,孩子们_____地回家去。(高兴)

② 今天晚上小明过生日,大家都要来,一起_____。(热闹)

③ 这几天太紧张了,明天我们去唱唱歌,跳跳舞,_____。
（轻松）

④ 他们整天无忧无虑,_____地生活着。(快乐)

⑤ 经理_____地答应了职工们提出的请求。(痛快)

⑥ 我来说个笑话,叫你们_____。(高兴)

45. "很高兴"与"高高兴兴的"

---

(1) 听到这个消息以后,他很**高兴**。

　　× 听到这个消息以后,他很**高高兴兴的**。

(2) 他这个人非常**马虎**。

　　× 他这个人非常**马马虎虎的**。

(3) 她长得特别**漂亮**。

　　× 她长得特别**漂漂亮亮的**。

疑问

我们可以说"很高兴",为什么不能说"很高兴高兴的"?

析疑

形容词重叠以后,都有表示**程度加深**的意思,也就是说已经有了"很"的意思了,它的前面就不能再加表示程度的"很、非常、特别、十分"等词语了。因此,下面这些形容词重叠以后都不能再加"很、非常、特别、十分"等词语:

　　大大方方　　　很大方　　　×很大大方方的

　　整整齐齐　　　特别整齐　　×特别整整齐齐的

　　干干净净　　　非常干净　　×非常干干净净的

　　热热闹闹　　　十分热闹　　×十分热热闹闹的

　　另外,还有一些形容词本身已含有程度深的意思,它们的前面也不能再加"很、非常、特别、十分"等副词。如:冰冷、雪白、碧绿、通红、笔直,等等。

　　这是因为"冰冷"已表示像冰那样冷,本身就有"很冷"的意思。同样,"雪白"也表示像雪那样白,程度已很深。

考考你

　　请把下面左右两边可以搭配的词语用线连起来:

　　　　　　　很　　　　　　　　清楚

　　　　　　　　　　　　　　　　干干净净的

　　　　　　　　　　　　　　　　老实

　　　　　　　　　　　　　　　　红红的

　　　　　　　特别　　　　　　　认认真真的

　　　　　　　　　　　　　　　　高

　　　　　　　　　　　　　　　　小小的

　　　　　　　　　　　　　　　　长长的

　　　　　　　非常　　　　　　　漂漂亮亮的

　　　　　　　　　　　　　　　　大大方方的

　　　　　　　　　　　　　　　　严肃

（五）代词

46. "人家"与"别人"

（1）小声点儿，不要影响**人家**休息。　→ 别人

（2）家里只有母亲和我，没有**别人**。　× 人家

（3）小刘的汉语说得真好！我们应该
　　向**人家**学习。　× 别人

（4）你打电话叫我来，**人家**来了，你
　　又不理**人家**，真是的！　× 别人

疑问

"人家"和"别人"它们有什么不同？

析疑

"人家"和"别人"都可以指说话人和听话人以外的人，但这两个词的意思不一样，请看下表：

别人	人家
其他人	×
某些人	某些人
×	他或他们
×	我

"别人"和"人家"都可以指"某些人",也就是指除了说话人和听话人之外的某一部分人,如例(1)。

"别人"有时是"其他人"的意思,也就是指除了说话人和听话人之外的所有的人,如例(2)。

"人家"有时就是"他"或"他们"的意思,如例(3)中"人家"指的就是"小刘"。

有时"人家"还可以指说话人自己,等于说"我",这样用的时候,多带有亲昵的口气,年轻女性用得比较多,如例(4)。

考考你

请考虑下面的句子里用"人家"还是用"别人",或是两个都能用:

① ＿＿＿＿都走了,你为什么不走?

② 他这个人很热心,＿＿＿＿的事就是他自己的事。

③ 他对我这么好,我要是不努力,怎么对得起＿＿＿＿呢?

④ ＿＿＿＿张文不光学习好,身体也好。

⑤ 你慢一点行不行,＿＿＿＿跟不上嘛!

⑥ ＿＿＿＿都急死了,你还有心思开玩笑!

47. "自己"与"本人"

（1）我**自己**没有这种想法。　　　　　　　→ 本人

（2）你**自己**没有接到这个通知吗？　　　　→ 本人

（3）连他**自己**也不知道是怎么回事。　　　→ 本人

（4）这个问题你们**自己**都弄清楚了吗？　　× 本人

（5）你对**自己**刚才的表现满意吗？　　　　≠ 本人

（6）小王已经把**自己**的行李收拾好了。　　≠ 本人

（7）**本人**不赞成这种做法。　　　　　　　× 自己

（8）（劝对方）**自己**有什么想法，大胆说出来。× 本人

（9）哼，**自己**没做好，还来说别人。　　　× 本人

（10）凡是**自己**不想做的事情，都不要勉强别人去做。× 本人

（11）办护照必须要**本人**去，别人代替不了。　→ 自己

（12）桌上的花瓶不会**自己**掉下来，肯定是有人碰了。× 本人

（13）你不要**自己**去，最好跟别人一起去。　　× 本人

疑问

　　"自己"与"本人"的意思和用法一样吗？

析疑

"自己"与"本人"都是代词,用法比较复杂,有的可以互换,更多情况下是不能互换。

(一) 表示特指,强调某人或某些人。

1. 与"我""你""他"等连用,强调前面所说的人自己。**这种用法,用"自己"或"本人"都可以,强调就是前面所说的人自己,不是别人,**如例(1)—(3)。这种用法的"自己"与"本人"可以互换,也都可以省略不说。用"本人"在表达上会感觉文一些。

2. 与"我们""你们""他们"等连用,强调前面所说的那些人自己。**这种用法,只能用"自己",不能用"本人",**如例(4)。这是因为"自己"除用于单数外也可以用于复数,而"本人"只用于单数。

3. 复指前面提到的人,但不与其连用。即跟前面提到的人之间还有别的词语。**这种用法,只能用"自己",不能用"本人"。**如例(5)、(6)。值得注意的是,例(5)、(6)要是换成"本人",句子也通,但意思已完全改变,"本人"不再是复指前面提到的"你""小王",而变成称说话人自己。如:"你对本人刚才的表现满意吗?"="你对我刚才的表现满意吗?"

4. 单独使用。

① "本人"单独使用,是说话人对自己的称呼,相当于"我"。这种用法不能用"自己"。如例(7)。

② "自己"单独使用,有的是特指对方,即"你",如例(8)的意思是"你有什么想法,大胆说出来";有的是特指第三者,即"他/他们",如例(9)的意思是"他自己没做好,还来说别人"。这种用法不

能用"本人"。要注意的是,这种用法的"自己"在该句中是单用,但有它使用的条件,如例(9),上文一定是谈话双方先提到了所议论的人,这句的"自己"很明显指的就是此人("他"),否则句子不成立。

(二)表示泛指任何人。

1. 泛指没有范围的任何人。如例(10),句中的"自己"并不指某个特定的人,而是说不管什么人,只要是自己不想做的事情,都不要勉强别人去做。这种用法只能用"自己"。

2. 泛指某个范围中的任何人。如例(11),所说的范围是办护照的人,该句泛指办护照的任何人,只要是办护照,就必须要本人去。这种用法"本人""自己"都能用,不过,用"本人"会显得更正式一些。

(三)指代别的事物。"自己"除了指代人以外,还可指代事物,而"本人"只能指代人,如例(12)中的"自己"指代的是"花瓶"。

(四)表示动作行为的方式。如例(13),"你不要自己去"中的"自己"并不是像上面第一种用法那样强调"你","自己去"与"跟别人一起去"是"去"的不同方式。这种用法也不能用"本人"。

考考你

请用"本人""自己"填空:

① 连他_____也不知道是怎么回事。

② _____的事情_____做。

③ 关于这次的比赛,_____有个建议。

④ 他这个人很骄傲,总觉得_____很了不起。

⑤ _____做错了,还发脾气。真是的!

⑥ 这事该怎么做,由他们_____决定好了。

⑦ 这么小的孩子会_____做饭,真不简单!

⑧ 领取证件要他_____来才行。

48. "咱们"与"我们"

(1) 你明天有事吗?没事的话**咱们**一起去吧。　→ 我们

(2) **我们**班的学生比他们班多。　　　　　　　　→ 咱们

(3) 你明天有事吗?有事的话**我们**俩一起去,
　　你留在这儿。　　　　　　　　　　　　　　× 咱们

(4) **我们**班的学生比你们班多。　　　　　　　　× 咱们

疑问

"咱们"和"我们"有什么不同?

析疑

"咱们"和"我们"的意思不同:

"咱们"包括说话人和谈话的对方在内,与"他们"相对,例 (1)中的"咱们"包括说话人"我"和谈话的对方"你",如下页图 1 所示。

"我们"有两种情况：一种和"咱们"一样，包括谈话的对方，即听话人，如例（2）；一种不包括谈话的对方，与"你/你们"相对，如例（3）、（4）中的"我们"不包括"你/你们"，如图 2 所示。

图 1

图 2

考考你

请考虑下面的句子里用"咱们"还是用"我们"：

① 你今天晚上有空儿的话，_____一起去看电影吧。

② _____家有三口人，你们家呢？

③ 阿里，_____班得了第几名？

④ 你们两个在这儿看着行李，_____三个人去买票。

49."我穿的一双鞋"对吗?

（1）我穿的**这**双鞋是爸爸给我买的。

（2）昨天我爸爸给我买了**一**双鞋。

（3）坐在最前面的**那**个人是我们经理。

（4）刚才坐在前面的**一**个人让我把这本书给你。

（5）上午我写了**一**封信。

（6）（**那封**）信写好了。

疑问

"我穿的一双鞋"对吗?

析疑

　　数词"一"表示不确指,指示代词"这""那"表示确指。在交际中,如果说话人所说的人或物,**听话人知道是哪一个**,名词前要用**"这/那＋(数)量词"**来指示。反之,如果**听话人不知道**,就用**"一"**。如例(1)中"我"可能有很多鞋,但"我穿的"鞋是哪一双,听话人是很清楚的,所以这里应该用近指的指示代词"这";而例(2)中,爸爸给"我"买的鞋是哪一双,听话人并不知道,所以只能说"一双鞋"。同样例(3)中,说话人说的"坐在最前面的人"听话人是知道的,所以用远指的"那";而例(4)中用的是"刚才",听话人肯定没有看见说话人所说的人,不知道是哪一个,所以说"一个人"。

　　在汉语中,有时如果说话人和听话人都很清楚所指的对象,也可以直接用名词表示,而不用加"这"或"那"。如例(6),当说话人和听话人都知道写信这回事时,可直接说:信写好了。

考考你

请判断下面句子对不对,错的请改正:

① 骂你的那个人你认识吗?

② 他是我在中国的一年认识的。

③ 你想要的一本书,我给你带来了。

④ 今天早上我看见一个人匆匆忙忙跑下楼去。

⑤ 一台录音机坏了,我只好去买新的了。

⑥ 门口的那棵树被风刮倒了。

50. "这么"与"那么"

(1) 你哥哥有我**这么**高吗?

(2) 你哥哥有门口那个人**那么**高吗?

(3) 你就照我说的**这么**做,不会错的。

(4) 你就照昨天他教你的**那么**做吧。

(5) 去年夏天**那么**凉快,今年怎么**这么**热?

(6) 你都**这么**大岁数了,就别再干了。　　　→ 那么

(7) 这里的夜晚是**那么**宁静,听不到
一点儿声音。　　　→ 这么

疑问

"这么"和"那么"有什么不同?

析疑

"这么"和"那么"都是指示代词,它们的意思、作用和在句中的位置都基本相同。(关于"这么"的意思和用法,请参看第 51、52 条。)

它们的不同在于:"这么"**指代的事物离说话人比较近**,"那么"**指代的事物比较远**。如例(1)中"这么"指代的是"我"的高度,"我"是近指,所以用"这么";而例(2)中指代的是"门口那个人"的高度,是远指,所以用"那么"。这里所说的"远"和"近",不仅是指距离,**还包括时间上的"远""近"**。如例(5)"去年"比较远,所以用"那么",而"今年"近,用"这么"。

另外,在有些句子里两个都可以用。如例(6)中的"你"对我来说很难说清是远还是近;例(7)中的"这么/那么"在这里不指代具体的某个程度,而是表示程度高,带有感叹的语气,有点像"多么"。在这些情况下,两个词可以互换。

考考你

请用"这么"或"那么"填空:

① 我的宿舍没有这间房_____大。

② 既然你_____喜欢它,就送给你吧。

③ 广州的秋天有北京_____美丽吗?(说话人在北京)

④ 你小的时候有现在_____胖吗?

⑤ 我没以前_____大的干劲了,现在就想轻松轻松。

⑥ 这只妖怪的胳膊有树干＿＿＿＿＿粗。

51. "这么高"说的都是很高吗？

---

(1) 哇,**这么高**!

(2) ——有多高?
     ——**这么高**。

(3) 他有我**这么高**。

(4) 他只有**这么高**。

疑问

"这么高"说的都是很高吗?

析疑

"这么高"不一定就是指很高。它有两种情况:

例(1)的"这么"指示程度(见下页图 1),**表示程度高**,等于英语的"so"。这种用法在汉语中用得很广,如:这么大! /这么小! /这么干净! /这么脏! /这么漂亮的姑娘! /我不喜欢这么自私的人。

例(2)—(4)的"这么"都不表示程度高,而只是**用来替代某种量度**。这种量度可以用手表示,如例(2)和图 2;也可以在前面加上用来比较的某个事物,如例(3)中的"我"不一定很高,只是用来比较；当然，还可以直接用数字表示，如：有 0.5 米这么长。可见，这里只是告诉别人有多高，有多长，并不是说很高、很长。如例（4）译成英语只能是"He is only this high"。

需要指出的是，有这种用法的形容词并不多，一般多是：高、大、长、宽、厚、重等。

图 1　这么高

图 2　这么高

52. "这么"与"这样"

（1）对，就**这么**做。	→ 这样
（2）你今天怎么**这么**高兴？	→ 这样
（3）她经常**这样**。	✕ 这么

疑问

"这么"和"这样"的意思和用法一样吗？

析疑

这两个词的意思和用法不完全一样。

		这么	这样
～＋动词	指示方式	这个字应该这么写。	这个字应该这样写。
～＋形容词/ 心理动词	指示程度	没想到天气这么冷。 他这么喜欢音乐……	没想到天气这样冷。 他这样喜欢音乐……
……＋～	代替情况	✕	她经常这样。 看你，累得这样。
～＋名词	指示性状	没想到他是这么一种人。 （✕这么的人） 我不喜欢这么一股味道。	没想到他是这样的人。 （→这样一种人） 我不喜欢这样的味道。

考考你

（一）请用"这么""这样"填空：

① 他就是_____的人!

② _____好的姑娘谁不喜欢?

③ _____学下去,一定能成功!

④ 他总是_____,一看起球来什么都忘了。

⑤ 孩子哭成_____,还不看看是怎么回事?

(二)请判断下面的句子对不对?错的请改正:

① 这么湿气大。

② 这样的情况并不少见。

53. "很多"与"多少"

(1) 不用着急,我们还有**很多**时间呢。

(2) 快点走吧,我们没有**多少**时间了。　　　× 很多

(3) 那天我一直都很担心,因为我身上
　　带了**很多**钱。

(4) 那天我一点都不担心,因为我身上
　　没带**多少**钱。　　　× 很多

(5) 这种水果很好吃,**很多**人都知道。

(6) 这种水果很好吃,可惜没**多少**人知道。　× 很多

疑问

"很多"的否定形式是"没有很多"吗?

析疑

　　"很多"的否定形式不是"没有很多",而是"没(有)多少"。例
(1)、(3)、(5)都是肯定句,用的都是"很多":"很多时间""带了很多
钱""很多人都知道"。如果前面加上了"没有",后面的"很多"都要
换成"多少",如例(2)、(4)、(6)。

考考你

　　请用"很多""多少"填空:

　　① 路上车_____,一定要注意安全。

　　② A:她的行李_____吧? 要不要帮忙?

　　　 B:不,没有_____行李。

　　③ 我刚来,没有_____经验,请大家多多关照。

　　④ 我有_____问题要向您请教。

54."你想吃点什么"与"你要不要吃点什么"

(1) A:你想吃点什么?

　　B:来一碗米饭吧。

(2) A:你要不要吃点什么?

　　B:不用了,我刚吃过饭。

(3) A:你喜欢看什么书?

　　B:我喜欢看故事书。

(4) A:你站这儿快半天了,找到什么书没有?

　　B:还没有呢。/找到一本。

(5) A:窗户外边是什么声音?

　　B:可能是汽车的声音吧。

(6) 窗户外边好像有什么声音。

疑问

"你想吃点什么"与"你要不要吃点什么"这两句话里边的"什么"一样吗?

析疑

"你想吃点什么"里的"什么"表示疑问,问的是"人、事物或者人或事物的身份、性质"等。回答的时候也要针对"什么"进行回答,如例(1)"什么"问的是事物——"吃的东西",答句里的"米饭"

就是针对"吃的东西"回答的。例(3)里的"什么"问的是事物的性质——哪种类型的书,回答的是书的类型——"故事书"。

"你要不要吃点什么"里的"什么"不表示疑问,而是表示"说不清楚的、不太肯定的人或者事物",回答的时候不是针对"什么"进行回答,而是针对"要不要"回答。这是"什么"的引申用法。

(1) A: 你想吃点什么?

B: 来一碗米饭吧。

(2) A: 你要不要吃点什么?

B: 不用了,我刚吃过饭。

(3) A: 你喜欢看什么书?

B: 我喜欢看故事书。

(4) A: 你……,找到什么书没有?

B: 还没有呢!/找到一本。

考考你

请完成下面的对话:

① A: 你喜欢什么工作?

B: _____。

② A: 你来这么久了,找到什么工作没有?

B: _____。

③ A: 他是你什么人?

B: _____。

④ A: 看你的样子,是不是有什么人说你坏话了?

B: _____。

⑤ A: 外边那么冷,你说我再穿点什么呢?毛衣还是大衣?

B: _____。

⑥ A: 外边那么冷,你不再多穿点什么?

B：_____。

55. "什么"与"怎么"

> （1）下一步我们该做**什么**？
>
> （2）下一步我们该**怎么**做？
>
> （3）随便你吃**什么**。
>
> （4）随便你**怎么**吃。

疑问

"什么"和"怎么"有什么不同？

析疑

汉语**问事物用"什么"**，如例（1）就是问做什么事情；**问动作的方式用"怎么"**，如例（2）就是问用什么样的方式方法去做。所以，它们在句中的位置也不一样：

动词 ＋ 什么	怎么 ＋ 动词

"什么"和"怎么"都可以用在不是问问题的句子中，这时它们的区别还是一样的。**"什么"代替事物**，如例（3）用"什么"代替吃的东西，也就是说，有各种各样的食品，随便你吃哪一种。**"怎么"代替动作的方式**，如例（4）用"怎么"代替吃的方式，假如说吃的是饺子，可以煮了吃，也可以煎了吃，还可以炸了吃，总之，各种方法，随

便你用哪一种。

另外,"什么""怎么"都还有别的用法,可参看第 54、56、57 条。

考考你

请用"什么""怎么"填空:

① 你今天上街买了些_____?

② 对不起,你刚才说_____? 我没听清楚。

③ 能给我们介绍介绍经验,说说你是_____学的吗?

④ 请告诉我_____办才好呢?

⑤ 你喜欢_____颜色?

⑥ 不管我_____解释,他都不相信。

56. "怎么"与"怎样(怎么样)"

(1) 你是**怎么**认识他的?　　　　→ 怎样

(2) 大家都去了,你**怎么**不去?　　× 怎样

疑问

为什么例(1)中的"怎么"可以换成"怎样",例(2)中的"怎么"却不可以换?

析疑

这两个词都常用来问问题,它们的意思和用法有些地方相同,

但更多地方是不同的。

	怎么	怎样/ 怎么样
问方式方法	请问,到暨南大学怎么走? 这个汉字怎么写?	请问,到暨南大学怎样走? 这个汉字怎样写?
问原因	他怎么不来? 怎么他不来?	×
惊奇地问	怎么,你今天就回去?	×
问性质情况（要注意它们在句中的位置、用法）	× × 他是怎么(一)个人? × 你眼睛怎么了?	他的身体怎么样? 她学得怎么样? 他是怎样的(一个)人? 他是一个怎样的人?
问对方意见	×	我们一块去,怎么样?
用在反问句	我怎么能不感谢你呢?	×
引申用法	(不怎么＝不太) 今天不怎么热。 他不怎么会开车。	(不怎么样＝不太好) 他这个人不怎么样。 他唱得不怎么样。

考考你

（一）请解释为什么例（1）中的"怎么"可以换成"怎样",例（2）中的"怎么"却不能换。

（二）请用"怎么""怎样/怎么样"填空:

① 你是_____练习汉语口语的?

② 你那儿的气候_____?

③ 这一句我_____总唱不好?

④ 这件事是他亲手办的,他_____可能不了解情况?

⑤ 咱们一起去报名,_____?

⑥ ＿＿＿＿，他又离婚了？

⑦ 那家公司的产品质量不＿＿＿＿。

57."怎么"与"为什么"

（1）他们都去了，你**怎么**不去？ → 为什么

（2）他今天**怎么**这么高兴？ → 为什么

（3）天空**为什么**是蓝色的？ ✕ 怎么

（4）那片天空**怎么**是红色的？ → 为什么

（5）你**为什么**打人？ ✕ 怎么

（6）你**怎么**打人呢？ → 为什么

（7）你**怎么**不认得我了？我是李平啊。 ✕ 为什么

（8）他这么做，到底是**为什么**？ ✕ 怎么

疑问

"怎么"有时也有问原因的意思，这时它和"为什么"有什么不同？

析疑

"怎么"和"为什么"都可以用来问原因，用"怎么"的句子一般都可以换成"为什么"。可是在口语中，用"怎么"往往**表达说话人的一种奇怪的语气**，所以问的通常是说话人**觉得不正常的事**，这时

如果换成"为什么"就没有这种奇怪的语气或语气不那么强了,如例(1)、(2)。反之如果问的是一些正常情况的原因,就只能用"为什么"。

如例(3),"天空是蓝色的"是正常的,所以只能用"为什么";而例(4)"天空是红色的"就不正常了,所以可以用"怎么"。

另外,"为什么"还可以表示询问,如例(5)如果是老师在询问打架的学生,就不可用"怎么"。如果要换成"怎么",表示的是不满、责备的语气,语气要弱一些,如例(6)。

注意,在有些句子中"怎么"并不是在询问原因,而只是表示一种有点奇怪而且觉得不应该的语气,这时只能用"怎么",如例(7)。

"为什么"还可以用于问目的,如例(8)。

考考你

请用"怎么"或"为什么"填空,如果有几种选择,请想想它们有什么不同:

① 你＿＿＿不练练太极拳?

② 你＿＿＿要骗我?

③ 你这孩子,小小年纪＿＿＿骗人呢?

④ ＿＿＿油总是浮在水面上?

⑤ 这么重要的东西,你＿＿＿能丢了呢?

⑥ 这玩具刚买回来几天就被你弄坏了,你＿＿＿这么不爱惜东西?

⑦ 你＿＿＿总是让着她?这样她还以为你怕她呢,更要欺负你了。

⑧ 炒这种菜＿＿＿要放糖?

58. "多少""几"与"多"

---

(1) 这里有**几**个苹果？

(2) 这里有**多少**个苹果？

(3) 这个运动场可以坐**几**千人？

(4) 香蕉**几**块钱一斤？

(5) 香蕉**多少**钱一斤？

(6) 现在**几**点？

(7) 你的电话号码是**多少**？

(8) 你**多**高？

(9) 这条鱼有**多**重？

(10) 那儿有**几**个人。

(11) 那儿留下了我**多少**美好的回忆。

(12) 你看这树**多**高啊！

疑问

"多少""几"和"多"都可以用来问数字，它们有什么不同？

析疑

先看"几"和"多少"。（注意：表疑问的"多少"中的"少"念轻声

duōshɑo；"多少有些道理""多少有点凉意"中的"多少"不读轻声，
念 duōshǎo)它们在疑问句中都可以问数量，但用法有区别。

　　1. 数量少的（一般是 1—9 的数字），可以用"**几**"问，也可以用
"**多少**"问；**数量多**的（一般是 10 以上的数字），一般要用"**多少**"提
问。请见下图：

　　（1）这里有**几**个苹果？　　（1）[×] 这里有**几**个苹果？

　　（2）这里有**多少**个苹果？　　（2）这里有**多少**个苹果？

　　注意，"百""千""万"等作为计数单位，它前面的数字也只能是
9 以内，如"九百"，要是"9"变成"10"，那就是"一千"了。所以，它
们用"几"提问，如例（3）。

　　2. "**几**"后面一般要有量词，如例（4）；而"**多少**"后面可以没有
量词，如例（5）。再如："你们组有几个人？""你们组有多少人？"

　　3. 问具体的时间或表示第几，都用"几"，如例（6）。再如"几
月几号""几路车""几楼"等。但是，**问号码要用"多少"**，如例（7）。

　　"**多**"一般用于问**高度、长度、大小、重量、年龄**等的具体数字，
后面跟**单音节形容词**，如例（8）、（9）。

　　另外，这几个词都可以不用于问问题，这时意思不同：如例
（10）中的"几"代表不多的数字；例（11）中的"多少"表示很多的意
思；例（12）中的"多"是"多么"，表示感叹。

考考你

请根据所给的情景用"几""多少"或"多"说一句话：

① 你去买衣服，问衣服的价格。

② 问朋友在哪个班学习。

③ 问房间的大小。

④ 问小孩子的年龄。

⑤ 问同学的年龄。

⑥ 问朋友在跑步比赛中的成绩。

⑦ 问一个工厂每年生产的汽车的数量。

⑧ 问同学从他家到学校的距离。

59. "别的"与"其他"

(1) 今天就谈到这儿，**其他**(的)事以后再谈。　→ 别的

(2) 只有这两间房是空的，**其他**的都住满了。　→ 别的

(3) 我现在不想**其他**的，只想好好睡一觉。　→ 别的

(4) 我没有**别的**，只有这一个箱子。　× 其他的

(5) 这几本书我拿走，**其他**几本留给你。　× 别的

疑问

"别的"和"其他"在英语里都是 the other，它们有什么不同？

析疑

"别的"和"其他"在意思和用法上都差不多,只有细微的区别:

(一)它们都可以用在名词前,这时"其他"后可以加"的",也可不加,而"别的"不能再加"的",如例(1)。

(二)它们都可以单独做句子的主语或宾语,可是做宾语时"其他"后面一般要加"的",如例(2)、(3)。另外,在"有"或"没有"的后面做宾语时,一般用"别的",如例(4)。

(三)"其他"后面可以跟数量词,而"别的"不能,如例(5)。

考考你

请用"其他"或"别的"完成下面句子,注意哪些只能用一个,哪些需要加"的":

① 家里_____人都去了国外,只有他一个人留在国内了。

② 我只信他一个人,_____任何人我都不信。

③ 兄弟里就他还在读书,_____三个早就工作了。

④ 把这个问题解决了,_____问题也就简单了。

⑤ 只有几个还能吃,_____都坏了。

⑥ 还有_____吗?如果你已经说完了,那我就走了。

60. "其余"与"其他"

（1）这几个大包我来提，**其他**小包你拿。　→ 其余的

（2）这几本书我拿走，**其他**几本留给你。　→ 其余

（3）来客中我只认识两位，**其他**都不认识。　→ 其余

（4）我就想好好睡一觉，不想做**其他**的事。　× 其余

（5）我同意他的建议，没有**其他**意见。　× 其余

疑问

在上面的例句中，为什么前面几句中"其他"可以换成"其余"，而后面几句不行？

析疑

"其他"表示的意思可以分两种：

一种和"其余"相同，表示**一个大范围里去掉一部分后所剩下的**，这时就可以换成"其余"，参见图1。如例（1）中"其他小包"是指我们的包里面去掉"这几个大包"以后剩下的。但要注意：在名词前时，"其他"后面的"的"可要可不要，而"其余"后一定要带"的"。在这个意思上两个词的其他用法是一样的，如例（2）、（3），不过在口语中"其他"用得比较多。

另外，"其他"还可以用在**没有大范围，而只是指所说的范围以外的**，参见图2。"其余"没有这种用法。如例（4）中"其他的事"是

指"睡觉"以外的事,而不是指某些事情里去掉"睡觉"以后剩下的事,所以这里的"其他"不能换成"其余"。

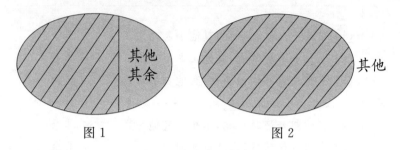

图1　　　　　　　　　　　　图2

考考你

请考虑下面句子中的"其他"能不能换成"其余",如果不能,想想为什么:

① 只剩这么多了,其他的都卖完了。

② 他只有一个朋友在这里,其他朋友都在上海。

③ 我们不说这些了,说点其他的吧。

④ 他只关心钱,对其他一切都不在乎。

⑤ 这个办法行不通的话,我们再想其他办法。

61."其他"与"另外"

（1）你们几个住这儿，**其他**人住隔壁。　　→ 另外的

（2）我只用了一点，**其他**都在这儿。　　　→ 另外的

（3）他翻译了三章，**另外**三章你来翻吧。　→ 其他

（4）那是**另外**一个问题，我们现在不谈。　× 其他

（5）不要让他去了，我们**另外**再找人吧。

　　→ 不要让他去了，我们再找**另外**的人吧。

（6）今天我买了一件衣服，**另外**还买了一条裤子。

（7）我想去看看他，**另外**，我自己也想出去散散心。

疑问

"另外"和"其他"的意思是一样的，它们有什么不同？

析疑

"另外"和"其他"在用法上有以下异同点：

（一）两词都可以用在**名词前面**，而且后面的名词也都可以省略。不同的是在这两种情况下**"另外"后一定要有"的"**，如例（1）、（2）。此外，"另外的"单独用常做主语，较少做宾语。

（二）后面都**可以跟数量词**，可是**"其他"不能用在"一"的前面**，如例（3）、（4）。

（三）"另外"还可以**做副词用在动词前**，常常和"还""再""又"等副词连用，在它们前面或后面都可。这时句子都可以变成"另外"加"的"用在名词前面的句式，变了以后句子意思不变，如例（5）。

（四）"另外"还可以**做连词**，用在句子之间，有"除此之外"的意思，即在说了一件事之后再补充说一件事，如例（6）、（7）。

考考你

请考虑下面的句子中应该用"其他"还是"另外"，需不需要加"的"：

① 你说的是_____问题，我们现在先不谈。

② 除了杭州，我还去了_____几个地方。

③ 我们不在一个学校，他在_____一个学校。

④ 这几件行李随身带，_____都托运走。

⑤ 我们除了要发展经济，_____还要重视对教育的投入。

⑥ 他不放心她一个人去，又_____找了个人陪她去。

62. "每"与"各"

(1) **每**个学校都有人参加这次的会议。　　→ 各个

(2) 请你把**各**年的产量都记录下来。　　→ 每

(3) 我**每**年都要出去旅游。　　× 各

(4) 我们学校有来自全国**各**省的学生。　　× 每

(5) **各**参赛队的运动员都表现出很高
　　的技术水平。　　→ 每个

(6) **每**两个人一本书,请不要多拿。

(7) 他**每**写一个字,就停下来想一想。

(8) 几种水果他**各**买了一斤。

疑问

"每"和"各"的意思差不多,它们有什么不同?

析疑

"每"指的是一个范围中的任何一个个体,侧重于表示**全体、全部**,意思是没有一个不是这样的,**常和"都"一起用**。"各"指的是一个范围中不同的个体,侧重于**表示不同**,所以有时不一定是全部。

例(1)是说所有学校都有人参加,这里"每个学校"也含有"不同学校"的意思,所以可以换成"各"。例(2)中的"各年"是说不同

年份,这里也含有"所有年份"的意思,可以换成"每"。

例(3)的意思是说"我"没有哪一年不出去,没有说不同的年的意思,这时不能换成"各"。而例(4)是说我们学校的学生来自不同的省,不一定所有省份的学生都有,所以也不能换成"每"。

"每"后跟名词时一般要有量词("人""家"和"天""年"等时间名词除外),**还可以有数词**。而"各"后可以**直接跟名词**,这些名词常常是表示**集体、组织**的词,如例(5)。

"每"可以用于例(6)这种句式,即句子中出现两个数量词,表示一种平均的比率。"各"不可。

另外,"每"和"各"都可做副词放在动词前面,但是意思不同:"每"相当于"每当"或"每次"。"各"相当于"分别"或"每一(个)",如例(7)的意思是"他"写一个字,就停下来,再写一个字,又停下来。例(8)是说几种水果他每种分别买了一斤。

考考你

请考虑下面的句子中应该用"每"还是"各":

① _____ 一个认识他的人都喜欢他。

② 他们 _____ 想了一个办法。

③ 参加这次会议的有 _____ 民族的代表。

④ _____ 十个人里面就有一个人得过这种病。

⑤ 我清楚地记得他说的 _____ 句话。

⑥ 我们把 _____ 个学生 _____ 个学期的成绩都记录下来。

⑦ 他 _____ 分钟可以打两百多个字。

⑧ 我们的展览受到了社会 _____ 阶层的欢迎。

⑨ 我 _____ 到一个地方,都要去了解一下这里的风土人情。

⑩ _____国管理好_____国的事务,不要干涉别国的内政。

63. "全部""所有"与"一切"

(1) 他把自己的**全部**生命献给了他热爱的祖国。

　　　　　　　　　　　　　　　　　× 所有、一切

(2) **所有**的机会你都没一一抓住,怪谁呢? × 全部、一切

(3) 我们要想尽**一切**办法帮助他渡过难关。× 全部、所有

(4) **全部**车辆都已经检查过了。　　　→ 所有 × 一切

(5) **一切**车辆不得入内。

(6) 教师要创造**一切**机会,使后进生感受进步

　　的喜悦。　　　　　　　　　　　　× 全部、所有

(7) 参赛运动员已**全部**到达。

(8) 你来晚了,人**全部**走光了。

(9) 我做的**一切**,完全都是为了大家。

(10) 她很感激你为她创造的**一切**。

(11) 在外面三年,**一切**问题都是我自己解决的。

　　　　　　　　　　　　　　　　→ 全部、所有

疑问

　　"全部""所有"与"一切"的用法一样吗?

析疑

"全部""所有"和"一切"都表示总括,但用法有以下差异:

（一）三者的语义重心不同。

"全部"强调的是事物的整体性。如例（1）中"自己的生命"只有一个,是一个不可分割的整体,只能用"全部"来修饰。

"所有"强调事物数量的总和。如例（2）说的是一个一个的机会都没抓住,强调的是数量,而不是整体,而且"机会"也无法分类,所以不能用"全部""一切"。

"一切"注重对事物种类的总括。如例（3）说的是要想尽各种各样的办法,"办法"尚未构成一个整体,也不强调办法的总量,所以不能用"全部""所有"。要注意的是,"一切"只能修饰可分类的事物,如"一切生物""一切想法";不能修饰不可分类的事物,如"ˣ一切开水""ˣ一切篮球"。

（二）三者的确指度不同。

确指度是指所说的对象可确定的程度有多高。三者中"全部"的确指度最高,"一切"最小,而"所有"则介于两者之间。

如例（4）中的"已经"说明检查车辆的事件是已发生了的,所说的车辆都是已知的,可以确定的,可用"全部"或"所有"。而例（5）是一个警告语,强调不管什么车辆都不许进去,所说的车辆没有一个确定的范围,既包括已知的,更包括未知的,这种情况下用的是"一切"。如果把"一切"换作"全部"或"所有",给人的印象就成了这只是给眼前看到的车辆发出的警告,其效果远不如"一切"好。

例（6）中的"要"说明所说的不是已发生的,既然是未发生的,此句的"机会"就跟例（2）的"机会"完全不同,是无法确定的,所以只能用"一切"。

(三)三者充当句子成分的情况在比率上有不同。

在例(1)—(6)中这 3 个词都做定语,修饰名词。它们的不同处在于:

"全部"还有副词的用法,常用在动词前做状语,如例(7)、(8)。"所有"和"一切"没有这种法。

"一切"常单用,在句中做主语或宾语,如例(9)、(10)。

"所有"主要做定语,如"所有的事情""所有东西""所有问题""所有的商家"等。

这 3 个词也有可以互换的时候。如例(11),"在外三年"有一个明确的范围,这三年里发生的问题是不同种类的,但同时既可以看成是一个整体,又可以看成是说一个一个问题的总量,因此,这种情况下,"全部""所有"和"一切"都可以用。

考考你

请用"全部""所有""一切"填空:

① _____的准备工作都已经完成了。

② 这是我们班_____同学的名单。

③ 不管你们支不支持,即使_____人都反对,我也不会回头!

④ 为了大家的利益,我愿意付出_____代价。

⑤ 先别想那么多,_____等你病好了再说。

⑥ 你的东西_____由你自己处置。

⑦ 我已经把资料_____输入电脑了。

⑧ 人应该能坦然地面对_____困难。

⑨ 你就信我一句,时间会冲淡_____。

64. 反问句中的"哪儿"与"怎么"

（1）A：小刘呢？

B：我**哪儿**知道？　　　　　　→ 怎么

（2）这么多菜**怎么**吃得完啊？　　→ 哪儿

（3）A：我已经把书给你了。

B：你**哪儿**给我了？　　　　　　✕ 怎么

（4）A：他说你没告诉他，所以他不知道你要来。

B：我**怎么**没告诉他？

疑问

"哪儿"和"怎么"都可以用在反问句中表示否定，它们有什么不同？

析疑

"哪儿"在反问句中的用法有两种，如下：

（一）例（1）A：小刘呢？　A 认为 B 可能知道小刘在哪儿。

否认

B：我哪儿知道？

（二）例（3）A：我已经把书给你了。

否认

B：你哪儿给我了？

在例(1)中 B 否认的是 A 所**认为的可能性**;例(3)中 B 是直接否认 A **说的情况**,这时也可以说:"哪儿啊,你根本没给我。"

"怎么"只有"哪儿"的第一种用法,即否认对方认为的**某种可能性**,所以这时两个词可以互换,如例(1)、(2)。而例(3)句只能用"哪儿"。

可是,在否定式的反问句中,多用"怎么",如例(4)。

考考你

请用"怎么"或"哪儿"完成下面的句子:

① 让我一天把它写完,_____可能呢?

② A:我那本书放哪儿了?

　 B:你的东西我_____知道在哪儿?

③ A:那电影真没意思!　 B:_____?

④ A:我托你办的那件事你可别忘了。

　 B:你放心,那么重要的事,我_____可能忘呢?

⑤ 你的婚礼我_____能不参加呢?

⑥ A:看你满头的汗,是不是又去打球了?

　 B:_____啊,是走路走得太急。

⑦ 像他那么自私的人,_____会替别人考虑啊?

⑧ A:你又在吹牛了,我才不信呢。

　 B:我_____吹牛了,是真的。

（六）副词

65.“很”与“太”

（1）这件衣服**很**红。

（2）这件衣服**太**红了。

（3）今天的比赛,马克跑得**很**快,得了第一名。

（4）对不起,你说得**太**快,我听不懂。

（5）他一直**很**感激你。

（6）实在**太**感激你了!

疑问

“很”和“太”的用法有什么不同?

析疑

副词“很”和“太”都可以表示程度,但它们的用法不同:

“很”是“非常”的意思,表示程度很高。一般都是**用来说客观的情况**。如例(1)的情况是这件衣服的颜色非常红。例(3)的情况是马克跑步跑得很快。例(5)也是告诉对方一个客观的情况。

“太”一般都是用来**表示说话人的主观的评价**,也就是说说话人用它来表示自己的看法、感情。“太”有两种用法:

（一）**表示说话人认为程度过头了**,多用在不满意的事情。如例(2),同是一件红衣服,有的人很喜欢,有的人可能会觉得它的颜色红得过了头。后一种人爱穿颜色淡一些的,她就会说:"这件衣服太红了。"表示她不太满意。同样,例(4)也是表示说话人的不满意,希望对方说慢一些。

（二）**用感叹的语气表达说话人的想法、感情,强调程度很高。**都是用在感叹句"太……了"中。可以用在好的事情,也可以用在不好的事情。如例(6)表达了强烈的感激对方的心情。再如:

太好了!

这儿的环境真是太美了!

这个孩子太可怜了!

考考你

请判断下面的句子对不对,不对的请改正:

① 这么精彩的节目你没看到,很可惜了!

② 他学习的条件太好,可是他的学习方法有问题。

③ 鞋子太小,穿不进去。

④ 他的心眼儿实在很坏了!

⑤ 最近很少见到你,你在忙什么呢?

⑥ 昨天因为太晚才回到宿舍,所以没去找你。

⑦ 他嫌这些菜很咸了,所以没有吃。

⑧ 你很相信别人,并不是所有的人都是可以相信的。今后可要注意。

66. "不大"与"不太"

(1) 我觉得这样做**不太**合适。 → 不大

(2) 这件衣服**不太**好看,再换一件吧。 → 不大

(3) A:这件衣服是不是太难看了?

　　 B:也**不太**难看。 ✕ 不大

(4) A:这个地方太脏了,我们另换个地方吧。

　　 B:也**不太**脏。 ✕ 不大

疑问

"不大"和"不太"有什么不同?为什么有时候它们又可以互换?

析疑

"不大"和"不太"都可以用在形容词(我们用 A 来表示)的前面,但它们的意思不完全相同,请看下面的图表:

不太 A
- 不太/A(等于说"有些不 A") = 不大 A 如例(1)、(2)
- 不/太 A(等于说"不是太 A") ↛ 不大 A 如例(3)、(4)

另外,需要注意的是,当"不太 A"是"不太/A"这种情况时,A 一般是表示积极意义的形容词或像"大、小、高、低"等这些一般意义的词语,这时"不太 A"一般都可以换成"不大 A",如:

不太方便 = 不大方便 　　 不太认真 = 不大认真

不太安全 = 不大安全 　　 不太正常 = 不大正常

不太整齐 ＝ 不大整齐　　　不太聪明 ＝ 不大聪明

当"不太 A"是"不/太 A"这种情况时,A 一般是表示消极意义的形容词,这时"不大 A"是不能说的。如:

不太脏　　×不大脏　　　不太笨　　×不大笨

不太坏　　×不大坏　　　不太乱　　×不大乱

考考你

请根据所给的情景,判断句子里的"不太"能不能换成"不大":

① 对不起,这张表您填得不太清楚,请您再填一张,好吗?

② 我今年七十二岁,有人说我太老了,不能做这件事了,但是我觉得我还不太老。

③ 他说的还不太具体,你再说一遍吧!

④ 要想不花工夫就学好汉语,那可不太容易。

⑤ A:这儿的水太苦了吧?

　　B:也不太苦。

67. "不大"与"大不"

(1) 这本书跟那本书**大不**一样。　　≠ 不大

(2) 这本书跟那本书**不大**一样。　　≠ 大不

(3) 学和不学**大不**相同。　　≠ 不大

(4) 他这几天身体**不大**舒服。　　× 大不

疑问

"不大"和"大不"一样吗？

析疑

"不大"和"大不"的意思不一样。

"不大"我们已经在第 66 条讲过了。"大不……"是"非常不……""很不……"的意思，如例(1)"大不一样"的意思是"非常不一样""很不一样"，而例(2)中的"不大一样"的意思是"有些不一样""有点儿不一样"。

另外还要注意的是："不大"可以用在很多形容词的前面，如：

不大灵活	不大舒服
不大明白	不大好看
不大均匀	不大干净

但是"大不"一般只能用在"相同、同、一样、如"等几个词语的前面。

考考你

请根据所给的情景，用"不大""大不"填空：

① A：他们两个人的性格相差太大了。

B：是啊，他们两个真是_____相同。

② A：听说你最近身体有点不舒服？

B：对，是_____舒服。

③ A：这道题怎么做你明白了吗？

B：我还是有点儿_____明白，你再给我讲一遍吧。

④ A：这件衣服看上去怎么脏兮兮的？

B：就是，我也觉得看上去_____干净。

⑤ A：这本书跟那本书有点儿不一样。

　B：不是有点儿不一样，而是_____一样，差别太大啦！

68. "不"与"没"

（1）他昨天病了，**没**来上课。

（2）他**不**爱学习，昨天又**不**来上课。

（3）我**没**收到他的信。

（4）如果到下星期一还**没**收到他的信，你就给我来个电话。

（5）他**不**吸烟，也**不**喝酒。

（6）他刚才**没**吸烟。

（7）这些苹果**不**红。

（8）这些苹果还**没**红。

疑问

　副词"不"不能用于"过去"，"没"不能用于"将来"，对吗？

析疑

　这种说法是不对的。副词"不"和"没（有）"的区别并不是在于表示"将来"还是表示"过去"。因为，"不"也能用于"过去"，如例（2）；"没"也能用于"将来"，如例（4）（这种用法比较少，主要用在假设句中)。

那么,"不"与"没"主要有什么区别呢?请看下表:

	不	没
动作行为 (动词)	A. 表达个人意愿[如例(2)] B. 否定经常性或习惯性的情况 　　　　[如例(5)]	客观叙述,否定某动作行为已经发生 [如例(1)、(3)、(6)]
判断、估计 或认知	不是、不像/不会、不应该/ 不知道	×
性质、状态 (形容词)	否定具有某种性质、状态 [如例(7)]	否定性质、状态发生变化 [如例(8)]

要特别注意"不"在例(2)中的用法。"不"用在过去发生的事件中,多是表示动作者自己主观上不想、不愿意。再比较:

他这一段太忙了,昨晚的球赛他**没**看。

他不爱看球,昨晚的球赛大家都在看,就他**不**看。

考考你

请判断下面的句子应该用"不"还是用"没":

① 她今天哭了一天,脸也_____洗,饭也_____吃,大家劝她,她都_____听。

② 我们都觉得他太忙了,所以昨天的活动_____请他。

③ 我_____想到他能说一口流利的普通话。

④ 他从_____说假话,大家都很信任他。

⑤ 我是故意_____告诉他的。

⑥ 衣服还_____干,还得继续晒晒。

⑦ 这个地方 ＿＿＿＿ 干净，换个地方吧！

⑧ 谁都 ＿＿＿＿ 知道他上哪儿去了。

69. "又""再"与"还"

(1) 他**又**唱了一首。

(2) 好，我**再**唱一首。

(3) 叫他不要唱，他**还**在唱。

(4) ×他今天没**又**来。

(5) 他走了以后没**再**来。

(6) ×他走了以后没**还**来。

(7) 他今天**又**没来。

(8) 他走了以后**再**没来过。

(9) 他**还**没来。

疑问

"又唱了一首""再唱一首"与"还在唱"有什么不同？

析疑

"又"的基本用法是表示**同类的动作或情况重复发生**。通常用在已经发生了的事情，动词后常带有"了"。如例（1）说的是"他"先前已唱过一首或几首，后来重复唱了一首。

"再"的基本用法是表示**添加相同的动作或情况**,也含有重复发生的意思。多用在将发生的事情。如例(2),表示"我"先前已唱过一首或几首,现在答应将添加唱一首。

"还"的基本用法是表示**延续**。如例(3),表示"他"一直在唱,没有停下来。

这 3 句的意思我们可以用图来表示:

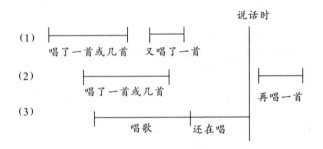

请注意,因为"又"主要表示已经实现的重复,"还"主要表示延续,所以它们都没有否定形式,"不""没"只能放在它们的后面。即这 3 个词跟"不""没"的关系是:

× 没/不 + 又 [如例(4)]　　　又 + 没/不 [如例(7)]

　 没/不 + 再 [如例(5)]　　　再 + 没/不 [如例(8)]

× 没/不 + 还 [如例(6)]　　　还 + 没/不 [如例(9)]

从例(5)和例(8)可以看到,"再"也可以用于过去,一般表示过去的某种情况没有重复出现。例(5)表示走了以后,没有再来一次;例(8)表示走了以后,一直没有来过。"不再"和"再不"的区别,请参看第 77 条。

而例(7)、(9)中的"又"和"还"的意思,还是跟前面谈到的基本用法是一样的。例(7)表示"他没来"的情况重复出现。例(9)表示

"他没来"的情况一直延续着。

考考你

请用"又""再""还"填空：

① 你的朋友这个星期来过一次,他下星期会不会 _____ 来？

② 他今天 _____ 迟到了。

③ 我们分别已经 5 年了,你 _____ 在那间学校教书吗?

④ 你怎么 _____ 不参加我们的活动?

⑤ 我说了一遍,他没听懂,我 _____ 说了一遍,他 _____ 是没听懂。

⑥ 那个地方我没 _____ 去过,就去过那一回。

⑦ 自从大学毕业以后,我 _____ 也没有见过他。

⑧ 你的病虽然好了,可是 _____ 需要休息一段时间。

70."又"能用于将来吗？

（1）明天**又**是星期天了。

（2）下个月**又**该放假了。

（3）你这样做,她**又**会生气的。

（4）明天看来**又**要下大雨。

（5）她家里出了事,明天**又**要请假。

（6）听说他**又**要结婚了。

疑问

第 69 条提到,"又"多用在已经发生了的事情,它能不能用在将要重复出现的事情呢? 如果能够,那么,跟"再"有什么区别? 跟"还"用在将来的用法又有什么不同?

析疑

"又"也可用于将来,它使用的条件是:

（一）**用于表示将来肯定会出现的重复。** 如例（1）星期天是肯定会重复出现的。例（2）上课—放假—上课—放假,这种情况也肯定会重复出现。这种用法一般说"又是……了""又该……了""又要……了"。

（二）**用于对将会重复出现的一种情况的估计。** 如例（3）、（4）。这种用法,"又"的后面常出现表示可能的"会"或"要"。

（三）**用于表示由于客观的需要或主观的意愿,将要重复出现某种情况。** 如例（5）客观上需要又请假;例（6）主观上打算再次结婚。这种用法,"又"的后面常出现表示需要或愿望的"要"。

上面 3 种情况都不表示添加相同的动作或情况,都不能用"再"。

另外,"还"也可以用于将来。这时,"又"与"还"的区别还是跟用于过去一样的。请看下面的例子:

A 她家里出了事,明天**又**要请假。

B 她的病还没好,明天**还**要请假。

A 表示她在这之前,由于别的原因请过假,而明天又要请一次假。而 B 的意思是,她今天请了假,明天还要继续请假。这说明"还"主要还是表示"延续"。

考考你

请根据情景,用"又""再"或"还"将下面句子的意思表达出来:

① 你所在的学校,每个学期都要举行汉语水平比赛。这个学期的汉语水平比赛在下星期五举行,你会怎么说?

② 昨天那场球赛,你们队赢了。你估计明天这场球赛,你们队同样会赢。你会怎么说?

③ 你告诉大家任务没完成,明天要继续干。你可以怎么说?

④ 到中国留学后,她曾经回过国。下个月她姐姐结婚,她要回去一趟。我们可以怎么说?

⑤ 你明天要回国了,你希望以后能有第二次机会来中国。你可以怎么说?

71. "又"与"也"

(1) 小王不久前来过,今天 小王**又**来了。

(2) 小李来了,小王**也**来了。

(3) 晚会上,我们唱了歌,**又**跳了舞,非常快活。

(4) 晚会上,他唱了一首歌,我**也**唱了一首歌。

(5) ×他去黄山,我**也**去桂林。

(6) 风小了,雨也停了,我们可以走了。

疑问

"又"与"也"有什么不同？为什么例(5)不对,而例(6)是对的呢？

析疑

"又"表示同类的动作或情况重复发生。

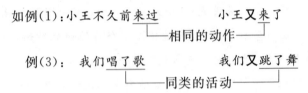

如例(1):小王不久前来过　　小王又来了
　　　　　　　└──相同的动作──┘

　例(3)：　我们唱了歌　　　　我们又跳了舞
　　　　　　　　└──同类的活动──┘

"也"表示情况类同,一般强调不同的事物之中有相同的地方。

如例(2):小李来了　　　　　小王也来了
　　　　　└──不同──┘
　　　　　　　└──相同──┘

例(4)也是同样的情况。

例(5)之所以不正确,是因为"他"和"我"不同,"黄山"和"桂林"也不同。两个句子没有相同的地方,不能用"也"。不过,要是这个句子改为答句,那么是可以成立的。

A:这个假期你们都外出旅游吗？

B:是的,他去黄山,我也去桂林。

这是因为 B 回答的句子含有相同之处,即"他"和"我"都外出旅游。

例(6)"风小了"和"雨停了"表面上没有相同之处,但实际上都包含有"天气好转了"的意思,所以可以用"也"。

考考你

请用"又""也"填空：

① 玛丽爱打篮球，我_____爱打篮球。

② 她温柔_____善良，很多男孩子都喜欢她。

③ 他真不简单，昨天谈成了一笔生意，今天_____谈成了一笔生意。

④ 你_____听说了这个消息？

⑤ 海面起风了，天色_____暗淡下来了。

⑥ 都怪你，刚才叫你走，你不走，现在雨_____下起来了。

72."想再看一遍"与"还想看一遍"

> (1) 这部电影太好了，我想**再**看一遍。
>
> (2) 这部电影太好了，我**还**想看一遍。
>
> (3) 那个城市真美，以后我要**再**去那儿旅游。
>
> (4) 那个城市真美，以后我**还**要(**再**)去那儿旅游。

疑问

句中出现了表示个人意愿的"想""要"等词语时，为什么"再""还"的位置不一样？

析疑

这个问题问得好。的确，我们要注意，句中出现了表示个人意

愿的"想""要"等词语时,"再""还"的位置不一样:

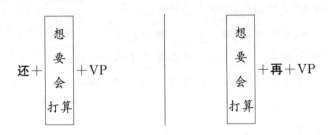

"再"和"还"的位置不一样,这跟两个词表达的意义不同有关。

前面第 69 条谈到,"再"的基本用法是表示添加相同的动作;"还"的基本用法是表示延续。也就是说,用"再"的话,两个动作之间是有停顿的;而用"还",强调的是连续的、不停顿的。

当我们用"想""要""会""打算"表示个人意愿(想做什么事)时,一般来说,个人的想法、愿望多半是有连续性的。比方说,你先有到一个城市旅游的想法,你才会到那儿去,如果你对这个城市很满意,你希望以后再去一次,那么,从你个人的愿望来说,它是一直延续的。所以,"还"必须加在"想""要""会"或"打算"的前面,表示这种愿望一直延续着;而这种用法的"再",只能加在它们的后面,表示动作的添加、重复。"还"和"再"可以同时出现在一个句子中,如例(4)。

当然,"再"也可放在"想"等词语前,但是意思已不一样。如:你再想想,你把它搁到哪儿去了? 很明显,这种用法的"想",只表示想问题的意思,不表示个人想做什么事。想问题可以停下来,然后重新再想,所以"再"能够放在表示想问题的"想"的前面。

考考你

请用"再""还"填空：

① 对不起，我要_____向你请教一个问题。

② 他很想_____多找一份工作。

③ 你_____打算继续跟他交朋友吗？

④ 放心吧，我会_____跟他联系的。

⑤ 遇到这么多的困难，他_____会坚持下去吗？

⑥ 人家已经回绝他了，但他_____不肯罢休。

73."再吃点儿"与"洗干净了再吃"

（1）来，**再**吃点儿。

（2）洗干净了**再**吃。

（3）今天白跑了，不过没关系的，明天**再**去一趟。

（4）今天来不及了，明天**再去**。

疑问

"再吃点儿"与"洗干净了再吃"中的"再吃"意思一样吗？

析疑

两句中的"再吃"意思不完全一样。

例（1）的"再"表示添加相同的动作。"再吃点儿"的意思是：

已经吃了一些　＋　再吃点儿

例(2)的"再"表示将动作推延到某个时候进行。

先洗干净　　→　　然后吃

例(3)和例(4)的区别也是同样的情况。例(3)表示在今天去过一次的基础上,明天添加、重复一次。例(4)表示时间已经晚了,推延到明天才去。

74."还是"

(1) 叫他不要写了,他**还是**在写。

(2) 多年不见,小丽**还是**那么年轻漂亮。

(3) 看样子明天**还是**有雨。

(4) 他已经很累了,但**还是**坚持跑完了全程。

(5) 虽然中午下了一阵暴雨,但现在天气**还是**很闷热。

(6) 不知为什么,网络已经接上了,但**还是**上不了网。

(7) A:咱们坐高铁去,怎么样?

　　B:**还是**坐飞机吧,飞机快一些。

(8) 我看,**还是**你们两个人一起去要好一些。

疑问

副词"还是"有几种用法？它可以表示"转折"吗？

析疑

副词"还是"主要有两种用法：

（一）表示"延续"，即动作行为或状态保持不变。这是"还是"的基本意义，这种用法跟"还"的基本用法（见第 69 条）相同。如例（1）"他"保持着"写"的动作行为不变。例（2）小丽相貌一直保持不变。

例（4）—（6）的"还是"都出现在转折句中，有学者因此而认为这种句子中的"还是"表示"转折"。其实这种看法是不对的，转折句表示转折的是"但"，句中的"还是"强调的是动作行为或状态不因上文所说的情况而改变，表示的还是"延续"义。

如例（5），情况的改变是中午下过一阵暴雨，但闷热的状况并没有改变，还是延续着。从下面的图可以看到，下画波浪线的句子与下画双横线的句子有转折关系，所以中间用"但"表示；而下画单横线的句子和下画双横线的句子说的都是"热"，是一种"延续"的关系。"还是"正是凸显了这种关系。

（二）表示经过比较、考虑，有所选择。如例（7），说话人在"坐高铁"和"坐飞机"之间作比较，做出选择，建议坐飞机去。同样，例（8）的考虑是"两个人一起去"比"一个人去"要好，选择前者并提出建议。这种用法的"还是"不能换成"还"。

考考你

请判断下面的句子对不对,不对的请改正:

① 已经问了 3 遍了,小李还是不回答。

② 老师又讲了一遍,我不懂。

③ A:我想买这件蓝的。

　　B:我觉得那件红好。

　　A:我想买这件蓝的。

④ 我觉得还是小王的主意好。

⑤ 我昨天就劝过她,今天她不听。

⑥ 虽然十级考试结束了,但还是不能松懈下来。

75. "才"与"就"

(1) a.他昨晚 11 点睡觉。	b.他昨晚 11 点睡觉。
(2) a.他昨晚 11 点**才**睡。	b.他昨晚 11 点**就**睡了。
(3) a.他花了 3 个月**才**学会。	b.他花了 3 个月**就**学会了。
(4) a.他昨晚 11 点 **才**睡。	b.他昨晚**才** 11 点**就**睡了。
(5) a.他花了 3 个月 **才**学会。	b.他**才**花了 3 个月**就**学会了。
(6) a.这回去 8 个人 **才**够。	b.这回**才**去了 8 个人。

疑问

有教材说"才"表示时间晚或长,"就"表示时间早或短,这种说法对吗？为什么例（4）b中"才"与"就"可以同时出现？"才"在句子中表示的意思都相同吗？

析疑

有教材说"才"表示时间晚或长，"就"表示时间早或短，这种说法不够准确。

让我们先看例（1）他昨晚 11 点睡觉。说话人说这句话时是告诉对方一个实际情况，并没有表示出他认为 11 点睡觉到底是早还是晚。而例（2）a.b 两句就不同了。a 句"11 点"后加上了"才"，表示说话人认为小王睡得晚；b 句"11 点"后加上了"就"则相反，表示说话人认为小王睡得早。例（2）是同样的情况，a 句"3 个月"后面加上了"才"，表示说话人认为花的时间长；b 句"3 个月"后面加上了"就"，则表示说话人认为花的时间短。所以，**"才"和"就"用在时间词后，表示的都是说话人的一种看法，应加上"说话人认为"，即用"才"表示说话人认为时间晚或长，用"就"表示说话人认为时间早或短。**

光看到这点还不够，我们再看例（4）、（5）的 b 句，为什么"才"和"就"可以在同一句中出现？

仔细观察例（4）—（6），不难发现，它们的 a 句还是例（2）、（3）a 句的用法。而 b 句的情况是，增加了"才"，把它放在了时间词或数量的前面，"就"仍然在时间词或数量的后面。全句的意思没有变，还是表示说话人认为时间早或时间短或数量小。

这提醒我们，"才"在句子中的位置不同，意思也就不相同。如例（6），同样是 8 个人，"才"放在"8 个人"前面，表示说话人认为数量大；放在"8 个人"后面，表示说话人认为数量小。

我们可以总结如下：

说话人认为	说话人认为
小王昨晚11点<u>才</u>睡。（时间晚）	小王昨晚<u>才</u>11点<u>就</u>睡了。（时间早）
他花了3个月<u>才</u>学会。（时间长）	他<u>才</u>花了3个月<u>就</u>学会了。（时间短）
这回去8个人<u>才</u>够。（数量大）	这回<u>才</u>去了8个人。（数量小）
时间/数量等＋"才"	"才"＋时间/数量等
是把事物向大的方面说	是把事物向小的方面说

值得注意的是说话人所认为的内容，除了时间、数量以外，还可以是条件的高低等。如：

（7）我们学校的学生要<u>每门课都90分以上</u>才能获奖学金。

（认为条件高）

（8）她才<u>98分</u>就看不起人了，人家玛丽100分呢！

（把"她"的98分往低处说）

考考你

请根据所给的情景，用"才"写句子：

① 他5月1日去北京。他4月1日买好了去北京的飞机票。

② 她38岁结婚。你觉得她这个年龄结婚太迟了。

③ 这次你们班有9个同学去桂林旅游。你觉得人数不够多。

④ 你这次听力考试考了90分，你对自己的成绩还感到不够满意。

⑤ 你认为学习汉语很不容易，条件很高，想学好必须努力。

⑥ 他们谈了几次把那个问题解决了。你觉得那个问题解决得太慢了。

76. "再"与"才"

（1）他每天回到家洗了澡**再**吃饭。
（2）他每天回到家洗了澡**才**吃饭。

（3）你先告诉我，我**再**告诉你。
（4）你先告诉我，我**才**告诉你。

疑问

在上面的句子中"再"和"才"有什么不同？

析疑

"再"和"才"都可用于前后的两个动作之间，可是它们的意思不同。

"再"表示的是动作的**先后顺序**，是说一个动作在另一个动作的后面发生，**它只能用在经常的或还没做的事**。而"才"表示的是前一个动作的发生是后一个动作发生的**条件**，它没有时间限制。即：

做了 A 再做 B → 先做 A，然后做 B

做了 A 才做 B → 如果做 A，那么做 B；如果没做 A，就不做 B

如例（1）是说"他"回到家以后先洗澡，后吃饭；例（2）是说"他"如果没洗澡，就不吃饭，一定要等洗完澡以后吃饭。例（3）的意思是你先说，我后说；例（4）是说如果你不告诉我，那我也不告诉你。

考考你

请考虑下面句子中用"再"还是用"才"：

① 我现在要出去，我回来以后_____告诉你是怎么回事。

② 他一定要等到她的电话_____放心。

③ 写汉字的时候一般是先写横，_____写竖。

④ 你看了那本小说以后_____看这部电影，就更能理解电影的内容了。

⑤ 这个孩子见到他妈妈_____不哭了。

⑥ 我看了你的信_____知道你已经嫁人了。

77. "不再"与"再不"

> （1）从那件事以后，他**不再**来了。
>
> （2）他被她骗了一次以后，就**再不**相信她了。
>
> （3）她现在老了，**不再**漂亮了。
>
> （4）以后我**再不**喝酒了。

疑问

"不再"和"再不"有什么不同？

析疑

"再不"和"不再"都表示以前曾经有的一种情况停止了，句子最后都有"了"。但它们有点儿不同：

"再不"的意思是"永远不"，意思是某种情况**以后永远都不会发生**，常常表示主观上的决心或保证，后面变化的情况**一般是人可以决定的事，语气很强**，所以常用来发誓，如果换成"不再"，语气就变得很平静了，如例（2）、（4）。

"不再"是**客观地陈述**某种变化，后面的变化可以是人自己能决定的事，这时可以换成"再不"，可是语气就变强了；也**可以是人不能决定的事**，这时就不能换成"再不"。如例（1）中"来"还是"不来"是"他"可以决定的事，可以换成"再不"，变成"他"决定"再不来"。而例（3）中"漂亮"还是"不漂亮"是"她"不能决定的事，就不能换成"再不"。

另外，"不再"还表示某种情况的**暂时停止**，但以后可能还会出现相同的情况。如：母亲把孩子抱了起来，孩子才不再哭了。

考考你

请考虑下面的句子中用"不再"还是用"再不"：

① 我决心以后＿＿＿＿骗人了。

② 一直等到他回来，大家才＿＿＿＿担心了。

③ 他＿＿＿＿想让别人骂他"没出息"了。

④ 现在，眼前的这座小城＿＿＿＿有往日的喧闹和生气了。

⑤ 你如果＿＿＿＿改掉你的坏毛病，以后可有你苦头吃的。

⑥ 从此以后，你＿＿＿＿是我的朋友，咱们没任何交情。

78. "（比……）再"与"（比……）更"

（1）请你给我拿一件**比**这件**再**大一号的。

（2）那件**比**这件**更**大。

（3）请你开得**再**慢点儿。

（4）汽车开得**更**慢了。

疑问

在比较句中"再"也表示程度加深,它和"更"有什么不同?

析疑

用"（A 比 B）再 X"时,前提是说话人觉得 B 还不够 X,所以用祈使句形式**希望或要求**"（比 B）再 X";而用"（A 比 B）更 X"时,是说话人觉得 B 已经很 X 了,可是 A 更加 X。

通过上面两组句子的比较我们可以看出它们的不同:

（1）现在有一件衣服, 说话人觉得这件衣服还不够大。	**所以希望或要求** "比这件再大一号"。
（2）说话人觉得这件衣服已经很大, 可是那件比这件还大。	**客观陈述** "那件比这件更大"的情况。
（3）现在车子已经开得比较慢了,	**所以希望或要求**

说话人觉得还不够慢。	"再慢点儿"。
（4）说话人觉得车子刚才已经很慢了，现在比刚才还要慢。	**客观叙述** "开得更慢了"的事实。

请注意：用"再"时，形容词后必须有"（一）点儿""（一）些"或其他数量词。用"更"时，如果是还没发生的事，形容词后可以有"一点""一些"；如果是已经发生的事，形容词后只能有助词"了"，不能有别的词，如例（4）。

考考你

请考虑下面句子中用"更"还是用"再"：

① 你试一下，看能不能唱得_____高一点儿。

② 到了九点他还没回来，大家_____担心了。

③ 这个月他的工作比上个月_____忙。

④ 这幅画挂得不正，_____往左一点儿就对了。

⑤ 对这件事，他比所有的人都_____生气。

⑥ 这篇文章的文字还得_____简练一点儿。

⑦ 你如果_____努力一点，你的成绩就不会像现在这样了。

⑧ 世界上没有比被朋友出卖_____让人伤心的事了。

79. "并十不/没……"与"又十不/没……"

---

(1) 原来学汉语**并**不像我原来想象的那么难。

(2) A：这事你告诉小红了吗？

B：我没有告诉她，怕她知道后更难受。

✕ 我**并**没有告诉她，怕她知道后更难受。

(3) A：这事你为什么要告诉小红？

B：我**并**没有告诉她呀！

(4) A：你真是的，这事叫你不要告诉小红，你为什么
要告诉她？

B：**又**不是我告诉小红的，你说我干啥？

(5) 这次**并**不是他第一次上台。

(6) 你**又**不是第一次上台，何必那么紧张？

(7) A：这么晚了，她还没回来。

B：她**又**不是三岁的小孩。

疑问

副词"并"与"又"用在否定词前时的用法有什么不同？

析疑

副词"并"只能用在否定词"不/没有/非"等的前面。从例(1)、

(3)可以看到,用"并"的句子都有一个前提,那就是别人或自己原来以为一种情况(以为 B 把事情告诉了小红/以为汉语很难学)。句子用上"并"是加强对这个前提的否定,即**强调事实或看法不是所认为的或可能会认为的那样**。例(2)不存在这种前提,所以不能用"并"。

关于"又"的基本用法,可参见第 69 条。本条跟"并+不/没……"做比较的是"又"的一种用法,即"又+不/没……"。这种用法同样也是否定某个前提。但它不像"并","并"只是一重否定;而用"又"的句子是两重否定,**从否定的角度来强调一个理由,进而加强对某种做法或心态的否定**。句子的重点是后一个否定。如例(4),B 首先否定"告诉了小红",然后用这个做理由,进一步否定 A 的做法,强调他不应该怪自己。

例(7)的"她**又**不是三岁的小孩"这句话,表面上看只有一重否定,但实际上隐含着另一重更重要的否定,即"你不必太为她担心"。

另外,用"又"时句子的语气相对要强烈一些。

下面我们用图表来表示"并"和"又"的区别:

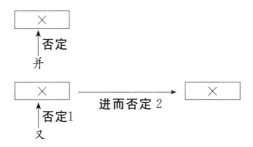

考考你

请考虑下面的句子,能不能用"并"或"又"填空:

① A:你怎么把我忘了?

B:我_____没有忘了你,这些年我实在是因为太忙了,才
　　一直没有给你写信。

② 听说那部电影拍得很好,可惜我_____没有时间去看。

③ 吸烟_____没有什么好处,你为什么就不肯戒掉它呢?

④ 他_____不会吃人,你怕什么?

⑤ 我已经决定_____不去那个公司工作了。

⑥ 他们说问题已经解决了,实际上_____不是这样。

⑦ 事情是明摆着的,人家_____不是没长眼睛,难道看不出来?

⑧ 被人看不起_____不可怕。它能激发你自立的勇气,焕发
　　你做人的尊严。

80. "都"与"全"

(1) 这些东西我**全**喜欢。	→ 都
(2) 这里的人几乎**全**是他的朋友。	→ 都
(3) 谁**都**不想去那儿。	✕ 全
(4) 人人**都**希望过着舒适的生活。	✕ 全
(5) 很多老年人**都**喜欢看京剧。	✕ 全
(6) 在以前的学习中,我**都**没有遇到 　　过这样的问题。	✕ 全
(7) 你**都**去过哪儿?	✕ 全

疑问

"都"和"全"在英语里都是 all,在很多句子里这两个词都可以互换,那么它们有没有不同的地方?

析疑

虽然"都"和"全"在英文中都可以翻译成 all,但是它们在汉语里的意思是有些不同的。

"全"强调的是事物的全部,它前面一定有一个确定的事物的范围。如:

"都"强调的是事物之间的相同性。当"都"的前面是一个确定的事物的范围时,它可与"全"互换,如例(1)、(2)。但以下几种情况下就只能用"都"不能用"全",即:

(一)所指的事物不是事物的全部,而是事物中的任何一个,常有"每""各""任何"或表示任何一个的疑问词"谁""什么""哪儿"以及重叠的名词或量词,如例(3)、(4);或是事物的一部分,常有"很多""大部分""一般"等词,如例(5)。

(二)"都"是指在不同时间或不同处所、不同条件下的相同情况,如例(6)。

(三)所指的事物没有确定的范围,如例(7)。

考考你

请判断下面的句子哪些是对的,哪些是错的:

① 他什么全不想吃。

② 他把我说的话全记下来了。

③ 我们问他问题时,他全会笑眯眯地回答我们。

④ 对这种现象,大部分人全感到非常不满。

⑤ 他说了些什么话,我全忘了。

⑥ 每个同学明天全要来。

⑦ 这些花,朵朵全是那么鲜艳。

81. "全"与"全部"

（1）这些孩子**全**很健康。

（2）我把今天的工作**全部**都干完了。

（3）今天我们**全**校的老师都参加了会议。

（4）我把今天的**全部**工作都干完了。

（5）车祸以后,他的一条腿**全**废了。

疑问

"全"和"全部"有什么不同?

析疑

"全"和"全部"都表示整个范围,在用法上也有很多相同的地方,都可以用在**动词或形容词的前面做状语**,这时它们**常常可以互换**。但是"全部"常常和"都"一起用,"全"可以不用,如例(1)、(2)。

它们也都可以用在名词的前面做定语。可是**"全"后面的名词一定是集体名词**,如例(3)中"学校"的"校",又如"全班、全国、全世界、全公司"等;而"全部"只能用在别的名词前,如例(4)的"工作"。注意:如果后面的名词是**某类成员,要用"全体"**,如"全体教师""全体职员"等。

另外,"全"做副词时,还有**"完全"**的意思,表示某种程度很深,如例(5)是说他的一条腿完全失去了作用。这时不能用"全部"。

考考你

请考虑下面句子中用"全"还是"全部",或者两个都可以:

① 学过的汉字我_____会写。

② 我们把办公桌上的_____纸张都变成了这种东西。

③ 你呀,就不要担心了,_____听我的,不会有错的。

④ 这些衣服还挺漂亮的,_____都不能穿了么?

⑤ 他_____身都湿了。

⑥ 今年他们村的_____收入达到了一千多万元。

⑦ 他们_____都满脸倦容,睡眼惺忪。

⑧ 实在没想到会搞成这样的局面,这_____是一场误会。

82. "净"

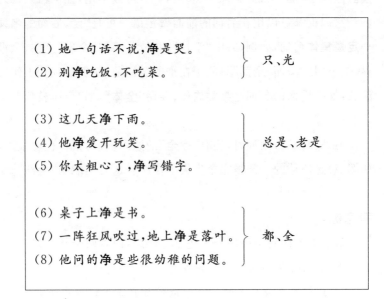

(1) 她一句话不说,**净**是哭。

(2) 别**净**吃饭,不吃菜。

只、光

(3) 这几天**净**下雨。

(4) 他**净**爱开玩笑。

(5) 你太粗心了,**净**写错字。

总是、老是

(6) 桌子上**净**是书。

(7) 一阵狂风吹过,地上**净**是落叶。

(8) 他问的**净**是些很幼稚的问题。

都、全

疑问

为什么副词"净"可以含有"只、光"和"都、全"这两种相矛盾的语义?

析疑

从上面的例句可以看出,副词"净"含有 3 种语义。我们可以发现,这 3 种语义其实都有共同点,它们都在**强调动作或事物的单一性**,只不过所强调的侧重点不相同,请看下表:

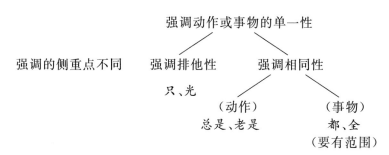

单独来看,"只、光"和"都、全"在语义上确实是相矛盾的,但当我们强调**一定范围**(如例(6)的"桌子上"、例(7)的"地上"、例(8)的"他问的")内事物的相同性时,也就排除了这个范围内还有别的事物,即具有了排他性。因此"净"可以具有这两种相矛盾的语义。要注意的是,表"都、全"这重意思的"净"使用范围比较窄,它和"都"的异同,请看第 83 条。

83. "都"与"净"

> (1) 书架上**都**是小说。　　　　→ 净
>
> (2) 他说的**都**是废话。　　　　→ 净
>
> (3) 这个班**都**是女同学。　　　　→ 净
>
> (4) 同学们**都**按时交了作业。　　× 净
>
> (5) 这方面人人**都**是天才。　　　× 净

疑问

字典上说"净"有一个意思是"都",可是上面前三个句子里的"都"可以换成"净",而后面两个却不行。"净"和"都"有什么不同？

析疑

"净"是一个口语性很强的词,第 82 条已介绍在不同的情况下可以分别理解成"都、全","总是、老是"或"只、光"。当它表示"都"这个意思时,它和"都"也有不同。

(一)意义方面。"都"强调**事物的共同性**,而"净"强调**某一范围内的事物性质单一,只有一种**。如例(1)用"都"表示书架上的书是同一类的,用"净"表示书架上只有同一类书——小说。

因为"净"表示这种意义,所以它的前面一定要有范围,它的后面一般有"是",它出现的句式可以表示为：

范围(处所/集体/动词＋"的")＋"净是"＋ 某一类人或物

全句表示在某一处所或是某一集合体内存在的人或物都是一种,是一样的。只有在上面这种句式和意义中"都"可以换成"净",否则就不行,如例(4)。

(二)用法方面。用"净"时还有几点需要注意：①因为"净"前是一定范围内的人或物,所以**不能有"每、各、所有、任何、到处、一切"等词以及"人人、个个"之类的重叠量词或名词**,如例(5)。②否定词**"不"只能在"净"的前面**,如："来的不净是学生。"

另外,当我们用"净"时,常常表示一种不满或夸张的语气,换成"都"就可能没这种语气或语气没那么重。而且表示不满时,"净"的使用范围比"都"广,可以用在其他句式里。如：

你自己想一想,你**都**干了些什么事啊！(语气弱)

→ 你自己想一想,你**净**干了些什么事啊!（语气强）

他交往的**都**是些工人。（正常）

→ 他交往的**净**是些工人。（不满）

考考你

请考虑下面句子里的"都"哪些可以换成"净":

① 我什么办法都没想出来。

② 车上的乘客都是本地人。

③ 每个孩子都是父母的宝贝。

④ 满屋子都是书。

⑤ 他卖的都是广东特产。

⑥ 他们都是我父亲的老朋友。

⑦ 她两手都是粉笔末儿。

⑧ 你都看些没用的东西。

⑨ 这几天听你们所说所讲,都是爱国的大道理。

⑩ 我不困,睡也睡不着,满脑子都是对未来的憧憬!

84."都"与"已经"

---

(1) 他回来的时候,饭**都**凉了。

他回来的时候,饭**已经**凉了。

(2) 学了三个月汉语以后,阿里**都**会念中文报纸了。

学了三个月汉语以后,阿里**已经**会念中文报纸了。

(3) A:咱们出去散散步吧。

B:**都**十点了。　　　　　　　　　　(已经)

(4) A:几点了?

B:**已经**十点了。　　　　　　　　　×都

(5) A:你去找他了吗?

B:**已经**去了。　　　　　　　　　　×都

(6) 她不想说下去,但是他**已经**明白她要

说什么了。　　　　　　　　　　　×都

疑问

在"都……了"这样的句子里,"都"好像都可以换成"已经",那么这里的"都"是不是就是"已经",它们有没有不同?

析疑

在这些句子里,"都"和"已经"不同。"都"表达了强调的语气,强调某种情况不是一般的情况,而且说话人往往通过强调这种情

况来表达另外一个意思。这个意思说话人有时会在前面或后面说出来，有时不说，就用"都"的句子表达。

如例(1)里用"都"时，说话人觉得"饭凉了"不是一个一般情况，由此表示"他"出去了很长时间。而用"已经"时，可能说话人只是在说"饭凉了"这个情况，没有其他意思。例(2)中用"都"时，说话人显然觉得"阿里会念中文报纸了"这件事不一般，由此表达"阿里学得很快"的意思。用"已经"就没有这个意思。

"已经"本身没有强调的意思，所以**可以用在一般的陈述里**，这时不能换成"都"。比如例(4)，在回答"几点"时，说话人不觉得"十点"早还是晚，没强调的语气，不能用"都"，例(5)、(6)也是这样。

表示强调的"都"常常可以换成"已经"，可是没有了强调的语气或者语气不明显；也可以用"都已经"，这时和"都"意思相同，如例(1)也可以说"他回来的时候饭都已经凉了。"再如例(3)里用了"都"，就表示说话人觉得"十点"不是一般的时间，而是很晚了，并且进一步表示"不要去散步了"这个意思。这时可以换成"已经"，可是语气不强。

考考你

请根据下面所给的情景，看看应该用"都"还是"已经"，如果两个都可以，哪个更好：

① 孩子＿＿＿＿两岁多了，怎么还不会说话？

② 我的手＿＿＿＿累得举不起来了，你还说我干得少！

③ 经过一年的苦干，现在他＿＿＿＿把账还了。

④ A：你的汉语说得很好啊！

　　B：我＿＿＿＿学了两年了。

⑤ 我们到那儿的时候,他_____在等我们了。

⑥ 为这事儿他很卖力气,各处都跑到了,_____凑足了需要的钱!

⑦ 这本应该是张年轻的脸,可是现在这张脸_____让人难以分辨年龄了。

⑧ 我_____说了你多少次了,你怎么还是没点儿长进。

85.“只”

(1) 我只跟他说过这个问题。

(2) 我跟他只说过这个问题。

(3) 只有我跟他说过这个问题。

疑问

“我只跟他说过这个问题”与“我跟他只说过这个问题”有什么不同?

析疑

副词“只”用于限定某个范围。它在句中的位置不同,限定的范围也不同。那么有什么规律呢? 我们来看看例(1)、(2)。

(1) 我只跟他说过这个问题。　　　　　×别人

（2）我跟他**只**说过这个问题。　　　　×别的问题

对比上面两个例句，不难发现，**句子需要限定的范围都放在"只"的后面**。如例（1），强调的是只"跟他说"，而不是"跟别人说"，口语中"跟他"两字一般重读；例（2）则强调我跟他说的只是"这个问题"，而不是"别的问题"，同样，口语中"这个问题"一般也重读。

那么，如果情况是，我一个人跟他说过这个问题，别人都没跟他说，又该怎么表达呢？对了，那就是例（3）。因为"只"不能直接放在名词或代名词的前面，所以换成"只有"。

（3）**只有**我跟他说过这个问题。

跟这种情况相似的副词，还有表示没想到的"竟然"等。如：

（4）他**竟然**来了。　　　　　　以为他<u>不来</u>

（5）**竟然**是他来了。　　　　　　以为是<u>别人</u>来

考考你

请用"只"表达下面的句子：

① 玛丽刚学中文，她认识这几个汉字，别的汉字就不认识了。

② 我跟张老师学过跳舞，没跟她学过别的。

③ 我跟张老师学过跳舞，没跟别人学过跳舞。

④ 今天我们班小王一个人迟到，其他人都没迟到。

⑤ 我打听的是这个人，我没打听别的人。

86. "只"与"就"

（1）今天我们**只**谈学习问题。 → 就

（2）她出去的时候，手里**就**拿了个包。 → 只

（3）他**只**买了两斤（面），怎么够呢？ → 就

（4）我**就**这一本，你千万别弄丢了。 → 只有

（5）今晚**就**我们（三个）去参加晚会。 → 只有

（6）**就**小张知道那地方，别人都不知道。 → 只有

疑问

"只"和"就"都可以翻译成英语的 only，它们有什么不同？

析疑

"只"和"就"都可以用来限定范围，它们的用法跟它们的语义指向有关。

当限定的范围是动词宾语时，两个词都可以用。如例（1）中，"只"限定的是"谈"的宾语"学习问题"，也就是说除了学习问题，不谈别的。同样例（2）中的"就"指向的是"包"，是说除了包她什么都没拿。在这两句中，两个词可以互换。

当限定的是宾语位置上的数量时，两个词也都可用。如例（3）中的"只"指向的是"两斤"，是说没多买，这时也可以用"就"。但如果句中没有动词，就不能单用"只"，必须换成"只有"，如例（4）。

当限定的是主语的范围时，这时只能用"就"或者"只有"，而且

必须放在主语前,不能用"只",如例(5)、(6)。

考考你

请用"只"或"就"完成下面的句子:

① 在广州,我没去过别的地方,＿＿＿＿＿。

② ＿＿＿＿＿,别的话我都不会说。

③ 他们家很穷,家里没有什么值钱的东西,＿＿＿＿＿。

④ 我＿＿＿＿＿汉语,所以说得还不太好。

⑤ 我们学校＿＿＿＿＿,你们如果弄坏了,大家都不能用电脑了。

⑥ 别人都吃了,也没说不好吃,＿＿＿＿＿。

87. "马上"与"立刻"

(1) 这件事我**马上**就去办!

(2) 听他这么一说,小王**马上**就答应了。

(3) 派两个人,**立刻**把他找来!

(4) 听到敲门声,他**立刻**跑过去开门。

(5) 冬天过去了,春天**马上**就到了。　　×立刻

疑问

副词"马上"与"立刻"的意思一样吗?

析疑

"马上"与"立刻"的意思不完全一样。

"马上"与"立刻"都可以表示事情即将或很快发生,强调时间短。如例(1)、(3);也都可以表示前一件事发生后,后一件事接着发生,例(2)、(4)。

"立刻"所表示的"事情即将或很快发生",指的是某件事情眼前就要发生,时间非常非常短。而"马上"所强调的时间短有两种情况:一是跟"立刻"一样,真的非常短;二是相对的,有时只是说话人心目中认为时间很短,实际上可能并不很短,如例(5)中的"马上"所强调的时间可能是几天,几十天。所以这种用法的"马上"不能换成"立刻"。

考考你

请用"马上"或"立刻"填空:

① 请你_____出去,我不想跟你说话!

② 他关了电视,屋里_____静了下来。

③ 主角出场了,全场_____起了雷鸣般的掌声。

④ 老王_____就六十了,孩子们准备给他过六十大寿。

⑤ 我_____要去德国了,临走前想请你吃顿饭。

⑥ _____是春天了,还买棉衣干什么?

88. "马上""赶紧""连忙"与"一下子"

(1) 他一讲,我**一下子**就明白了。　　　　　→ 马上

　　　　　　　　　　　　　　　　× 赶紧、连忙

(2) 听了爸爸的话,冬冬高兴得**一下子**跳了起来。　→ 马上

　　　　　　　　　　　　　　　　× 赶紧、连忙

(3) 听到爸爸回来了,她**赶紧**跑过去开门。　→ 连忙、马上

(4) 下星期就要考试了,我得**赶紧**复习功课。

　　　　　　　　　　　　　　× 连忙 →马上

(5) 请你**马上**到我办公室里来。　→赶紧　× 连忙、一下子

(6) 动作快点儿,车**马上**就到了。　　× 赶紧、连忙、一下子

疑问

副词"马上""赶紧""连忙"与"一下子"的用法一样吗?

析疑

这 4 个词都含有动作或情况发生得很快的意思。不过它们的用法比较复杂,可主要从以下两个角度观察它们用法的异同:

(一) 看当事人是"可以决定自己做或者不做的",还是"不能决定的"。将例(1)、(2)、(6)和例(3)、(4)进行对比,不难发现,例(1)中的当事人"我"不可能决定自己"明白"还是"不明白";例(2)中的"高兴得跳了起来",也不是当事人"冬冬"有意这样做的。而

例(3)的"跑过去开门",例(4)的"复习功课"都是当事人主动这样做的。

可见,当事人可以决定自己做或者不做的,用"赶紧""连忙";不能决定的,用"一下子"。"马上"则这两种情况都能用,如例(1)—(4)。

至于例(6),所说的车子是不是一定能按时到,也不是说话人能决定的,但此句只能用"马上",不能用"一下子",这是因为还受到下面第二点的制约。

(二)看是"已经发生的事情",还是"将要发生的事情"。为什么例(3)的"赶紧"可以换用"连忙",而例(4)不行呢?例(3)的"爸爸回来了"是已经发生了的;例(4)说的是"下星期",是将发生的。可见,尽管都是当事人可以决定做还是不做的,但还要看事情发生了没有。**"赶紧"可以用于已经发生的事情,也可用于将要发生的事情**,如例(3)—(5);而**"连忙"只能用于已经发生的事情**,如例(3)。同样,"马上"跟"赶紧"一样,这两种情况都能用,如例(5)、(6)。

这 4 个词的异同总结如下表:

	可以决定做或者不做的	不能决定的
已经发生的	赶紧 连忙	马上　一下子
将要发生的	赶紧	马上

考考你

选择填空:

A. 马上　B. 赶紧　C. 连忙　D. 一下子

① _____就要下雨了,我得_____回去。

② 一听说要打扑克,他_____就来了兴趣。

③ 看到锅里的油冒烟冒得太厉害了,我_____把火关掉了。

④ 老吴已经58岁了,_____就要退休了。

⑤ 他一看她的脸色,_____就明白是怎么回事了。

⑥ 你先别着急,这件事也不是_____就可以办得了的。

⑦ 要下雨了,_____把衣服拿下来!

⑧ A:妈,时间不早了,快睡吧!

　　B:好,我_____就睡。

⑨ 她们以为小王说的是真的,都让我讲一讲,我_____否认:
　　"别听他的,没那回事。"

⑩ 这么晚了他还没回来,我得_____看看是怎么回事。

89.“一下子”与“一时”

(1) 听了他的话，我**一下子**全明白了。　　　× 一时

(2) 听到这个消息，她**一下子**就哭起来了。　　× 一时

(3) 小明**一时**不知道发生了什么事情。　　　× 一下子

(4) 也许他只是**一时**想不明白，以后他会明白的。

　　　　　　　　　　　　　　　　　　　　× 一下子

(5) 这个问题**一时**还解决不了。　　　　　　→ 一下子

(6) 听到她这样说，我**一时**没反应过来：“你说什么？”

　　　　　　　　　　　　　　　　　　　　→ 一下子

(7) **一下子**给他讲那么多，他可能接受不了。　× 一时

(8) 他**一下子**选了六门课。　　　　　　　　× 一时

疑问

“一下子”与“一时”的意思和用法一样吗？

析疑

“一时”与“一下子”都用于表示短时间，但侧重点不一样。

“一下子”用在动词前，**表示动作或状态的变化非常快**。如例
(1)中的“一下子全明白了”说明“她”从不明白到“全明白了”这个
变化非常快。

"一时"表示短时间内的一种情况,如例(3)不可能存在从"知道"到"不知道"的变化,只是强调小明短时间内不知道发生了什么事情,过后可能就弄清楚了。同样的,例(4)从"以后他会明白的"可知道,说话人强调的是"他想不明白"只是目前短时间内存在的一种情况。

当仅仅强调动作或状态的变化很快,或者仅仅强调短时间内的一种情况时,"一下子"与"一时"是不能互换的,如例(1)—(4)。

而如果既强调这是短时间内的一种情况,又强调动作或状态的变化很快,那么,"一时"与"一下子"就可以互换,这种情况下它们后面的成分往往是否定性结构。如例(5),说话人指出短时间内无法发生问题很快得到解决的这种变化;例(6)既强调由正常交际到反应不过来的变化发生之快,又表示这只是短时间内存在的一种情况。

有时"一下子"也有"一次性"的意思,如例(7)、(8),这时"一下子"也不能换成"一时"。

另外,还要注意,"一下子"放在动词前和放在动词后,意思不一样:

她<u>一下子</u>就<u>哭</u>起来了。	她<u>哭</u>了<u>一下子</u>。
(变化快)	**(时间短)**

考考你

请用"一下子""一时"填空:

① 你不要着急,我觉得他没事,他可能只是_____想不开。

② 老师的话_____启发了我。

③ 遇到这件事,他_____不知道怎么办才好。

④ 真奇怪,我找了那么久都没有找到,你怎么＿＿＿＿＿找到了呢?

⑤ 你真是一个聪明人,＿＿＿＿＿明白了我的意思。

⑥ 小林后来主动承认了错误,说那天是他＿＿＿＿＿着急,错怪了她。

⑦ 丽丽一听,眼泪＿＿＿＿＿就下来了。

⑧ 听了我的话,他呆呆地＿＿＿＿＿说不出话来。

90."一度"与"一时"

(1) 这场球赛,A队**一度**领先。　　　　　　　　× 一时

(2) 他**一度**爱吃辣的东西。　　　　　　　　　　× 一时

(3) 他刚到这里的时候,曾经**一度**没工作,我都过他。

　　　　　　　　　　　　　　　　　　　　　　× 一时

(4) 他刚到这里,**一时**没工作,我们该帮帮他。　× 一度

(5) 他愣住了,**一时**没有答话。　　　　　　　　× 一度

(6) 我觉得这女子像在哪里见过,又**一时**想不起来。　× 一度

疑问

副词"一度"表示什么? 它与"一时"的意思一样吗?

析疑

我们先看下面两个图:

A 队	B 队
5	0
8	2
15	7
22	13
28	19
35	22

图 1.A 队**一直**领先。

A 队	B 队
0	5
8	10
15	12
17	15
18	21
22	35

图 2.A 队**一度**领先。

对比反映球赛中 A、B 两队比分的两个图，不难发现，图 1 这场球赛，A 队的得分一直比 B 队高；图 2 这场则不同，开始阶段是 B 队得分多，最后也是 B 队赢了，只有中间用横框框住的这一段时间是 A 队的得分比 B 队高。这种情况就是例(1)所说的：这场球赛，A 队一度领先。

"一度"表示某种情况在过去的一段时间里发生过。这过去的一段时间，可能是图 3 所示的情况，如例(1)，也可能是图 4 所示的情况，如例(2)、(3)。

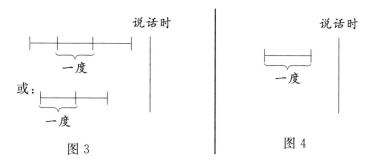

图 3

图 4

"一度"与"一时"都表时间，它们的主要差别是：

1."一度"用于过去，常可跟"曾经"连用，说话时情况一定已改变。如例(2)，他现在不爱吃辣的了；例(3)后来找到了工作。而

"一时"常用于表示说话时短时间内的一种情况。如例(4),说话时"他"的情况是还没找到工作。

2. "一时"表示短时间内的一种情况,相比而言,"一度"的时间跨度相对要长些。而"一时"所表示的短时间,可能是有一定时间跨度的,如例(4);也常用于表示较短的时间内的一种情况,如例(5)、(6)。

除了做副词外,"一度"还有数量词的用法,指"一次",如"一年一度的中秋节""一年一度的校运会"等;"一时"还有名词的用法,指"一个时期",如"一时的困难""轰动一时"等。

考考你

请用"一度""一时"填空:

① 对不起,是我_____不小心,打碎了杯子,请原谅。

② 这个问题我还没考虑清楚,_____没办法答复你。

③ 由于学习成绩不太好,她曾_____放弃过考大学的打算。

④ 她可以听见外边的那个人在高声地说话,但她_____听不出是在说什么。

⑤ 这个地方_____很繁荣,但后来不知怎么又衰落了。

⑥ 他因病_____休学,所以现在年龄比班上的同学大一些。

⑦ 我_____走不开,你能到我这儿来一趟吗?

⑧ 这个地方曾经_____以环境优美而闻名天下。

91. "暂时"与"一时"

（1）小明前几天刚到广州，**暂时**住在朋友家。　　×一时

（2）你妈妈身体不好，**暂时**不要把这个消息告诉她。×一时

（3）今天就**暂时**讨论到这里吧，我们先走了。　　×一时

（4）这个字我学过，但**一时**想不起来怎么写。　　×暂时

（5）他**一时**不小心，把两份资料弄混了。　　　×暂时

（6）看到这种情况，她**一时**慌了手脚。　　　　×暂时

（7）他们**一时**还想不出更合适的人选。　　　→暂时

（8）这个问题**一时**还解决不了。　　　　　　→暂时

疑问

　　副词"暂时"与"一时"的意思一样吗？

析疑

　　"暂时"与"一时"都有"短时间之内"的含义，但用法差别比较大。

　　"暂时"主要表示某种行为状态短时间存在，这种行为状态往往是当事人所能决定做还是不做的，是人可以控制的。

　　如例（1）选择住在哪里，例（2）告不告诉"她"，例（3）讨论到什么时候，都是当事人自己可以决定的。

　　"一时"表示短时间存在的行为状态不是当事人所能控制的。

　　如例（4），学过的字忽然想不起来怎么写，这种状况不是当事

人自己能控制的。有时候,某种临时的短时间出现的状态会导致了某种结果,如例(5),由于"不小心"这种心理状态短时间存在,从而导致了"把两份资料弄混了"的结果。有时候,是因为某种原因而导致另一种情况短时存在。如例(6),突然发生某种情况,使"她"瞬间"慌了手脚"。

有少量的"一时"可以跟"暂时"互换,条件是:虽然某种状态不是当事人自己能控制的,但如果说话人着眼于接下来的情况,认为无法控制的不如意的情况经过当事人的努力,是有可能改变的,就可以用"暂时"。如例(7),当事人若继续想,完全有可能想出更合适的人选;例(8),经过努力,也有可能解决"这个问题"。所以这两句都可以用"暂时"。

还需要说明的是,"暂时"与"一时"除了做副词外,还都有别的用法:

"暂时"还有区别词的用法,可跟"永久"相对。如:暂时现象/暂时的平静/病人可以得到暂时的疏解。/困难不过是暂时的。/乐观的人会认为现在的失败是暂时的。

"一时"还有名词的用法,如:轰动一时/红极一时/一时的利益/一时的想法/他那是一时的气话。/这只能起一时的作用。

考考你

请用"暂时""一时"填空:

① 昨天考试的时候,他_____粗心,把题目看错了。

② 多年未见,刚才我_____没想起是他。

③ 这个情况请大家_____不要传出去。

④ 近来天气非常寒冷,许多机器中的机油已经结成冰,只好

_____停工。

⑤ 你别太在意了,他只是_____冲动说了不该说的话。

⑥ 行,这批东西我_____替你保管。

⑦ 他_____没听明白,又问了一句。

⑧ 对不起,你需要的资料_____还没有办法收齐。

92. "暂时"与"临时"

(1) 陈老师**暂时**代上这门课。

(2) 陈老师**临时**代上这门课。

(3) 系里决定**暂时**由陈老师代上这门课。　　×　临时

(4) 系里**临时**决定由陈老师代上这门课。　　×　暂时

(5) 这件事你们要**暂时**保密。　　×　临时

(6) 你治病要紧,其他事就**暂时**不要管了。　　×　临时

(7) 对不起,**临时**有事耽搁了,让你久等。　　×　暂时

(8) 他**临时**有个客户,来不了了。　　×　暂时

(9) 她只是**暂时**想不通,以后会有想通的时候。　　×　临时

(10) 这个办法是我**临时**想出来的。　　×　暂时

(11) 他**临时**决定不去了。　　×　暂时

疑问

副词"暂时"与"临时"的意思和用法一样吗？

析疑

副词"暂时"与"临时"都含有短时间的意思，但它们的用法有区别：

（一）两词使用的语境往往不相同。

"临时"突出的是"临"，临到事情发生时。即情况的出现是事先没准备的，带有突然性。

"暂时"不带有突然性，其所修饰的动作行为多指说话者或动作者事前有所准备，决定好怎么做的。

比如，单从例（1）和例（2）看，"陈老师代上这门课"这个句子用"暂时"或"临时"都可以，但实际上它们使用的语境并不相同：

如果陈老师事先已经有计划要到医院住院治病，并向系领导请了假，系领导已有所准备，提前安排好了代课的老师，那就不能用"临时"，只能用"暂时"，如例（3）。

而如果陈老师是上课当天一早突然犯病无法上课，临急通知系领导，系领导找谁代课的决定是带有突然性的，那就只能说"临时决定……"，如例（4）。

同样道理，例（5）、（6）都是事前有所准备，决定好怎么做的，只能用"暂时"；而例（7）、（8）所说的情况都是突然发生的，只能用"临时"。

（二）两词所说事件的后续情况有时不相同。

"暂时"强调目前的做法或情况只是短时间的，过一段时间肯定就不是这样。如例（5）"暂时保密"，意味着这件事以后肯定会公开。例(9)"暂时想不通",是说以后会想通的。

"临时"比较复杂,有的句子跟"暂时"一样,表示过一段时间情况就不是这样。如例(2)表示陈老师代上这门课只是短时间的,以后不是这样。再如例(7),说话人是临时有事,但后来就没事了,还是能来,只不过来晚了。有些句子则没有这种含义,具体有两种情况:

1. 目前的做法或情况是瞬间产生的结果,过一段时间也无法改变。如例(10),这个办法已经想出来了,完全不可能以后想不出来。那就不能用"暂时"

2. 只强调目前的做法或情况是突然发生的,后续的情况有可能不改变,还是这样。如例(11),"他"本来是要去的,但突然遇到新情况,"临时决定不去了",有可能他以后也不去了。而如果说"暂时不去了",那意味着以后还是要去的。

还需要说明的是,"暂时"与"临时"除了做副词外,都还有区别词的用法:

"暂时"的区别词用法参见第91条。

"临时"作区别词时表示"非正式"或"非长久"的,如:临时演员/临时工/临时住处/临时措施/临时指挥部/她在你们酒店是临时的。

考考你

请用"暂时""临时"填空:

① 这件事_____别让其他人知道。

② 你最好事先准备一下,省得_____着急。

③ 这里还有工作,我现在_____还不能走。

④ 他们可能_____不被人所理解,但是最终会有越来越多的

人懂得的。

⑤ 乘车的人不多，可以_____买票。

⑥ 他们_____决定改变比赛时间。

⑦ 说好一块去的，_____变卦总得解释清楚吧?

⑧ 他的腿脚只是_____动不了，只要坚持锻炼，肯定能康复。

93. "一下子"与"忽然"

（1）听到那个不幸的消息，她**一下子**哭了起来

（2）听说两天前丢的东西找到了，他的病**一下子**就好了。

（3）大家正在高兴地看电视，她**忽然**哭了起来。

（4）也没吃什么药，他的病**忽然**就好了。

（5）这个脏小孩身上的烂泥，好像**一下子**就**忽然**不见了，**忽然**变成了一个可爱的小天使。

疑问

副词"一下子"与"忽然"的意思一样吗?

析疑

副词"一下子"与"忽然"的意思不一样。

"一下子"的意思请参看第 88、89 条。"一下子"强调动作或状态变化很快，"忽然"强调动作或状态的变化是没想到的，因此"一下

子"与"忽然"一般不能互换,如例(1)—(4)。

　　由于"一下子"强调变化快,有时也会给人一点儿出乎意料的感觉,因此"一下子"有时会和"忽然"连用,如例(5)。

考考你

　　请用"一下子""忽然"填空:

① 一回到家,他_____就坐在了沙发上。

② 我们正在说着话,小刘_____进来了。

③ 他正要出去,_____下起大雨来了。

④ 不知怎么回事,他的肚子_____疼了起来,他_____坐在路
　　边站不起来了。

⑤ 听到大家的表扬,他的烦恼_____都消失了。

⑥ 我走着走着,_____想起了一件事。

94. 表时间的"一直"与"总"

（1）上午他**一直**在写小说,没有休息过。　　×总

（2）这几年,他**一直**在家里写小说,很少出来。

（3）这几年,他**总**在家里写小说,很少出来。

（4）他**一直**骑车上班。

（5）他**总**骑车上班。

疑问

表时间的"一直"与"总"有什么不同？为什么它们有时候可以互换？

析疑

"一直"表示动作行为或状态持续不变。所谓持续不变,有 3 种情况,比如例(1)、(2)、(4)我们可以用图来表示:

（一）例(1)

表示动作行为或状态的持续是不间断的。如果是动作,一般是在较短的时间内,如本句的"上午","写小说"指的是不停地写;如果是状态,可用在较长的时段,如:我一直爱着他。(×我总爱着他。)这种情况下,都不能用"总"。

（二）例(2)   这几年

这里的"一直",**表示间断性的持续。**即表示在一段时间里,相同的情况反复出现。这种情况下,"一直"是可以用"总"替换的。我们知道,"写小说"这具体的动作不可能持续几年不间断,所以,这里所指的是"写小说"这种活动,在"这几年"中,持续地反复地出现。如果中间停过几个月,就不能说"一直"。

（三）例(4)

表示在相同的场合,某种相同的情况持续地反复地出现。即,每次上班,他都骑车。

再来看"总"。例(2)、(4)都能把"一直"换成"总",这说明,**"总"表示的是动作行为或状态的反复多次,它不能表达不间断的持续。**

也就是说,"总"只有"一直"的第二、第三种用法,这时两词基本上可以互换。只不过,"一直"更强调"持续";"总"更强调"反复多次"。

另外,还要注意,表示对人或物的感情、态度,只能用"一直",如:我一直很喜欢这份工作。(×我总很喜欢这份工作。)而表示对事物的看法,则可以用"总"。如:

他总认为我干这份工作不太合适。

他总怀疑小红不是真心爱他。

这是因为,感情一般是较长久的状态,而看法则可以反复多次出现。

考考你

请用"一直""总"填空:

① 她刚才　　　　在花园里散步。

② 在学校那几年,她　　　　关心我。

③ 他　　　　是天不亮就爬起来锻炼。

④ 她不知发生了什么事,整个晚上　　　　哭个不停。

⑤ 这几天,我　　　　在想这件事。

⑥ 睡觉前,他　　　　要听听音乐。

⑦ 我　　　　很讨厌这种行为。

⑧ 这些天,他　　　　想起他的女朋友。

95. 表其他的"一直"与"总"

---

(1) 一**直**往东走,就是邮局。 × 总

(2) 从校长一**直**到学生都关心这件事。 × 总

(3) 努力下去,**总**会获得成功的。 × 一直

(4) 孩子**总**是孩子,不能对他们要求太高。 × 一直

(5) 她看样子**总**有 60 岁了。 × 一直

疑问

除了第 94 条谈到的,"一直"与"总"还有什么不同?

析疑

"一直"与"总"除了表时间时有时可互换外(见第 94 条),其他用法都完全不相同。

"一直"还有另外两种用法:

1. 强调动作顺着一个方向不变。如例(1),强调朝着东边的方向走,不改变。再如:从窗口一直望出去,远处是一个湖。

2. 强调所指的范围。如例(2)意思是指:

```
校长 │
院长 │
系主任 │ 从校长一直到学生
老师 │
学生 ↓
```

如果只有校长、院长和学生关心,不能用"一直"。这种用法的句式,一般是"从……到……都/全……"。再如:会场里,座位上、过道上、一直到门口,全挤满了听众。

"总"也还有另外的三种用法:

1. 强调最后一定会这样。如例(3)强调最后一定会成功。再如:时间长了,他总会理解你的。

2. 强调事情不管怎么样,结论都是这样的。如例(4)强调不管孩子做了什么事,哪怕是不对的,他们都还是孩子。再如:遇到问题,大家总得商量一下。

3. 表示估计、猜测,有"大约""至少"的意思。如例(5),估计她大约有 60 岁了。再如:这件行李总有 20 来公斤。

考考你

请用"一直""总"填空:

① 别担心,问题_____会得到解决的。

② 飞机_____向广州飞去。

③ 现在_____有十二点了吧?

④ 挣钱多少无所谓,人_____不能闲着没事干。

⑤ 从数学、物理、化学_____到外语,他的成绩都不错。

⑥ 事实_____是事实,谁也歪曲不了。

96. "一直"与"从来"

(1) 他**从来**不愿意麻烦别人。

(2) 你们必须坚持下去，**一直**到最后胜利。　　　×从来

(3) 我们已经等了两天了，**一直**没等到他的消息。×从来

(4) 她**一直**从事教学工作。　　　　　　　　　×从来

(5) 她**从来**就喜欢当老师。

(6) 她**一直**没有晚来早走过。

(7) 她**从来**没有晚来早走过。

疑问

"一直"与"从来"有什么不同？

析疑

关于"一直"，我们已经在第 94、95 条介绍过。

"从来"表示从过去到现在都是这样。如例(1)，表示他从过去到现在都一直是不愿意麻烦别人的。

"从来"含有"一直"的意思，但用法上又有很大的区别：

	一直	从来
强调方向不变	√	×
强调所指范围	√	×
强调时间 1.用于过去、现在	√	√（从过去到现在）
用于将来	√	×［如例(2)］
2.用于一段时间	√	×［如例(3)］
3.用法 ～＋肯定式	√	（很少）［如例(4)、(5)，一般句中有"就"或"也"］
～＋否定式	√	√
4.语气	√	更重［如例(7)的语气比例(6)重］

值得注意的是，"从来＋没有＋形容词/心理动词＋过"和"从来＋没有＋这么/那么＋形容词/心理动词＋过"意思不一样。如：

这个地方从来没有干净过。（从过去到现在一直很脏。）

这个地方从来没有这么干净过。（现在比以前任何时候都干净。）

考考你

（一）请用"一直""从来"填空：

① 他_____不喜欢喝牛奶。

② 这种事情，我_____没有听说过。

③ 这几天，我身体_____不太舒服。

④ 他夫妻俩感情很好，_____没有吵过架。

⑤ 这次的产品展销会_____要开到下星期五。

⑥ 她_____也不因为自己是残疾人而自卑。

（二）请选择填空：

① 听说这家饭馆开张以来_____，下周就要关闭了。

　　A. 生意从来没有好过

　　B. 生意从来没有这么好过

② 她最近心情好极了，她对自己现在干的这份工作_____。

　　A. 从来没有满意过

　　B. 从来没有这么满意过

97."一直"与"一向""一贯"

---

(1) 听了这个笑话，小红**一直**笑个不停。　　　×一向/一贯

(2) 小红**一向/一贯**爱笑。

(3) 刚才在买东西的过程中，售货员对我们的态度**一直**很好。

　　　　　　　　　　　　　　　　　　　　　×一向/一贯

(4) 这家商店的售货员对顾客的态度**一向**很好。　→一贯

(5) 先人后己，这是他**一贯**的做法。　　　　　×一向

(6) 这**一向**她身体不太好，我们找个时间去看看她吧。

　　　　　　　　　　　　　　　　　　　　　　×一贯

疑问

　　"一直"与"一向""一贯"有什么不同？

析疑

　　副词"一向""一贯"都只表示时间，强调从过去到现在都一直

这样。它们都不像"一直"那样除了表时间外,还可表方向和范围。
(见第95条)

另外,"一向""一贯"与"一直"还有如下的区别:

一直:强调连续性,多用于某种动作、活动或状态方面。

一向/一贯:强调稳定性,多用于习惯、爱好、品行、性格等方面。

如例(1)中的"笑"是具体的动作,"一直笑"是强调连续发出笑的动作;例(2)中的"爱笑"是一种习惯,"一向爱笑"强调一直有这种习惯。

再如例(3)用"一直",强调的是在买东西这一小段时间里售货员持续的一种状态。而例(4)用"一向",强调的则是从过去到说话时,售货员在相当长的一段时间内对顾客的一种惯常的态度。

此外,"一向""一贯"除了主要用作副词外,还具有别的词性:

"一贯"还可作形容词,如例(5)。与形容词"一贯"搭配的名词一般是"做法、想法、思想、作风、政策"等等。"一向"没有形容词的用法。

"一向"还可作名词,指"过去或最近的某一段时间"。如"那一向""前一向""这一向"。"一贯"没有名词的用法。

考考你

(一)请用"一直""一向""一贯"填空:

① 他_____乐于帮助别人。

② 昨晚,他屋里的灯_____亮着。

③ 他_____喜欢亮着灯睡觉。

④ 他在病中_____坚持工作。

⑤ 尊重少数民族的习惯是中国_____的政策。

⑥ 这_____大家都忙,没有什么时间见面。

(二)辨别正误:

① a. 一向粗心的小王也细心起来了。 （ ）

b. 一直粗心的小王也细心起来了。 （ ）

② a. 刚才我一直在想这个问题。 （ ）

b. 这几年我一向在想这个问题。 （ ）

c. 我一向在想这个问题。 （ ）

d. 我一向爱想问题。 （ ）

③ 去年毕业后,我们一向没见过面。 （ ）

98. "一向"与"从来"

(1) 他一向不爱吃辣的东西。 → 从来

(2) 他一向爱吃辣的东西。

(3) 小明一向乐于助人。

(4) 他从来不吸烟。 → 一向

(5) 我从来不喜欢听闲言闲语。 → 一向

(6) 我从来没说过这样的话。 × 一向

(7) 他资助学生,从来没想过让他们来感恩。 × 一向

疑问

副词"一向"与"从来"的意思和用法都一样吗?

析疑

副词"一向"与"从来"都表示从过去到现在都是这样。

它们的主要差别是：

（一）使用的范围不一样。

副词"一向"多用于强调习惯、爱好、品行、性格等方面，如例 (1)、(2)爱不爱吃辣是一种爱好，例(3)乐于助人是一种好的品行、好的行为习惯。

而"从来"除了有这种用法（如例(1)、(4)、(5)）**外，还可用于强调某种动作行为或状态没有出现过**，如例(6)的"说这样的话"和例 (7)的"想让他们来感恩"都没发生过。"一向"没有这种用法。

（二）用于肯定、否定的情况不一样。

副词"一向"可以用于肯定句，如例(2)、(3)，也可用于否定句，如例(1)、(4)、(5)。

"从来"用于强调某种动作行为没有出现过，只能用否定式，如例(6)、(7)。用于强调习惯爱好、品行性格等一直是这样时，一般多用于否定句，如例(1)、(4)、(5)；用于肯定句很少，而且要加上相应的词语，如例(2)要改成"他从来就爱吃辣的东西"或"他从来都是爱吃辣的东西的"，句子才成立。

这两个词的异同可进一步归纳为下表：

同：从过去到现在。

一向：强调习惯、爱好、性格 ✕

肯定　否定

↓　　↓

从来：　很少　　√　　　　强调某种动作行为从过
　　　　　　　　　　　　　去到现在没有出现过

考考你

请用"一向""从来"填空：

① 他＿＿＿＿不怎么爱说话。

② 这种事我＿＿＿＿没听说过。

③ 这个过程中困难重重,但她＿＿＿＿没有放弃过努力。

④ 我妈妈＿＿＿＿很爱整洁。

⑤ 这个地方＿＿＿＿很繁荣。

⑥ 她这个人＿＿＿＿不爱打扮。

⑦ 他待人＿＿＿＿温和有礼。

⑧ 这位老大爷＿＿＿＿没有离开过自己的家乡。

99. "总是"与"老是"

(1) 他**老是**改不了这个坏毛病。	→ 总是
(2) 怎么最近你的手机**老是**关机?	→ 总是
(3) 马克做事**总是**拖拖拉拉的。	→ 老是
(4) 轻点儿,别**总是**那么大声说话。	→ 老是
(5) 别人有困难,小明**总是**很乐意帮忙。	× 老是
(6) 她很勤快,家里**总是**打扫得干干净净的。	× 老是
(7) 这家饭店真不错,难怪**总是**坐满了人。	× 老是
(8) 哎,这家饭店**老是**坐满了人,不知等位子要等到什么时候。	→ 总是

疑问

表示"某种情况经常发生"，为什么有时候"总是"和"老是"可以换用，有时候却只能用"总是"？

析疑

副词"总是"有好几种用法，其中常用的一种是**表示某种情况经常发生**。表示这种意义的"总是"与"老是"有相同处，也有不同处。

（一）相同处：

如果经常发生的行为动作或情况是说话人不太满意的，这两个词都可以用。

如例（1）的"改不了这个坏毛病"，例（2）的手机"关机"，以及例（3）的做事"拖拖拉拉"，例（4）的"大声说话"，这些都是说话人觉得不如意的。这种情况下，可以用"老是"，也可以用"总是"。

（二）不同处：

如果经常发生的行为动作或情况是说话人认为好的，感到满意的，那么，一般只能用"总是"，不用"老是"。

如例（5）的"乐意帮忙"，例（6）的"打扫得干干净净的"，这些都是说话人认为值得赞扬的，只能用"总是"。

另外，我们还可以对比例（7）和例（8）。两句都同样是"坐满了人"，其中例（7）说话人认为"坐满了人"是好的，用来赞扬这家饭店不错，只能用"总是"；而例（8）是说话人到了这家饭店，因"坐满了人"要花时间等位子而感到不那么如意，这种情况下"老是""总是"都可以用。

考考你

请用"总是""老是"填空：

① 你们不能_____光说不练。

② 她见人_____笑眯眯的，非常和善。

③ 快乐的人_____能做出非常好的事情。

④ 说多少遍了，你怎么 _____不听！

⑤ 这几天_____下雨，上下班很不方便。

⑥ 他_____鼓励我排除一切困难，勇往直前。

100. "不断"与"不停"

(1) 他说这番话的时候，小明**不停**地点头。　→ 不断

(2) 他站在一旁**不停**地催促着："快，快！"　→ 不断

(3) 请问，手机屏幕**不停**闪烁是怎么回事？　→ 不断

(4) 你一个上午**不停**地站着讲，不累吗？

(5) 只有这样，才能**不断**地丰富和提高自己。　× 不停

(6) 只有谦虚谨慎，才能使自己**不断**地进步。　× 不停

(7) 年轻人应该在工作中锻炼自己，**不断**成长。　× 不停

(8) 坚决不能让疫情**不断**地蔓延！　× 不停

疑问

副词"不断"和"不停"的意思和用法一样吗？

析疑

副词"不断"和"不停"是近义词,它们有相同之处,都可表示动作行为的连续性,如例(1)—(3)。但它们也有不同之处:

(一)所修饰的对象不同。**"不停"所修饰的往往是具体的动作行为或状态,而"不断"除了也有这种用法以外,还常用于修饰非具体的动作行为。**

1. 不停

"不停"所修饰的如例(1)的"点头",例(2)的"催促"和例(4)的"站"都是具体的动作,例(3)的"闪烁"是具体的状态。再如,话语中还常出现"不停"与"说/喊/看/写/想/问/笑/哭/跑/响/思考/摇头/安慰/叫唤/唠叨/嘀咕/道歉/咳嗽/变幻"等这些具体的动作动词的搭配。

值得注意的是,在用"不停"修饰具体的动作行为,强调其连续性时,有的连续是整个过程没有停顿,没有改变状态的,如例(4)的"站";而有的则是动作之间存在短暂的停顿,不断重复,构成整个持续的过程,如例(1)的"点头",头一抬一低有变化,每点一下头也会有轻微的停顿,但这种短暂的停顿并不影响动作的连续。

2. 不断

① "不断"也可修饰某些具体的动作行为或状态,如例(1)—(3)。但它受到一定的限制,如果是上面提到整个过程没有停顿的"站"这类动作,一般不用"不断"来修饰,如例(4)。

② "不断"还常用于修饰非具体的动作行为。如例(5)—(8),其中的"丰富和提高""进步""成长""蔓延"所表示的都不是具体的动作行为。"不停"一般不跟这类动词搭配。

(二)所强调的情况不同。**"不停"强调动作行为的连续性,所**

跨时段一般较短;而"不断"还可强调情况的延续性,所跨时段较长。

　　上面提到,"不停"所修饰的往往是具体的动作行为或状态,而具体的动作行为或状态一般持续的时间不会太长。如例(1)—(4),"点头"和"催促"为时不可能长,手机修理一下就不会闪烁了,"不停地站着讲"也只是一个上午。

　　而"不断"除了可强调短时间内动作的连续性,还可用于强调较长时间段里,动作或情况逐步产生变化的延续过程。如例(5)—(8),"不断丰富和提高自己""使自己不断进步""不断成长""不断地蔓延"都不是动作的简单重复,它们都有一个变化进展的过程,都不可能短时间内完成。

　　这种用法常与"不断"搭配的词语还有"成熟/前进/提高/完善/加大/加深/升级/升值/加强/培养/改进/修改/扩大/增长/增进/优化/降低/缩小"等等。

　　另外"不停"可放在具体动作动词后做补语,如"笑个不停""说个不停""吵个不停"等,这时"不停"不是副词。"不断"也可单独做谓语,如"外面车流不断""赞扬声不断""争执不断",同样也不是副词。

考考你

　　请用"不断""不停"填空:

　　① 他十分着急,_____地来回走。

　　② 他们友好相处,_____增进了友谊。

　　③ 玛丽在旁边_____地安慰道:"别多想,别多想……"

　　④ 所需物资_____地运往灾区。

⑤ 我们必须_____地降低成本,以保持合理的价格。

⑥ 这项技术还需要_____完善和优化。

101. "根本"与"始终"

> (1) 他**根**本不认识我。　　　　　　≠始终
>
> (2) A:你什么时候结婚?
>
> 　　 B:什么? 结什么婚? 我**根本**就没有女朋友。
>
> (3) 这个问题我问过他好多次,但他**始终**没有告诉我。

疑问

副词"根本"与"始终"的意思是一样吗?

析疑

"根本"与"始终"虽然在有些句子里都可以用,如例(1),但它们的意思是不一样的。

"根本"与"始终"一般是这样使用的:

根本 {
A:你什么时候结婚?　　A 说这句话有一个前提:你现在有
　　　　　　　　　　　　　女朋友。

B:什么? 结婚? 我　　　B 不懂 A 说的话,因为 A 的话前提

根本就没有女朋友。 就错了,B没有女朋友。没有女朋

友,一般来说是不能结婚的。

始终	这个问题我问过他好多次	说话人说这句话有一个预期:开始他可能不告诉我,最后按理说他会告诉我的。
	但他**始终**没有告诉我。	但事实上:他从开始到最后(始终)都没有告诉我。

需要注意的是:"根本"在使用的时候在语气上比"始终"强得多。而且大多用于否定句。

考考你

请根据所给的情景,用"根本""始终"填空:

① A:听说你哥哥要去美国了。

　　B:什么呀,你听谁说的,我＿＿＿＿就没有哥哥。

② 看他们那生气的样子,我以为会吵起来,但他＿＿＿＿都没说一句话。

③ 他在她公司门口等了很久,希望能见她一面,但＿＿＿＿也没有见到她。

④ A:上星期我看见你在街上骑自行车。

　　B:什么?我骑自行车?告诉你,我＿＿＿＿不会骑自行车。

⑤ A:你的车票呢?是不是丢了?

　　B:没丢,我＿＿＿＿就没买到车票!

⑥ 尽管他拼命地追赶,但＿＿＿＿也没有追上他们。

102. "本来"与"原来"

(1) 他**本来**姓张,后来才改姓李的。 → 原来

(2) 这里**原来**有一排旧房子,现在都拆掉了。 → 本来

(3) 这本书**本来**昨天就该还给你,拖到现在,真不好意思。

(4) A:看来这孩子还真的有点儿不懂事。

　　B:**本来**嘛,一个孩子,懂什么事。

(5) 我还以为是谁呢,**原来**是你啊!

疑问

　　副词"本来"与"原来"的意思是一样吗?

析疑

　　"本来"与"原来"的意思不完全一样,请看下表:

本　来	原　来
以前某个时期,现在情况已经不那样了。〔如例(1)、(2)〕	√
按道理就应该这样。〔如例(3)、(4)〕	×
×	发觉以前不知道的情况或突然明白了某事。〔如例(5)〕

考考你

请考虑下面的句子里用"本来"还是用"原来",或是两个都能用:

① 他_____不想参加比赛,但为了给其他人做个榜样,就参加了。

② 昨天我_____要去看冬冬的,后来有事就没去成。

③ 这孩子_____可以考一个好大学的,因为有病给耽误了。

④ _____我早就应该告诉你,只是怕你伤心,才没说,请你原谅。

⑤ 开始的时候,我以为这个事情很简单,_____还这么复杂!

⑥ 他_____是个工人,去年才考上大学。

⑦ _____这是塑料花,我还以为这是鲜花呢。

⑧ A:没想到这门课学起来这么难!

　　B:_____嘛,学习知识就得下功夫。

103. "比较"与"稍微"

> （1）他**比较**瘦。
>
> （2）两个人相比他**稍微**瘦一些。

疑问

上面两个句子的意思是不是一样的?

析疑

　　副词"比较"和"稍微"都可以表示程度,但它们的用法不一样。请看下面两幅图:

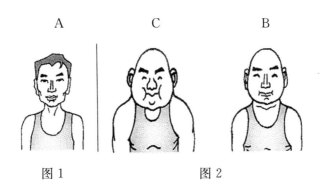

图1　　　　　　　　　　图2

　　看到图1的A,我们都不会说"A比较胖",只会说"A比较瘦"。请想想,看到图2的B,我们能不能说"B比较瘦"呢?肯定不行。我们只能说"B稍微瘦一些"。这是为什么呢?

　　这是因为,在我们每个人的心中都会有一个大概的标准,知道怎样算是"比较胖",怎样算是"比较瘦"。也就是说,当我们说"A比较瘦"时,我们并不需要把A跟别的人进行比较。

　　用"稍微"就不同了。我们说"B稍微瘦一些",并不是说B本人比较瘦,而只是把B跟C两个人进行比较的结果,即"B比起C来要相对瘦一些"。如果没有别的人跟B比较,我们就不能用"稍微"这个词。同时后面还要有表示比较的结果的词语,如"一些""一点儿"等。

　　以上的区别告诉我们,汉语中表示程度的副词有这么两类:

$$\text{表示程度的副词}\begin{cases}\text{独立表明程度(不大、不太、有点儿、有些、比较、}\\\qquad\qquad\text{很、非常、相当、太)}\\\\\text{通过比较来显示程度(稍微、稍、略、还、更、最)}\end{cases}$$

要注意的是,当我们使用"稍微、稍、还、更、最"这些词语的时候,一定要出现比较的范围。如例(2)中的"两个人",再如"这些花中这朵最漂亮"中的"这些花",都属于比较的范围。

考考你

请判断下面的句子对不对,错的请改正:

① 那家商店的东西稍微便宜。

② 小明最聪明。

③ 那个地方冬天相当冷。

④ 这家公司比那家公司办得比较好。

⑤ 比起班上其他同学,他的汉语很好。

104. "有点儿"与"一点儿"

---

(1) 这件衣服**有点儿**贵,我不想买了。　　→ 贵了(一)点儿

(2) 他走得**有点儿**慢。

(3) 这件衣服比那件衣服**贵(一)点儿**。

(4) 请你走**慢(一)点儿**。

(5) 现在已经三点了,这只表**慢了点儿**。　　→ 有点儿慢

(6) 这只表总是走得很快,我把它调了
　　一下,它才**慢了(一)点儿**。

(7) 这个地方现在**干净点儿**了。

(8) 他**有点儿**不喜欢她了。

(9) 他今天喝了**一点儿**酒。

疑问

"一点儿"和"有点儿"有什么不同?

析疑

"有点儿"和"一点儿"都表示程度不深,可是它们在句中的位置和意思都不同:

(一)"有点儿"用在**形容词的前面**,而"一点儿"用在**形容词的**

后面,即:

> **有点儿 ＋ 形容词**　　　　　　[如例(1)、(2)]
>
> **形容词 ＋ 一点儿**　　　　　　[如例(3)、(4)]

(二)"有点儿"用来说自己的感觉,而且都是**不好的感觉**,如例(1)是说自己觉得衣服比较贵。"一点儿"用在**有比较的时候**,这种比较可以是两个东西的比较,**用于比较句**,如例(3);也可以是两种情况的比较,如例(4)是拿自己希望的情况和现在实际的情况比,希望比现在慢,所以我们常常在祈使句里用"形容词＋一点儿"**来提出自己的希望或要求。**

在"形容词＋一点儿"句式中,当句子有"了"时,"了"有两种位置,三种意思:

1. 形容词＋了＋一点儿

① 表示某种情况不符合要求或标准,和"有点儿＋形容词"用于比较时的意思差不多,如例(5)。

② **表示跟原先相比的变化**,如例(6)。

2. 形容词＋一点儿＋了

表示对所希望的一种变化的实现的肯定,如例(7)。

学习汉语的外国朋友,要特别注意学会区分并使用"有点儿＋形容词""形容词＋了＋一点儿""形容词＋一点儿＋了"这几种格式。

(三)"有点儿"还可用在心理动词的前面,如例(8);而"一点儿"可以作数量词用在名词的前面,如例(9)。当"有点儿"用在名词前时,"有"是作动词,"点儿"是"一点儿"的省略。

(四)"有点儿"后面可以有否定词"不",如例(8);"一点儿"前的形容词前不能有"不"。

考考你

请用"有点儿"或"一点儿"填空：

① 这件衣服_____大了，麻烦你给我拿件小_____的。

② 我现在开始_____不相信他了。

③ 我前两天_____感冒，现在好_____了。

④ 你说得_____不清楚，请你再说清楚_____。

⑤ 她这个人别的都好，就是脾气急了_____。

⑥ 一说起过去的辛酸往事，她总是_____控制不住自己的情绪。

105. "正"与"在"

---

(1) 回头一看，他**正**拿起书包要走。

(2) 昨天小王来的时候，他**正**和小李说话呢。

(3) **正**说着，忽然听到外面有人敲门。

(4) A：你**在**干什么？

　　B：我**在**给家里写信。

(5) 这几天我一直**在**复习功课。

(6) 去年他就开始学开车了，现在还**在**学。

疑问

副词"正"与"在"的意思是一样吗？

析疑

"正"与"在"的意义不完全一样,它们的区别是:

"正"主要强调甲动作发生或进行的时候,乙动作不早不晚,恰好也在同一时间发生或进行。如例(1)甲动作"回头看"发生时,恰好乙动作"拿起书包要走"同时发生,如图1所示:

图1

"在"主要强调动作行为在某个时间发生、进行,或在某一段时间里持续。如例(4)"写信"这一动作行为在问话人问的时间(即现在)进行;例(5)"复习功课"这一动作行为在一段时间里("这几天")持续;例(6)"学开车"在"从去年到现在"这段时间里持续(可能还要持续到将来),如图2所示:

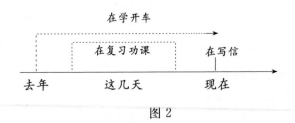

图 2

考考你

请用"正""在"填空:

① A:王大夫呢?

　　B:＿＿＿＿给病人看病。

② 我走进屋一看,冬冬＿＿＿＿和明明一起做作业呢。

③ 夜深了,王老师还_____备课。

④ 他大学毕业以后,一直_____研究开发电子产品。

⑤ 大家_____说要找他,他自己从楼上跑了下来。

⑥ 我_____担心找不着你,你倒来了!

106. "一定"与"必须"

(1) 你们放心,到学校以后,我**一定**常给你们写信。

(2) 这件事他不想找别人帮忙,**一定**要自己解决。

(3) 明天我们等你,你**一定**要来。　　　　　→ 必须

(4) 这件事没有人能帮他,他**必须**自己解决。　→ 一定要

(5) 要想身体好,就**一定得**坚持锻炼。　　　　→ 必须

(6) 他**一定**听见我们的谈话了。

疑问

"一定"和"必须"在英语中都是 must,它们有什么不同?

析疑

"一定"和"必须"的不同如下:(关于"必须",请参考第 29 条。)

	一定	必须
主观 保证	√ [如例(1)]	×
决心	√ [如例(2)]	×
要求别人	√ [如例(3)]	√ （语气强）
估计	√ [如例(6)]	×
客观要求	√ [～＋要/得，如例(5)]	√ [如例(4)]

考考你

请考虑下面句子中的"必须"和"一定"能不能互换，如果能，有没有别的条件，它们的意思有没有不同：

① 如果想学好一种语言，就必须多听，多说。

② 我不让他去，可他一定要去，我只好让他去了。

③ 他不想去，可是会议很重要，他必须去。

④ 在法庭上，你必须说实话。

⑤ 他说他今天一定来。

⑥ 从明天开始，我们必须加快速度。

⑦ 你放心，我一定会尽全力帮你的。

⑧ 在上飞机前，旅客的行李必须通过检查。

⑨ 我发誓一定要考上大学。

⑩ 我的书一定是忘在教室里了。

107. "不必"与"不是必须"

> (1) 我已经去找过他们了,你**不必**去了。
>
> (2) 这件事我也能帮你,你**不必**求他。
>
> (3) A:六月在北京的会议我们必须去参加吗?
>
>   B:也**不是必须**去,想去就去,不去也行。
>
> (4) 也**不是必须**到英语国家才能学好英语。

疑问

"必须"的否定式一定是"不必"吗?

析疑

不少词典都说"必须"的否定式是"不必",其实这话只说对了一半。准确地说,"必须"的否定形式应有两个:

$$必须 \quad 否定 \Big\langle {\nearrow 不必 \atop \searrow 不是必须}$$

"不必"的意思**和"不用"一样,是表示"没有必要,不需要"。如**例(1)中是说我去过了你就不用去了,其实是让听话人不去了。例(2)是让听话人不要"求他"。

"不是必须"的**意思是"不一定要这样,可以这样,也可以不这样",前面常有"也""又"。如**例(3)中 A 的意思是问是不是一定要去,能不能不去,所以 B 用"不是必须"来表示可以去,也可以不去。例(4)的意思是去说英语的国家可以学好英语,不去也可以学

好。(关于"必须",请参考第 29、106 条。)在口语中,我们常常用
"不是非得"来表示"不是必须"的意思。

考考你

请考虑下面句子中应该用"不必"还是"不是必须":

① A:等会儿我去找小李把你那本书要回来。

　B:你_____去了,刚才他已经把书还来了。

② 年轻人结婚,_____经过父母同意。

③ A:真是谢谢你了。

　B:_____客气,大家都是朋友,帮这点忙是应该的。

④ 身高不到一米的儿童进公园_____买票。

⑤ 又_____现在买,你干吗不等到降价以后再买。

⑥ 你就拿我的熨斗去用吧,_____买了。

⑦ 这几门都是选修课,_____学的。

⑧ 他一定会在开车前赶来的,你_____着急。

108. "肯定"与"一定"

(1) 这个房间**一定**有人进来过。　　→ 肯定

(2) 今天**肯定**要下雨。　　→ 一定会

(3) 他**肯定**会来。　　→ 一定会

(4) 我**一定**帮你找到他。　　✕ 肯定

(5) 他不让别人去,**一定**要自己去。　　✕ 肯定

(6) 感冒以后**一定**要多喝水。　　✕ 肯定

疑问

"一定"和"肯定"有什么不同？

析疑

"肯定"做副词表示一种推断、猜测，即表示**说话人认为事情或情况是怎样**，**不用怀疑**。这时一般都可以用"一定"替换，但是，当推测的是将来的情况时，**"肯定"**后常常跟**"要"或"会"**，而**"一定"**后只能跟**"会"**，一般不跟**"要"**，如例(2)、(3)。

"一定"做副词时还有另外几种用法(参见第106条)，这时都不能换成"肯定"，如例(4)、(5)、(6)。

考考你

请考虑下面句子中用"一定"还是"肯定"，或是两个都可以：

① 你_____要赶快回来。

② 如果他知道了这件事，_____要生气。

③ 在英语中，一句话的第一个字母_____要大写。

④ 如果有什么问题，我们_____马上通知你。

⑤ 看你成天这么快乐，就知道你_____过得很幸福。

⑥ 只要你在中国生活过一段时间，你就_____能感受到中国老百姓的善良。

109."确实"与"实在"

（1）这几天**确实**冷得厉害，这是我以前没有遇到过的。

（2）这几天**实在**冷得厉害，这是我以前没有遇到过的。

（3）甲：这次可是你的不是了。

乙：这件事**确实**是我不对。

（4）这件事不怪他，**实在**是我不对。

（5）甲：小明，别玩这些没意义的游戏了。

乙：花这么多时间玩这个，**确实**划不来。

（6）花这么多时间玩这个，**实在**划不来。

（7）老师：你哪里不舒服呢？

小红：×老师，我的胃**确实**痛得厉害。

（8）他**确实**这样说过。　　　　　　　　× 实在

（9）哎呀，我来晚了，**实在**对不起。　　　× 确实

疑问

有些词典用"确实"解释"实在"，这两个词用做副词时的意思和用法一样吗？

析疑

词典用"确实"解释"实在"是不够妥当的，学习者会误以为这

两个词的用法一样。

从上面例(1)、(2)看,句子好像用"确实""实在"都行,但实际上两句有不同之处。我们先接着看其他的例句:

例(3)中"甲"先指出了是"乙"不对,"乙"回应说:"确实是我不对。"例(5)中"甲"向小明指出玩这些游戏没有意义,身旁的"乙"用"确实划不来"来确认"甲"的看法是对的。

可见,使用"确实"的句子,往往是**先前已有人说了某种看法或情况,说话人认为是对的或是真实的,就用"确实"来确认看法的正确性或情况的真实性。**

而"实在"没有这种用法。**用"实在"是说话人自发的一种强调。强调事实,**如例(4)强调是自己不对;**或者强调自己的真实感受,**如例(6)强调感觉玩这个很划不来,例(9)强调自己深感对不起对方。

明白了以上所说的,再看例(1)、(2),就十分清楚了。例(2)是说话人自发的感受;而例(1)是说话人说这句话之前已有人说天气太冷了,说话人再用"确实"来表示认同。

再看例(7),句中的"乙"用"确实"为什么不对呢?因为老师根本不知道小红哪儿不舒服,没有说过是胃的问题。小红也就完全没有必要去确认自己真的是胃疼得厉害。句中的"确实"应换成强调事实的"实在",即"老师,我的胃实在痛得厉害"。

考考你

请用"确实""实在"填空:

① 你_____是李明吗?

② 我刚来中国的时候,因为离家太远,_____不习惯,只好每

天打电话回家。

③ 甲：这次对你来说是一次难得的机会。

　乙：这次对我来说_____是一次难得的机会，我会好好把
　　　握的。

④ 甲：那家购物中心的服务不错。

　乙：我也去过了，他们的态度_____很好。

⑤ 对不起，我_____拿不出这么多钱。

⑥ 这么精致的玩意儿我_____喜欢。

110. "居然"与"反而"

(1) 小明住得最远，**反而**到得最早。　　　　→ 居然

(2) 今天午后下了一场雷阵雨，天气**反而**更闷热了。

　　　　　　　　　　　　　　　　　　　　→ 居然

(3) 他**居然**能说五国语言？太了不起了！　×　反而

(4) 这么重要的事我**居然**给忘了。真糟糕！　×　反而

(5) 我明明告诉他了，他**居然**不承认。　　　×　反而

(6) 看到这情景，他马克不但不生气，**反而**
　　笑了一笑。　　　　　　　　　　　　　×　居然

(7) 放心吧，我不但不会怨他，**反而**要谢他。　×　居然

(8) 还是人少些好，人多了，**反而**容易误事。　×　居然

疑问

"反而"与"居然"的用法一样吗？

析疑

让我们先来看**"反而"**，它表示产生了或会产生跟常情或预料**相反的结果**。一般包括下面四层含义：

A：存在或出现某种情况。

B：按理说这种情况会产生甲结果（这层意思字面上可省略）。

C：事实上甲结果没产生（这层意思字面上也可省略）。

D：产生了或会产生跟甲结果相反的乙结果。

"反而"就用在说明 D 这一层含义的语句里，即放在相反的那个乙结果前。比如例（1），小明住得最远（A），按理说这种情况下他会到得晚（B），事实上没出现这种结果（C），他却到得最早（D）。在实际话语中，B 和 C 往往不用说出来，只说"小明住得最远，反而到得最早"。

再看**"居然"**，它强调**出乎意料**这么一种语气。常用在以下 3 种情况：

1. 没想到本来不容易做到的事竟做到了。如例（1）、（3）。

2. 没想到一般不会发生的情况竟发生了。如例（2）、（4）。

3. 没想到本来不应该发生的事竟发生了。如例（5）。

从上面的分析可看到，当"反而"表示产生了跟常情或预料相反的结果时，本身含有没想到的意思；"居然"强调出乎意料，也是没想到，因此，这两个词就有可以互换的基础，有时可以互换，如例（1）、（2）。不过，它们的用法还是有不少的差别：

（一）语气不一样。用"反而"是一般的叙述；而用"居然"所表达的想不到的语气会强烈很多,有时,说话人还会追加一句评价的话语,如例(3)的"太了不起了",例(4)的"真糟糕"。

(二)如果只是一般的叙述,大多不用"居然"。比如"反而"常用在"不但不……,反而……"中,这种句式往往只是叙述产生了跟常情或预料相反的结果这一事实,"反而"一般不能换为"居然"。如例(6)。

(三)如果所出乎意料的并不属于某种情况下产生的一种结果,就不能用"反而"。如例(3),"能说5种语言"不是由哪种情况产生的;例(5)"我明明告诉他了",也不可能产生"他不承认"这种结果,它们都不能用"反而"。

(四)"居然"只用于已经发生的事情,只有已发生某情况,才有可能出乎说话人的意料;"反而"则没有这种限制。如例(7)的"要"和例(8)的"容易",都表明还没有发生"谢他"和"误事"的情况,所以都不能用"居然"。

考考你

请用"居然""反而"填空:

① 他小小年纪,_____能记住这么长的诗,真是了不起!

② 你不用过来。你过来了,他_____会没有勇气面对。

③ 经过这场大病,他的身体_____比以前好了。

④ 他感冒了,吃了药应该会好些的,没想到感冒不仅没好,_____更厉害了。

⑤ 你别去,要是现在去说,_____像在说谎。

⑥ 她没有双手,_____能用脚趾夹着笔写字,真不简单!

⑦ 今天在街上_____碰上了二十多年不见的老同学。

⑧ 你这样对待他,不但解决不了问题,_____会使他产生逆
反心理。

111. "相反"与"反而"

(1) 这次考试我考得不好,爸爸不但没批评我,
相反还给了我不少鼓励。　　　　　　　　→ 反而

(2) 我们厂生产的产品获了大奖,厂长不但没
有因获奖而高兴,相反却有了很多担忧。　× 反而

(3) 没在山区生活过的人觉得这里的山路很难
走,相反,对那些从小就生活在山区的人来
说,走山路跟走在平地上一样容易。

(4) 我要告诉大家,他不是个好人,相反,他是
个大坏蛋。

疑问

"相反"跟"反而"有什么区别?

析疑

"相反"表示**某种预想的结果、想法与实际情况是互相对立的,
或者前后两件事情或一个事情的两个方面是互相对立的。**"反而"
的意思我们在第110条中已经讲过了。它们的区别见下表:

（一）意思上的区别。

相反 ｛
某种结果与预料或常情是互相对立的　＝ 反而　如例（1）

前后两个事物或一事物的两个方面是互相对立的　≠ 反而　如例（3）、（4）

（二）位置上的区别。

	相反	反而	
小句的开头	√	√	如例（1）
与"却"连用	√	×	如例（2）
单用	√	×	如例（3）、（4）

考考你

请根据上下文的意思用"相反""反而"填空：

① 经过这次大的不幸,他不但没有消沉,_____更加坚强起来了。

② 经过这次大的不幸,他不但没有消沉,_____,更加坚强起来了。

③ 老刘住得最远,_____先到了。

④ 这些活动不会影响我们的学习,_____,能很好地促进我们的学习。

⑤ 他本来想在假期好好休息一下的,没想到假期_____更忙了。

⑥ 在考试过程中,对看上去比较简单的试题不可轻视,_____,应该更加重视,只有这样才能取得好的成绩。

⑦ 错过了好机会,就可能找不到好工作,_____,抓住一个好

机会,就可能找到一个非常让人满意的工作。

112. "倒"

(1) a. 这儿交通不太方便,环境**倒**挺好的,就在这儿租房子吧。

　　b. 这儿环境**倒**挺好的,可是交通不太方便,还是另找地方吧。

(2) 这个人你不要啊? 我**倒**想要。

(3) 姐姐**倒**比妹妹显得年轻。

(4) 前几天感冒,没吃药,**倒**自己好了。

(5) a. 我**倒**认为你应该去。

　　b. 我认为你应该去。

(6) 你说得**倒**简单!

(7) 你**倒**快点儿哪!

(8) 什么事使你这么苦恼? 你**倒**说呀!

疑问

　　关于副词"倒",有些词典列有 7 个义项,学习起来较难掌握,有没有更简便的解释?

析疑

　　关于副词"倒",有些词典确实列有 7 个义项,不过里面有的义项不够准确。如其中一个义项是"表示出乎意料",例句为:"有这样的事? 我倒要听听。"很明显,表示"出乎意料"的应是"有这样的事?"而不是"我倒要听听",可见这个义项是不成立的。

其他的义项,我们可以合并为以下 4 种用法:

（一）**用于不同情况或方面的对比。**先看例(1)。有词典认为例(1)a 的"倒"表转折,b 的"倒"表"让步"。其实这两句中"倒"的作用都是把这个地方的"交通不太方便"和"环境好"两个方面做对比,且"倒"都是用在好的方面。不同的是,a 句"倒"所在的分句放在后一句,而 b 句"倒"所在的分句放在前一句。即:

$$
对比\begin{cases} a.\ \underline{\hspace{4cm}},\ \underline{倒（好的方面）} \\ b.\ \underline{倒（好的方面）},\ \underline{\hspace{4cm}} \end{cases}
$$

那么,是什么决定了放在前还是放在后呢? 很明显,是由说话人更看重哪一方面来决定的。在选住处时,说话人如果更看重环境,那用的是 a 句;如果更看重交通状况,那自然用 b 句。也就是说会把更看重的决定他接下来如何做的那一方面放在后一句。

例(2)也是把"你"和"我"在选人时对这个人的取舍做对比。

（二）**用于与一般情理形成对比,相当于"反而"。**先看例(3),按一般情理,妹妹年龄小一些,应该比姐姐显得年轻。可这对姐妹却相反,该句用上"倒",就突显了实际情况跟一般情理的对比。例(4)也是将实际的结果和一般情理做对比。这两句的"倒"都可换为"反而"。

（三）**用于发表含对比性的看法。**例(5)a、b 两句说话人的看法都是"应该去",但语境有明显的不同。b 句"我认为你应该去"只表达说话人的看法;而 a 句加上"倒"后,"我倒认为你应该去"明显表明了有一个前提,即之前有人建议"不要去","倒"的使用突显了两种不同看法的对比。例(6)"你说得倒简单!"暗示了说话人认为做起来就不简单了。

（四）**用于催促,语境是听话人的动作行为与说话人的希望形成对比。**如例(7),说话人希望听话人动作快点儿,但听话人还是慢慢吞吞的,两者形成对比。再如例(8),说话人看到听话人十分苦恼,如果是一开始第一句问他,是不能用"倒"的;用上"倒"表明说话人已一再问听话人原因,他都不说,即听话人的行为跟说话人的希望形成了对比。所以,这两句说话人在催促时都用上了"倒"。

从上面4种用法可以看到,**副词"倒"常用于口语,它的基本语法意义是"表示对比"**,人们往往是在进行对比并表达某种语气的情况下使用它。

考考你

下面的句子对不对? 不对的请改正;

① 她长相一般,性格**倒**挺好的,值得进一步交朋友。

② 姐姐**倒**比妹妹高。

③ 到底去还是不去,你**倒**快点儿做出决定啊!

④ 这**倒**是个好办法!

⑤ 这种电器价钱贵了点儿,质量**倒**不错,还是别买了吧。

⑥ 应该是我问你的,你先问起我来。

113. "倒"与"但"

---

(1) 房间不大,**但**收拾得挺干净的。

→房间不大,收拾得**倒**挺干净的。

(2) 这篇文章内容一般,**但**语言很生动。

→这篇文章内容一般,语言**倒**很生动。

(3) 玛丽昨天不舒服,**但**还是坚持来上课。　　　× 倒

(4) 我知道这条路并不平坦,**但**我还是要走下去。　　× 倒

(5) 这份工作**倒**挺轻松的,但是工资太低了。　　× 但

(6) 这双旅游鞋质量**倒**挺好,就是价钱贵了点儿。　× 但

疑问

为什么用"但"的句子,有的可以换用"倒",有的却不行呢?

析疑

确实,用"但"的句子,有的可以换用"倒",如例(1)、(2)(不过,它们在句中的位置不一样);有的却不行,如例(3)、(4)。这说明有的词典说副词"倒"表示"转折",这种说法是不够准确的。

第 112 条已指出,"倒"的基本的语法意义是"表示对比",其中第一种用法是用作不同情况或方面的对比。如例(1)是把房间令人不够满意的方面跟令人满意的方面进行对比;例(2)是把文章内容的不足跟语言的长处进行对比。这种对比语意上往往会有不同

程度的转折。所以,在既表示对比,同时又含有转折义的情况下,"倒"可以换用"但、可是"等。

但是,不能反过来说凡是转折句都能用"倒"。必须注意,凡是不含对比义的转折句,都不能用"倒"。如例(3)"玛丽昨天不舒服,但还是坚持来上课"是一个转折句,但"不舒服"是一种状态,"坚持来上课"是一种行为,它们不存在对比关系,这种情况下就不能用"倒"。如果改成"玛丽平时常常缺课,昨天她不舒服,倒来上课了",把她昨天的情况跟平时相对比,句子就成立了。

还要注意的是,表示不同情况或方面的对比,如果"倒"出现在前面的那个分句,也不能换用"但",如例(5)、(6)。

考考你

请用"倒""但"填空:

① 这个寒假我很想去北京旅游,_____没有那么多的钱,所以没办法去。

② 他是法国人,说起普通话来_____比不少中国人还要纯正。

③ 你可以去那儿,_____别告诉他。

④ 他个子不高,力气_____挺大的。

⑤ 这份工作_____挺有意思的,就是工资低了点儿。

⑥ 他遇到不少困难,_____从不退缩。

114. "却"与"但"

（1）老师对你这么好，你**却**这样对待他！

（2）[×]老师对你这么好，但你这样对待他！

（3）我没给大家做什么，大家**却**给我这么大的帮助。

（4）[×]我没给大家做什么，但大家给我这么大的帮助。

（5）你是赢了，**但**也不能骄傲啊！

（6）[×]你是赢了，却也不能骄傲啊！

（7）你可以去，**但**你不能告诉他。

（8）[×]你可以去，你却不能告诉他。

（9）小李上次回长沙，去了李明家，**但**没去杨广家。

（10）小李上次回长沙，去了李明家，**却**没去杨广家。

疑问

有这么一种说法，"却"与"但"都表转折，它们的区别是在句中的位置不同，"但"是连词，放在主语的前面；"却"是副词，要放在主语的后面。这种说法正确吗？

析疑

这话只说对了一半。的确，这两个词的词性不同，句子有主语

时,它们的位置也不同。但是,有些有主语的句子,主语前不能加
"但",如例(2)、(4);有些没主语的句子,只能用"但",不能用"却",
如例(5)、(6)。这说明,位置不是主要的。

"却"与"但"的主要区别是:

却:表示对比关系,侧重于主观评价,表达某种语气。

但:表示转折关系,侧重于客观叙述,语义重心在后一句。

本条用"却"的例(1)是将"老师"和"你"做对比,对"你"的做法
进行评价,表达了不满的语气;例(3)是将"我"和"大家"做对比,表
达了说话人的感激的语气。这两句换成"但"后,句子都好像没说
完。

例(5)、(7)都只是一般的转折,不含对比的意义,所以只能用
"但",不能用"却"。

如果是带有对比性的转折,句子可以同时用"但"与"却",如:
我有很多话要说,但一时却说不上来。

上面分析的例(1)—(8)中的"倒"和"但"都不能互换,我们再
来看例(9)和例(10)。这两句倒是这两个词都能用,不过,还是可
以体会到它们含义的不同。例(9)只是客观地叙述事件,小李去了
谁家,没去谁家,我们看不到说话人对这一情况的评价。因为完全
有可能是小李临时有急事要离开长沙,来不及去。而例(10)改用
"却"后,语气就不同了,体现了说话人对小李只去一家不去另一家
这种做法的不满,句子带有了一定的感情色彩。

考考你

请判断下面的句子对不对,不对的请改正:

① 大家高高兴兴地为你庆祝生日,但你说这样的话!

② 他的家庭很困难,但朋友们给了他很大的帮助。

③ 我相信你们,这件事却不能这样干。

④ 老王爱看球赛,他妻子却喜欢听音乐,夫妻俩爱好不一样。

⑤ 应该来的人没来,但不该来的人来了。

⑥ 他病得很重,却仍然很乐观。

115."反正"

> (1) 不管你穿不穿,**反正**我不穿。
>
> (2) 无论是便宜还是贵,**反正**我不买。
>
> (3) **反正**他不知道,我们再多拿一个吃。
>
> (4) 这本书你**反正**都要买,就早点儿买吧。

疑问

"反正"的意思是什么?

析疑

"反正"表示"情况虽然不同,但是结果相同或者结果不变"。

请看我们对例(1)的分析:

情况不同	结果相同	
(1) { 你穿	我不穿	} 反正我不穿
你不穿	我不穿	

在例(1)、(2)中,说话人强调的是结果,也就是要告诉别人"不管怎样,结果都是相同的或者不变的"。但在例(3)、(4)中,说话人和听话人都知道结果是不变的,说话人强调的不是结果,而是把这个结果当作决定做或不做某事的理由。请看我们对例(3)的分析:

情况不同	结果相同	理 由	做某事
(3) 我们多拿一个吃	他不知道	反正他	(所以)我们
我们少拿一个吃	他不知道	不知道	多拿一个吃

考考你

请根据所给的词语,用"反正"完成句子:

① 明天刮风　　　我一定要去

　　明天下雨　　　我一定要去

　　无论……,反正……。

② 你喝　　我不喝

　　你不喝　我不喝

　　不管……,我反正……。

③ ⌈去修理　　　修不好⌉
　 ⌊不去修理　　修不好⌋　反正……,就……了吧。

④ ⌈我去找他　　　他不同意⌉
　 ⌊我不去找他　　他不同意⌋　反正……,我就……了。

116. "最后"与"终于"

---

(1) 他首先向大家介绍了学校的情况,接着带领大家参观了
一下校园,**最后**跟大家一起观看了学生们的节目表演。

(2) 在他们宿舍的四个人当中,他总是第一个睡,**最后**一个
醒。

(3) 经过几年的刻苦努力,他**终于**实现了自己的理想。

(4) 在大家的帮助下,这个问题**终于**得到了解决。

疑问

"最后"跟"终于"有什么区别?

析疑

"最后"的意思是:**事情发展过程中最晚的那个阶段或者顺序
系列中处于最末尾的那一个**。如例(1),从时间上看,在"他"做事
情的过程中最晚的那个阶段就是"最后"。例(2)谁先醒谁后醒是
有顺序的,最末尾的那一个就是"最后"。

"终于"的意思是:**经过很长的一个过程最后出现了某种结果。
这种结果往往是说话人希望发生的或者预料会发生的**。如例(3),
"几年的刻苦努力"是一个比较长的过程,最后出现了说话人希望
发生的结果"实现了自己的理想"。

考考你

请用"最后"或"终于"填空：

① 刚开始他不同意，经过大家的劝说，＿＿＿＿他＿＿＿＿同意了我的要求。

② 昨天下午最先回家的是冬冬，＿＿＿＿走的是明明。

③ 我盼了这么久，今天＿＿＿＿把你盼来了。

④ 第四题非常难做，我想了很久都没有想出来，＿＿＿＿是老师帮我解决了这个难题。

⑤ 放假了，我＿＿＿＿可以回家了。

117. "幸亏"与"多亏"

---

(1) **幸亏**你提醒了我，不然我就忘了。　　　　→ 多亏

(2) 刚才我差点摔一跤，**幸亏**他及时拉了我一把。　→ 多亏

(3) 天突然下起了大雨，**幸亏**前面有个小木屋。　× 多亏

(4) 他被车子撞伤了，**幸亏**伤得不厉害。　　　　× 多亏

(5) **多亏**他一直给我补课，这次我才能考得这么好。　× 幸亏

(6) 我们能渡过这个难关，**多亏**了他们的帮助。　× 幸亏

(7) 这次**多亏**了你，不然我就麻烦了。　　　　× 幸亏

疑问

"多亏"和"幸亏"有什么不同？

析疑

"多亏"和"幸亏"比较相近,它们都可以用于表示**由于别人的帮助而避免了不好的后果**,因此在这种情况下,两词可以互换,如例(1)、(2)。

但它们还是有所不同:

"幸亏"带有一种很**幸运的口气**,常表示因为某种偶然的客观原因而避免了不好的结果,这时不能换成"多亏"。如例(3)"前面有一个小木屋"是一种偶然的客观的情况,而不是别人的帮助。

"多亏"带有**感激的语气**,它还可用于说明**出现某种好的局面或结果是因为别人的主动帮助**,这时不能换成"幸亏"。如例(5)"我能考得这么好"是因为"他一直给我补课","多亏"表达了说话人一种很强的感激语气。

另外,两个词的词性也不同:

"幸亏"是语气副词,所以常用于小句的开头,后面不能有"了",也不能跟名词或代词。

而"多亏"是动词,后面可以跟小句,如例(5);也可以跟名词性短语或代词、名词,还可以带"了",如例(6)、(7)。

考考你

请考虑下面的句子用"幸亏"还是用"多亏":

① 我们 _____ 走这条路,才没碰上洪水。

② _____ 有人从这里经过,救了她。

③ 你这次病能好得这么快,_____ 她的照顾。

④ _____ 发现得早,火才没烧起来。

⑤ _____ 大家通力合作,公司这两年才会发展得这么好。

⑥ 这次真是_____了你,谢谢你了!

⑦ _____她找人帮我们买到了票,不然我们还不知道要等到什么时候。

⑧ _____这次经济危机对我们国内的市场影响不大,不然我们的损失就大了。

118. "千万"与"万万"

(1) 张大爷,下雨路滑,您走路**千万**要小心!　　　× 万万

(2) 你**千万**不能跟这样的人交朋友。　　　→ 万万

(3) 你听着,这种事**万万**干不得。　　　→ 千万

(4) **千万别**用眼睛直接正对太阳。　　　→ 万万不可

(5) 明天开运动会,**千万**不要下雨呀!　　　× 万万

(6) 一路上她不停地在心里暗暗地祈祷:
千万别出事,**千万**别出事。　　　× 万万

(7) 你**万万**不应该这样做。　　　× 千万

(8) 日常饮食缺少盐是**万万**不行的。　　　× 千万

(9) 我**万万**没有想到,他竟会干出这种事情来。　　　× 千万

(10) 他**万万**没料到对方的劲儿有那么大。　　　× 千万

疑问

副词"千万"和"万万"的用法有什么不同?

析疑

副词"千万"和"万万"的用法有相同处,也有不同处。

(一)**"千万"用在说话人表达某种希望的句子中,起增强语气的作用。**具体有两种情况:

1. **主要用在为对方考虑的祈使句中,表示恳切地提醒、叮嘱、劝说他人,即"一定要/不要……"。**如例(1)—(4)。具体如例(1),说话人提醒张大爷走路要小心,用上"千万"后增强了提醒的语气。

这种用法的"千万"既可用于肯定句,如例(1);也可用于否定句,如例(2)—(4)。

2. **少量用于陈述句中,表达说话人或当事人的一种祈求,希望不要出现某种情况,而这种情况是否会出现是他们无法控制的。**如例(5),说话人希望第二天不下雨,但究竟会不会下雨,他决定不了。

这种用法的"千万"只用于否定句。句子可以是说话人所说的话,如例(5);也可以是当事人心中所想的,如例(6)。这种用法的"千万"都不能换用"万万"。

(二)**"万万"一般只用于否定句中,表示非常强烈的否定,相当于"绝对""无论如何"的部分用法。**主要用于以下三种情况:

1. **用在表示禁止的祈使句中,强调绝对不可以这样做。**表禁止的"万万"一般都能换用"千万",如例(2)—(4)。不过,表示强调时,除了跟"千万"不同,只能用于否定外,两者的语义轻重也不同,用"万万"语气更强一些。最明显的是,语料库中收集到的语料显示,"千万"常跟"别/不要"搭配,而"万万"则常跟"不可/不能"搭配,禁止的语气更强,如例(4)。

2. 用在表达否定性评论的陈述句中,加强否定的语气。如例(7),用上"万万"后,是强调非常非常不应该这样做。这种用法的"万万"不能换用"千万"。

3. 强调一点儿都没想到。这种用法在所收集到的例句中占的比重较大。常见的搭配除了例(9)的"万万没(有)想到"、例(10)的"万万没料到"外,还有"万万想不到""万万料想不到""万万没意识到"等,都不能与"千万"互换。

	提醒他人		表达一种祈求	表达否定性评论	强调一点儿都没想到
	肯定式	否定式			
千万	√	√	√	✕	✕
万万	✕	√(语气更重)	✕	√	√

考考你

请用"千万""万万"填空:

① 这种情况下,你_____要冷静啊!

② 我_____没想到他竟然是这样一个人。

③ 想买什么就买什么,_____别跟我客气。

④ 欠钱不还,_____没有这个道理!

⑤ 变质的水果_____不能食用。

⑥ 哎呀,火车_____别晚点哪。

⑦ 交女朋友_____要慎重。长相是次要的,关键是人品。

⑧ ＿＿＿＿ 没料到，这次合影竟成了永久的诀别。

⑨ 事关我们企业的信誉，＿＿＿＿ 不得马虎。

119. "差点儿"

（1）这场球赛，我们队**差点儿**夺得冠军。（意思是"没夺得冠军"。）

（2）这场球赛，我们队**差点儿**没夺得冠军。（意思是"夺得了冠军"。）

（3）他这回**差点儿**就考上了。　　　（意思是"没考上"。）

（4）他这回**差点儿**没考上。　　　　（意思是"考上了"。）

（5）照片**差点儿**照坏了。　　　　　（意思是"没照坏"。）

（6）照片**差点儿**没照坏。　　　　　（意思是"没照坏"。）

（7）她刚才**差点儿**摔了一跤。　　　（意思是"没摔跤"。）

（8）她刚才**差点儿**没摔跤。　　　　（意思是"没摔跤"。）

疑问

副词"差点儿"有几种用法？

析疑

副词"差点儿"的使用有两大种情况：

（一）"差点儿"后边的事情是说话人或当事人所希望发生或

实现的。如例(1)—(4),"夺得冠军"是说话人所希望的;"考上"也是当事人"他"所希望的。观察这 4 个句子,可以发现句子的形式和实际的意思是相反的:

1. 如果"差点儿"后面是肯定形式,那句子表示的是否定的意思,即"没有",如例(1)是没夺得冠军,例(3)是没考上,对所希望的事情接近实现却最终没能实现表示惋惜。

2. 如果"差点儿"后面是否定形式,那句子表示的是肯定的意思,如例(2)是夺得了冠军,例(4)是考上了,庆幸所希望的事情终于勉强实现。

(二)"差点儿"后边的事情是说话人或当事人所不希望发生的。如例(5)—(8),"照片照坏"是说话人所不希望的;"摔跤"也是当事人"她"所不希望的。观察这 4 个句子,可以发现,跟第一种情况不同的是,**不管句子是肯定形式(如例(5)、(7)),还是否定形式(如例(6)、(8)),句子的意思都是否定的,即事情接近发生而没有发生。**

在日常交际中,第二种用法的数量比第一种多。

考考你

请填上下面各句所表示的意思:

① 唉!这回差点儿就成功了。　　　（意思是　　　　。）

② 他今天起床晚了,差点儿没迟到。　（意思是　　　　。）

③ 好险啊,差点儿就被他追上。　　　（意思是　　　　。）

④ 真可惜,差点儿就追上他了。　　　（意思是　　　　。）

⑤ 还好,差点儿没追上他。　　　　　（意思是　　　　。）

⑥ 我差点儿忘了这件事。　　　　　　（意思是　　　　。）

120. "几乎"与"差不多""差点儿"

(1) 我几乎有 3 年没见过他了。　　　　　→ 差不多

(2) 几乎查遍了所有的资料,才找到你要的数据。→ 差不多

(3) 这件事几乎没有人不知道。　　　　　× 差不多

(4) 听到这个消息,她伤心得眼泪几乎流出来了。→ 差点儿

(5) 好险啊,几乎被他追上。　　　　　　→ 差点儿

(6) 真遗憾,我差一点儿就买着了。　　　× 几乎

(7) 他这样做,几乎把我气死了。　　　× 差不多、差点儿

(8) 经历了这件事,他几乎变成了另一个人。× 差不多、差点儿

(9) 他忙得几乎喘不过气来。　　　　× 差不多 ≠ 差点儿

疑问

副词"几乎"的意思跟"差不多"相同,还是跟"差点儿"相同?

析疑

副词"几乎"表示"接近于……"的意思,用法比较复杂,具体有 3 种情况:

(一) 表示接近于某种数量大或周遍量大的情况,相当于"差不多"的意思。如例(1)是接近于 3 年这个大的数量,例(2)是接近

于查遍所有的资料。这种情况下，"几乎"和"差不多"一般可以互换。这里还要注意两点：

1. "几乎"强调的是量大，如果相对来说是个小的数量，一般不可用"几乎"，如：[×]我几乎有3个小时没见过他了。

2. 表示周遍量大的情况下，如果句子是双重否定形式，就只能用"几乎"，不能用"差不多"。如例（3）这件事几乎没有人不知道。/[×]这件事差不多没有人不知道。/这件事差不多每个人都知道。

（二）表示接近于某种不希望的结果，不过这种结果最终没有发生，相当于"差点儿"的意思。如例（4）、（5），"流眼泪""被人追上"，这些都是一般人所不希望的。"眼泪几乎流出来了"，结果还是忍住了，没流出来；"几乎被他追上"，最终结果是没被追上。这种用法的"几乎"与"差点儿"可互换。

而如果是接近于希望出现的结果，则只能用"差点儿"，不能用"几乎"。如例（6）。

另外，"几乎"多用于书面语，"差点儿"多用于口语。

（三）强调非常接近于某种很深的程度，带有夸张的意味，不可换用"差不多"或"差点儿"。如例（7）"几乎把我气死"是强调让"我"非常非常生气，并不表示真的快要死了，或差点儿被气死了；例（8）"他几乎变成了另一个人"，也是强调"他"变得非常厉害，并不是说他快要变成另一个人，或差点儿变成另一个人。所以都不能用"差不多""差点儿"替换。

再看例（9）"他忙得几乎喘不过气来"，同样是强调"他"忙的程度很深。不是真的快要喘不过气来了，所以不能用"差不多"。而如果换成"差点儿"，意思有不同。

他昨天忙得**几乎**喘不过气来。（夸张的说法，强调非常忙。）

他昨天忙得**差点儿**喘不过气来。（强调接近于喘不过气来这一事实。）

考考你

请用"几乎""差不多""差点儿"填空：

① 他＿＿＿＿有二十年没回老家了。

② 几年没见，他变得＿＿＿＿让我认不出来了。

③ 我们在那儿＿＿＿＿等了两个小时。

④ 他们一路上＿＿＿＿没说过什么话。

⑤ 这个建议＿＿＿＿没有人不赞同。

⑥ 不是你提醒我，我＿＿＿＿忘了。

⑦ 今天到会的＿＿＿＿有两千人。

⑧ 房间里静得＿＿＿＿可以听到钢笔写字的声音。

121. "几乎"与"简直"

（1）全校同学**几乎**都参加了这次的春游。　　　　× 简直
（2）那辆车开得太快了，**几乎**撞到人。　　　　　　× 简直

（3）他画的猫**简直**就像真的一样！　　　　　　　　→ 几乎
（4）对不起，嗓子**简直**不行了，没法唱下去了。
（5）刚才嗓子**几乎**不行了，还好，可总算是勉强唱完了。

（6）她**简直**不是人！　　　　　　　　　　　　　× 几乎
（7）这样做**简直**太不像话了！　　　　　　　　　× 几乎
（8）他的想象力**简直**太丰富了！　　　　　　　　× 几乎
（9）这一段他连赶好几项任务，**几乎**累倒了。　　× 简直

疑问

副词"几乎"与"简直"的意思和用法一样吗？

析疑

第 120 条已介绍"几乎"有三种用法：①相当于"差不多"。②相当于"差点儿"。③强调非常接近于某种很深的程度。"简直"没有"几乎"的①、②两种用法，即不含"差不多"或"差点儿"的意思，所以例（1）、（2）都不能换用"简直"。

"简直"与"几乎"的第三种用法有相似点，都表示事物或状态达到的程度非常高，如例（3）。不过它们之间还是有一定的差别。

（一）语义重点有细小的差别。同样是表示程度深，"简直"强调完全如此；而"几乎"强调相差很小。"简直"所表示的程度比"几乎"更深。

如例（3）"他画的猫简直就像真的一样"，强调完全就跟真的一样；而"他画的猫几乎就像真的一样"，只是强调所画的猫与真的很接近。

再对比例（4）和例（5），"嗓子简直不行了"，就是完全不行了，所以没法唱下去；而"嗓子几乎不行了"，就是接近不行，但还没完全不行，所以还能勉强唱完。

（二）感情色彩和语气都不一样。"简直"常见于感叹句，重在表达主观情感，感情色彩强烈，多用于评价事物。如例（6）—（8）都是说话人在评价某人或某事，感情色彩很强，语气非常重。其中例（6）评价"她"不是人，表示极端的不满；例（7）、（8）中都用了表示主观评价的"太"，表达的感情色彩和语气也都很强。

"几乎"虽然也强调程度深，但所说的还是客观事实，语气没那么强。如例（9），"几乎累倒了"，尽管"累倒"带有一定的夸张成分，但句子借此所强调的"他"非常累，这是一个客观事实。

考考你

请用"几乎""简直"填空：

① 马路上的车一辆接着一辆，＿＿＿＿＿没个完。

② 不是你提醒我，我＿＿＿＿＿忘了。

③ 他们班＿＿＿＿＿人人都会弹吉他。

④ 我觉得她＿＿＿＿＿像个小孩子，单纯可爱，还非常顽皮。

⑤ 房间里满地都是杂物，＿＿＿＿＿连落脚的地方都没有。

⑥ 这太没人性了吧，＿＿＿＿＿是丧心病狂！

（七）介词

122. "向""朝"与"往"

（1）向山顶走去	朝山顶走去	往山顶走去	
（2）飞向北京	×飞朝北京	飞往北京	
（3）向她摆了摆手	朝她摆了摆手	×往她摆了摆手	
（4）向他学习	×朝他学习	×往他学习	

疑问

"向""朝""往"在用法上有什么不同？

析疑

　　"向""朝""往"都可以表示动作的方向、动作的对象，但在用法上有很大的不同，请看下面的图表：（"～"表示"向/朝/往＋表示方向、处所的词语。"）

	表示方向		表示对象	
	～＋动词	动词＋～	身体动作等具体动词	抽象意义动词
向	向前看	通向果园	向他点头	向他学习
朝	√	×	√	×
往	√	√	×	×

当"向""朝""往"表示动作的方向时,它后面的词语一般是表示方位、处所的词语,如"前、后、上边、右边、屋子里、教学楼、北京"等。

另外,必须特别注意,上页图表中所列的"动词＋～"是有条件的,并不是所有的动词都能放在"向"或"往"组成的介词短语的前面。如不能说"×看向前 / ×走往上"。

其中的"动词＋往……"条件是:①动词一般限于表示持续性位移的"开、送、寄、运、飞、赶、通、迁、带、派、逃"等。②"往"后的词语必须是动作最后到达的目的地。"动词＋向……"条件是:"向"后的词语一般是某个目标或到达处,如:走向胜利/奔向未来/ 飞向蓝天/ 流向大海。

当表示动作的对象时,它后面的词语一般是人称代词、指人或集体的名词,如"我、你、他们、王老师、小刘、学院、图书馆、公司"等。

上面图表中的"抽象意义动词"一般指两类:

1."学习、请教、打听、借、要、请假"等词语,这些词语在意义上往往含有"(从……那里)得到……"的意思。

2."说、表示(感谢)、解释、汇报、讲述"等词语,这些词语含有表达的意思。用"向"引出表达的对象。

考考你

请判断下面的句子对不对,不对的请改正:

① 他回头答应了一声,继续朝学校走去。

② 大家一齐向洞里跑去。

③ 这列火车开朝北京。

④ 我向他挥了挥手,他朝我点了点头。

⑤ 我们做工作应该朝人民负责。

⑥ 快把那本书还给他吧,他上午朝我要了。

⑦ 医生向病人家属索取钱财是不对的。

⑧ 我往他笑了笑。

123. "对"与"向"

(1) 张老师**向**小明点了点头。　　→ 对

(2) 我们要**向**他表示感谢。　　→ 对

(3) 前天我**向**老师借了一本书。　　× 对

(4) 他**对**我很热情。　　× 向

疑问

例(1)、(2)中的"向"可以换成"对",例(3)和例(4)中的"向"与"对"不能互换,为什么?

析疑

"向"和"对"都可以表示动作的对象。我们在第122条中已讲过"向"的用法。

"对"表示动作的对象时,跟"向"相同的是:

1. 它后面的动词可以是表示身体动作等的具体动词,如例(1)。

2. 它后面的动词可以是含有表达的意思的。即引出表达的对象,如例(2)。

以上两种情况,两词可以互换。

但"对"没有"向"的"从……那里(得到……)"这种用法,如例(3)。

另外,"对"还可以对待,即表示人与人、集体、事物之间的关系,"向"没有这种用法。如例(4)表示"他"与"我"的关系,这里的"对"不能换成"向"。

	表示方向	表示对象			表示对待
		身体动作	从……那里	表达	
向	√	√	√	√	×
对	×	√	×	√	√

考考你

请考虑下面的句子里用"向"还是用"对",还是两个都可以用:

① 他是一个很好的同学,我们要_____他学习。

② 他_____我招了招手,叫我过去。

③ 小王_____我说起学校要开运动会的事儿。

④ 他_____画画儿很感兴趣。

⑤ 他_____我吐了吐舌头,做了个鬼脸。

⑥ 孩子们_____老师很有礼貌。

124. "给"

（1）他**给**校长写了一封信。

　　→ 他写了一封信**给**校长。

（2）老师**给**我解释了那个句子。

　　→ ×老师解释了那个句子给我。

（3）把你的想法**给**大家说说。

　　→ ×把你的想法说说给大家。

（4）电影票他**给**你弄丢了。

　　→ ×电影票他弄丢了给你。

（5）小偷**给**警察抓走了。

　　→ ×小偷抓走了给警察。

（6）他**给**王明寄了一封信。

疑问

　　介词"给"有多少种意思？什么情况下可以把"给＋名词"放在句子的最后？

析疑

介词"给"的作用是介绍、引进动作的对象或发出者,有多种用法:

1. 引进给予的对象,即事物的接受者。如例(1),接信的是校长。

2. 引进服务的对象,即引进受益者。如例(2),受益者是"我"。"给"可换成"为":老师为我解释了那个句子。

3. 引进表达的对象。如例(3),"大家"是听众,是说的对象。"给"可换成"向""对":把你的想法向/对大家说说。

4. 引进受损的对象。如例(4)的意思是,"他"弄丢了票,而票是"你"的。现在票丢了,受到损失的是"你"。用"给"引进"你"。

5. 引进动作的发出者。如例(5),发出动作的是"警察",意思是警察把小偷抓走了。"给"可换成"被":小偷被警察抓走了。

从上面的例句可以看到,只有第一种用法(即引进给予的对象),才能将"给+名词"放在句子的最后。除此以外,别的几种用法都不行。这种现象可以用汉语语序的"时间顺序原则"(先发生或先存在的先说,后发生或后存在的后说)来解释。

值得注意的是,例(6)实际上是有歧义的句子:

(6)a 他寄了一封信,信是寄给王明的。

(6)b 他为王明寄了一封信,信是王明写的。

例(6)a 是第一种用法,可以把"给王明"放在句子的最后:他寄了一封信给王明。

例(6)b 是第二种用法,不能变换为:他寄了一封信给王明。

考考你

（一）请判断下面的句子对不对，不对的请改正：

① 这个菜是专门做给你的。

② 她端来一杯水给我。

③ 今天他又骗了给人。

④ 那位演员唱了几首歌给我们。

⑤ 我鞠了一个躬给他。

⑥ 公司发了两套工作服给我。

（二）看看下面的"给"是否可以换成别的词：

① 护士给病人打了针。

② 孩子刚睡着，就给汽车的喇叭声吵醒了。

③ 这道题，你给我算错了。

④ 老师借了两本书给我，让我好好看一看。

⑤ 张师傅给我修好了那辆自行车。

⑥ 他给我使了个眼色。

125."除了"

> (1) 马克**除了**学汉语以外,**还**学日语。
>
> (2) 马克**除了**(学)汉语以外,别的**都**不学。
>
> (3) **除了**马克(学汉语)以外,**还有**我们学汉语。
>
> (4) **除了**马克(学汉语)以外,我们**都**学日语。
>
> (5) 这里懂法语的,**除了**玛丽以外,**还有**他们两人。
>
> (6) **除了**天赋,他的勤奋**也**是一个重要原因。
>
> (7) 那里**除了**你没去过外,我们**都**去过了。
>
> (8) **除了**乔治,**没**人来过。
>
> (9) 这家小吃店,**除了**烧饼,**就是**面条。
>
> (10) 那儿**除了**苍蝇,**就是**蚊子。

疑问

"除了"表示什么?它有几种用法?

析疑

先看例(1)、(2),两句的"除了"意思都是一样的,都是将"学汉语"排除出去,但例(1)后面用了"还",整句表示除去学汉语不说,马克还多学了日语;而例(2)后面用了"都",整句表示除去学汉语,马克没学别的。因此,准确地说,介词"除了"本身只表示"不计算在内",它跟不同的词语呼应使用,形成不同的句式,才产生出不同的用法。

(一)"除了……还/还有/也……",表示**排除已知,补充其他**。例(3)、(5)、(6)跟例(1)一样,都是一种增加、补充的关系。

(二)"除了……都/全/没(有)……",表示**排除特殊,强调一致**。这一类表示除去特殊的(即"除了"一词所引出的事物),其他所有的都相同。例(7),"你"一个人没去过那里是特殊的,强调"我们"所有人全都去过。

(三)"除了……就是……",**列举事实,强调某种情况**,相当于"不是……就是……"。如例(9),说话人是通过列举事实,来强调这家小吃店卖的食品太单调了。例(10)更是一种夸张的说法,借苍蝇、蚊子之多,来强调那个地方太脏了。

另外,我们还要注意"除了"在句中的位置:

> (1)马克**除了**学汉语以外,**还**学日语。
> (3)**除了**马克(学汉语)以外,**还有**我们学汉语。

> (2)马克**除了**(学)汉语以外,**别的**都不学。
> (4)**除了**马克(学汉语)以外,我们**都**学日语。

例(1)、(2)排除的是"学汉语",例(3)、(4)排除的是"马克","除了"要分别放在所排除的事物的前面。

考考你

请根据所给的内容,用"除了"以及相关的词语说句子:

① 今天我们班只有阿里一人请假。

② 她喜欢唱歌,她喜欢跳舞和弹琴。

③ 出国旅游我只去过泰国。

④ 这几天老是刮风、下雨。

⑤ 这次比赛不光是玛丽报了名,我们也报了名。

⑥ 你不能光考虑产量,你脑子里要有防火、安全这两条。

126. "替"与"给""为"

(1) 李老师嗓子哑了,我来**替**他讲解这道题。	× 给、为
(2) 请**替**我谢谢大家。	× 给、为
(3) 那种情况下,大家都**替**小方着急。	→ 为 × 给
(4) 小明勇敢地战胜了困难,我真**替**他高兴。	→ 为 × 给
(5) 放心吧,我已**替**你们定好了票。	→ 给、为
(6) 相信我,我会**替**你保密的。	→ 给、为
(7) 他已经**给**哪家公司录用了。	× 替、为
(8) 谢谢你**给**我们准备好了晚餐。	→ 替、为
(9) 她这一段都在**为**婚事忙碌。	× 替、给
(10) 张医生一心一意地**为**病人治病。	→ 替、给

疑问

介词"替"与"给""为"这 3 个词什么时候可以互换,什么时候不行？

析疑

要回答这个问题，首先需弄清楚介词"替"与"给""为"这 3 个词各自有多少种用法。

关于介词"给"，第 124 条已介绍了它的 5 种用法，其中第一种用法"引进给予对象"是它的基本用法。

关于"为"，第 132 条也介绍了它的几种用法，其中第一种用法"引进受益者"是它的基本用法。

至于"替"，它可做动词，如"你太累了，我替替你"；也可做介词，具体有 3 种用法：

1. 引进替代对象。这是介词"替"的基本用法。

如例（1），用"替"引进替代对象"他"（李老师），是"我"替代"他"讲解这道题。如果换成"为他讲解"或"给他讲解"，意思就变了，"他"成了听讲解的人。例（2）也是这种用法，同样不能换用"给"或"为"。

2. 引进关涉对象。如例（3）、（4）。它们跟例（1）、（2）不一样，例（1）、（2）是替代别人做某事；例（3）、（4）的"着急""高兴"则都是人内心的感受或活动，而这种感受都是因别人引起的，就用"替"引进这个"别人"，即这种感受所关涉的人。再如："替＋某人＋感到骄傲/感到悲哀/发愁……"，这种用法的"替"都可换成"为"，而不能用"给"。

3. 引进服务对象，即受益者。当动作者是为别人做事（如例（5）），或为别人采取某种行为（如例（6）），而且这样做能使别人得到好处时，就用"替"引进这个"别人"，即"受益者"。这种情况下，"替"可换"给""为"。

上面是介绍"替"的用法,我们再来看"给"和"为"。

例(7)的"给"表示"被",不能换用"替""为"。例(9)的"为"表示原因,也不能换用"替""给"。

而例(8)、(10)都是**引进"受益者"**,"给""为""替"3 个词都可**互换**。

下面我们结合第 124 条、第 132 条和本条,总结"替""给""为"这 3 个介词的用法:

	引出给予对象	引进受益者	引进表达对象	引进受损者	引进施事	引进关涉对象	引进目的或原因	引进替代对象
给	✓	✓	✓	✓	✓			
为		✓				✓	✓	
替		✓				✓		✓

从上面的分析可以看出,当表示引进受益者时,这三个词可以互换。

考考你

请用"替""给""为"填空:

① 凡事都要多_____别人着想。

② 张老师病了,我来_____他值班吧。

③ 谢谢你_____我买来了药。

④ 他_____人骗了,真倒霉。

⑤ 没事的,你不用_____我担心。

⑥ _____我们的友谊干杯!

⑦ 他有点不舒服,我_____他喝了这杯酒。

⑧ 能＿＿＿＿大家办点事，我很开心。

⑨ 你把事情的经过＿＿＿＿大家说说。

127. "替"与"帮"

（1）小英病了，小红你来**替**她唱。　　　　　　　　　× 帮

（2）甲：一个人唱没意思。梁山伯、祝英台得俩人儿啊。

　　　乙：那我**帮**您唱。　　　　　　　　　　　　　× 替

（3）我真**替**他感到难过。　　　　　　　　　　　　× 帮

（4）你真应该**替**他想想。　　　　　　　　　　　　≠ 帮

（5）小王有事来不了了，你能不能**替**他当节目主持人？ × 帮

（6）小王有点事要晚点来，你先**替**他主持一下吧？　→ 帮

（7）麻烦你**替**我问问他。　　　　　　　　　　　　→ 帮

（8）这个箱子麻烦你**帮**我保管一下。　　　　　　　→ 替

疑问

　　介词"替"与"帮"什么时候可以互换，什么时候不行？

析疑

　　"替"和"帮"这两个词都有动词的用法，基本义分别是"代替""帮助"，如：小王太累了，我来替他。/你放心，大家会帮你的。

　　"替"和"帮"也常做介词，做介词时有两种情况不能互换：

1. 如果用的分别是它们的基本义,就不能互换。

请看例(1)和例(2)。例(1)是小红代替小英唱,只能用"替";而例(2)是甲觉得一个人唱两个角色没有意思,乙就提出帮他的忙,两个人一起唱,这句完全没有乙代替甲唱的意思,所以不能用"替"。

2. 如果是引进关涉对象,只能用"替"。

如例(3)"我"感到难过,所关涉到的对象是"他";例(4)"想想"所关涉到的对象是"我"。这种用法的"替"都可换成"为",而不能用"帮"。值得注意的是,跟例(4)"你真应该**替**他想想"相对的,可以有"你真应该**帮**他想想"的说法,但后句跟前句意思不相同,"帮他想想"的意思是,"他"想不出来,"你"可以帮他的忙,跟他一起想,这种用法跟例(2)相同。

如果是引进受益者,"替"和"帮"可以互换。

当动作者是为别人做事,而且这样做能使别人得到好处时,就可用"替"或"帮"引进这个"别人",即"受益者"。这种情况下,"替"和"帮"可以互换,如例(6)、(7)、(8)。

这里还要说明一点,例(6)—(8)也有动作者替代受益者去做的意思,但它们跟例(1)和例(5)不同。例(1)、(5)强调的是"代替",所代替的是被代替者比较固定的动作行为或角色,如例(1)本来固定的是小英唱,例(5)中当节目主持人是小王相对固定的角色。而例(6)—(8)强调的是帮受益者做某事,这些事都并非是受益者固定要做的,如"先主持一下""问问他""保管一下箱子",这种用法用"替"或"帮"都可以。

考考你

请用"替""帮"填空:

① 他已经_____你把垃圾倒了。

② 请您_____我看看这道题做得对不对。

③ 谢谢你总是_____我们着想。

④ 放心,我会_____你打听清楚的。

⑤ 请你_____我们保守这个秘密,不要让他知道。

⑥ 听到这话,我_____她感到悲伤。

⑦ 他已经_____你们买好票了。

⑧ 你能不能_____我跟我爸爸游说游说?

128. "对于"与"关于"

（1）**对于**我们的学习方法,老师很满意。　　✕ 关于

（2）**关于**我们的学习方法,老师说有很多毛病。✕ 对于

（3）她**对于**这件礼物非常珍惜。　　　　　✕ 关于

（4）**关于**这件礼物,有一个感人的故事。　✕ 对于

（5）**对于**这个问题,你们还有什么意见?

（6）**关于**这个问题,你们还有什么意见?

（7）**对于**那个人我并不了解。

疑问

"对于"和"关于"有什么不同? 为什么有时它们又可互换?

析疑

"对于"着重指出对象,这种对象是当事人采取某种态度或存在某种情况所涉及的对象。如例(1)老师的态度是"很满意","满意"的对象是什么呢? 就是"我们的学习方法";再如例(7)"对于那个人我并不了解",句中的"我"存在着不了解某人的情况,不了解的对象是"那个人"。

"关于"着重指出范围,介绍出所关系到的事物。如例(2)并不是在说老师的态度,而是指出"有毛病"。但是光说"有毛病"还是不行的,是哪个方面有毛病呢? 必须指出范围,所以用"关于"引出这个范围,说明有毛病的是"我们的学习方法",而不是别的方面。

为什么例(5)、(6)中用"对于"和"关于"都可以呢? 这是因为,"有意见"是一种态度。同时,是哪一方面的意见呢? 又可以看成是指出有意见的范围。当一个句子含有这两种情况的时候,这两个词用哪个都行。

还要说明的是,做状语用的时候,"对于……"可以放在主语前,如例(1)、(5),也可以放在主语后,如例(3);"关于"一定要放在主语前,如例(2)、(6)。另外,"关于"还可以做定语,如:我爱看关于中国文化的书。

再有,"关于……"可以单独用作书名或文章题目,如《关于中国妇女问题》(×《对于中国妇女问题》)。

考考你

请用"对于""关于"填空:

① 阿里_____中国书法很感兴趣。

② _____时间,他抓得很紧。

③ _____ 这一方面的情况,你可以到网上去查查资料。

④ 他最近看了一些_____ 中国经济问题的文章。

⑤ _____ 这个问题,你要认真地考虑一下。

⑥ _____ 这个问题的重要性,我就说到这里。

⑦ _____ 股票方面的知识,我了解得不多。

⑧ 大家_____ 环保这个问题都非常关心。

129. "对"与"对于"

(1) **对**工作,他一向非常认真。　　→ 对于

(2) 他们都**对**我很好。　　× 对于

(3) **对**小孩,他不够耐心。　　× 对于

(4) 她**对**我笑了笑,没说话。　　× 对于

(5) 作为医生,应该**对**病人负责。　　× 对于

疑问

"对"和"对于"的意思和用法都一样吗?

析疑

"对"和"对于"的意思和用法不完全一样。凡是"对于"(请见第 128 条)都可以换成"对"。而"对"有其他两种用法是"对于"没

有的。

1. 表示人与人之间的对待关系，用"对"，不用"对于"。如例
(2)、(3)。

2. 介绍出目标，相当于"向"的其中一种用法，也是用"对"，不
用"对于"，如例(4)、(5)。

另外，"对"和"对于"在句子中的位置也有不完全相同的地方：

也就是说，句中如果有能愿动词"会/能/应该……"或副词"都/也/
必须……"，它们的后面不能出现"对于……"。

考考你

请用"对""对于"填空：

① 这家饭店的服务员_____顾客十分热情。

② 她高兴地_____我说："我妈妈明天要到中国来旅游。"

③ 这种气体_____人体有害。

④ 放心吧，他一定会_____你们提出的这些问题作出答复的。

⑤ 大家都_____这项活动不太感兴趣。

⑥ 现在人们_____居住环境越来越重视了。

130. "在……看来"与"对……来说"

---

(1) 在年轻人看来,目前最重要的是要学好文化知识。

(2) 在三班的同学看来,阿里是一个很乐观的人。

(3) 对年轻人来说,目前最重要的是要学好文化知识。

(4) 对听力不太好的同学来说,多听是一个很有效的方法。

疑问

"在……看来"与"对……来说"的意思一样吗?

析疑

"在……看来"主要用来强调后面的主观看法是谁的。如例(1)"目前最重要的是要学好文化知识"这个看法是谁的呢? 是"年轻人"的。

"对……来说"主要用来强调跟所谈到的情况或者看法有关的人或事物。如例(3)"目前最重要的是要学好文化知识"这个情况跟谁有关呢? 跟"年轻人"有关,而跟其他的人如小孩、老年人等无关。这里需要注意,虽然这个情况跟"年轻人"有关,却不一定是年轻人的看法,如下面这句中的看法是"我"的:

我认为,对年轻人来说,目前最重要的是要学好文化知识。

考考你

请根据所给的情景,用"对……来说""在……看来"填空:

① 阿里认为,这样的同学老师应该表扬。

_____,这样的同学老师应该表扬。

② 把基础课学好是阿里目前最重要的事情。

_____,目前最重要的事情是把基础课学好。

③ 小王认为三班是他们学校最好的班级。

_____,三班是他们学校最好的班级。

④ 他觉得这本书里的故事没有意思。

_____,这本书里的故事没有意思。

⑤ 老年人保持身体健康的有效方法之一是多散步。

_____,多散步是保持身体健康的有效方法之一。

131. "关于"与"至于"

(1) **关于**去北京旅游的事情,我们就讨论到这里了,
大家还有没有不同的意见?

(2) 去北京旅游的事就这样定了,**至于**出发的时间,
我们下回再商量。

(3) 小李到上海谈一笔生意去了,**至于**小王,我就
不清楚了。

疑问

"关于"和"至于"有什么不同?

析疑

前面第128条指出:"'关于'着重指出范围,介绍出所关系到的事物。"可以说,用"关于"的句子往往只是**一个话题**。如例(1)说的就是"去北京旅游的事情",说话人问大家有没有意见,指的还是去不去北京旅游这件事,没有转换话题。

用"至于"的句子是**谈论另外一个话题**,前后**两个话题是要有一定的联系**的。也就是说,当我们谈完一个话题,要转入第二个跟前面有关系的话题时,就把"至于"放在第二个话题的前面。如例(2)有两个话题,一个是"去不去",另一个是"出发的时间",谈的都是旅游的事。还有例(3),"小李"和"小王"也是两个话题,讲的都是这两个人到哪里去了的问题。"至于"都是放在第二个话题即"出发的时间""小王"的前面。

考考你

请用"关于""至于"填空:

① 他已经决定报考研究生,_____报哪个学校,还没有仔细考虑。

② 他的那部小说获奖了,写的是_____反腐败的题材。

③ 我可以告诉你们,我已经有女朋友了,_____她是谁,还要暂时保密。

④ 放心吧,_____经费不够的问题,他们会想办法解决的。

132. "为"与"为了"

（1）朋友们**为**阿里办了一个生日晚会。　　×为了

（2）这项研究**为**治疗癌症找到了新的途径。　×为了

（3）你能这样做，大家都**为**你感到骄傲。　　×为了

（4）你不用**为**孩子担心，他会吸取教训的。　×为了

（5）小英**为**这句话激动了整整一夜。　　　×为了

（6）**为**这件事，他跟我生了好几天的气。　　→为了

（7）**为了**避免差错，我们最好再检查一遍。　→为

（8）他这样做也是**为了**你好。　　　　　　　→为

（9）他不是**为**(了)赚钱而画画的。

（10）**为**(了)安全起见，他们把钱全存入了银行。

疑问

"为"和"为了"有什么不同？

析疑

"为"和"为了"的不同如下：

引出受益者	引出关涉对象	引出原因	引出目的
（服务的对象或得到好处的方面）			
为　√	√	√	√
［如例(1)、(2)]	［如例(3)、(4)]	［常在主语后，	

			如例(5)］	
为了	×	×	少用 ［如例(4)］	√

从上表可以看出,引出受益者或关涉对象,都只能用"为",不能用"为了"。

引出原因时,用"为"多于用"为了"。要注意的是,"为"是介词,所引出的表原因的词,一般都是名词或名词性词语,如例(5)的"这句话"、例(6)的"这件事"。因此,总的来说,表原因的句子,用"为"还是比较少的,"因为……"句中的"因为"大多不能换成"为"。

"为了"和"为"都能引出目的。使用时,如果要强调由某个目的引发某个动作行为,"为了/为＋目的"多出现于主语前,如例(7)。而要强调动作行为的目的是什么时,则多以"是为了/为＋目的"的形式出现于主语后,如例(8)。这种情况下,"是为了＋目的"的使用频率要比"是为＋目的"高。

另外,表目的用的"为"和"为了"还有两种常见的固定格式:

1."为(了)……而……",如例(9)。再如:为(了)祖国的强盛而努力学习。

2."为(了)……起见,……",如例(10)。要注意,这种格式所表示的目的是希望达到良好的状态,因此进入这种格式的词语有一定的要求。如:

(11)a.[×]为治疗起见,你最好住院。

　　b.**为更好地**治疗起见,你最好住院。

"治疗"只是一种动作行为,并不表示一种良好状态,所以例(11)a是不对的,而加上"更好地"之后,(11)b就成立了。常见的还有"为(了)方便/公平/稳妥/慎重……起见"。

考考你

请用"为""为了"填空：

① 政府应该_____人民服务。

② 你这样做，我真_____你感到害羞。

③ _____多挣一些钱，他从早到晚地干活。

④ _____保险起见，你最好事先跟他通个电话。

⑤ 请你_____我们画一幅画，好吗？

⑥ 不应该_____金钱而丧失人格、尊严。

⑦ 他来中国是_____学汉语。

⑧ 大家都_____这件事感到高兴。

⑨ _____达到自己的目的，他甚至采取了不可告人的手段。

133. "从"与"自从"

> (1) **从**明天开始，我要锻炼身体。
>
> (2) **从**去年八月以后，我就没见过他。　　→ 自从
>
> (3) **从**有了孩子以后，他就变得忙起来了。
>
> 　→**自从**有了孩子（以后），他就变得忙起来了。
>
> (4) 他**从**桌子上拿起书。
>
> (5) **从**学生到老师都参加了这次活动。
>
> (6) 过了一年，他已经**从**外行变成了内行。

疑问

"从"和"自从"都是介词，都表示起点，它们有什么不同？

析疑

"从"和"自从"都表示起点，可是它们后面跟的词和用法有所不同：

（一）"从"后的起点可以是**时间**，也可以是**地点、范围或发展变化的起点**，如例（4）、（5）、（6）；而**"自从"后只能是时间**。

（二）"从"后的时间可以是**将来的**，如例（1），也可以是**过去的**；而**"自从"后只能是过去的时间**，如例（2）、（3）。

（三）"从"和"自从"后表示过去时间的都可以是名词，也可以是动词短语或小句。"从"后面不管跟什么，都要有"以后""以来""开始""起"等词，而"自从"的后面如果跟的不是名词，这些词可以有也可以没有，如例（2）、（3）。可是在与"到"或"至"一起用时，一般用"从"不用"自从"，如：从1990年到1994年，他一直在广州工作。

（四）"从"还表示通过的地方，如：我看见他从大门出去了。

考考你

请考虑下面的句子要用"从"还是"自从"，还是两个都可以：

① 她_____朋友那儿借了一笔钱。

② _____跟他认识以后，她变了很多。

③ _____他离开香港，我就再也没见过他。

④ 这两天气温将_____二十多度下降到十几度。

⑤ 他们的计划_____一年前就开始实施了。

⑥ _____这条路可以一直走到市中心。

⑦ _____ 五月到九月,他一直在忙于复习。

⑧ _____ 明年八月以后,这种纸币就作废了。

134. "由"与"被"

> (1) 水果**由**阿里来买。
>
> (2) **由**阿里来买水果。
>
> (3) 买水果这件事**由**阿里来办。
>
> (4) 杯子**被**小明打碎了。
>
> (5) 自行车**被**人偷走了。
>
> (6) 他**被**大家选为学校的优秀学生。

疑问

"由"字句与"被"字句表达的意思一样吗?

析疑

"由"字句与"被"字句表达的意思不一样,请看下表:

	"由"字句	"被"字句
意 义	强调说明某件事情的负责者是谁	说明某个对象受某个动作的影响产生了什么结果
动作的目的性	目的性强	目的性不强

例(1)主要是说明负责"买水果"这件事的人不是别人,是"阿里"。谁来做这件事是有意安排的,所以目的性很强。

例(4)主要是说明"杯子"受动作"打"的影响产生的结果"碎了"。"打碎杯子"这件事情并不一定是谁有意安排的,所以目的性不强。

需要注意的是,"被"字句多用于不如意、不愉快的事情,特别是在口语中,如例(4)、(5)。但在书面语中,有时也可以表示如意的、愉快的事情,如例(6)。

考考你

请根据所给的情景,用"由"或"被"改写句子:

① 昨天老师批评了他一顿。

② 小明,明天的晚会你负责吧。

③ 他不认真工作,所以公司开除了他。

④ 今天忘记带伞了,衣服都淋湿了。

⑤ 他们很勇敢,困难吓不倒他们。

⑥ 我们商量好了,后天小王负责提意见,我跟小刘负责写申请。

135.“通过”与“经过”

（1）我们**通过**谈话来增进互相之间的了解。

（2）**通过**电视,我们看到了外面的世界。

（3）我**通过**他的母亲增加了对他的了解。

（4）**经过**认真考虑以后,他提出了自己的建议。

（5）**通过**谈话,我们增进了互相之间的了解。　　→经过

（6）**经过**大家的帮助,他的汉语有了很大的进步。→通过

疑问

　　“通过”和“经过”都可以做介词,有的可以互换,意思好像差不多,它们有哪些不同的地方?

析疑

　　“通过”和“经过”的不同可以简单地表示如下:

通过(by,with) ＋ 媒介 ｛ 活动 〔如例(1)〕
东西 →结果/目的 〔如例(2)〕
人 〔如例(3)〕

经过(after) ＋ 过程 →结果/变化 〔如例(4)〕

　　只有当“通过”后是某种活动时,这两个词才有可能互换,这时

还必须满足两个条件:①它们后面的词既可以是方式手段又是一个过程;②后面的动词表达的是一个结果,如例(5)、(6)。

例(5)中"我们增进互相之间的了解"是一个结果,那么是用什么方法达到这个结果的呢? 是"通过谈话",这里"谈话"是一种方法手段;同时它又是一个过程,所以可以换成"经过"。可是换了以后意思有点儿不同,是说在"谈话"这个过程之后,有了"我们增进互相之间的了解"的结果。而例(1)因为后面的动词表示的不是结果而是目的,所以只能用"通过";例(4)因为"经过"后的词只是一个过程而不是手段方式,所以不能换成"通过"。

考考你

请考虑下面的句子该用"通过"还是"经过",或是两个都可以:

① 她们只能_____写信联系。

② _____学习,我们掌握了很多知识。

③ _____老师的反复讲解,我终于弄明白了这个问题。

④ 她_____其他同学终于找到了他。

⑤ _____一年的努力,他们的企业有了显著的发展。

⑥ _____一番折腾,终于洗雪了他的冤屈。

⑦ _____仔细调查,我们终于发现了事情的真相。

⑧ _____显微镜,我们可以看到肉眼看不到的微生物。

136. "按照"与"根据"

（1）**按照**我教你的去做，肯定不会错。

（2）**按照**一般情况，这种问题我们是不处理的。

（3）这个电影是**根据**一个民间故事改编的。

（4）**根据**我们（的）了解，这件事与他无关。

（5）**根据**我国法律规定，私人不允许携带枪支。　　→按照

（6）**根据**我的经验，你们这样做根本解决不了问题。→按照

疑问

"按照"和"根据"有什么不同？

析疑

"按照"和"根据"都可以做介词，它们的意思有所不同：

"按照"表示遵从某种标准。简单地说，"按照 A"就是把 A 作为标准去做，A 是怎样或要求怎样，就怎样做，不改变。

而**"根据"**表示结论的前提或言行的基础。简单地说"根据 A"就是以 A 为基础，在这个基础上再做某事或得到某个结论。

如例（1），"按照我教你的去做"是说把"我教你的"作为标准，"我"怎么教你的，你就怎么做。例（2），"按照一般情况"的意思是以"一般情况"为标准去处理这种问题，那么一般情况是怎样处理，我们就怎么处理。

而例(3),"根据一个民间故事改编"是说电影是在民间故事的基础上进行改编的。例(4),"这件事与他无关"这个结论是以"我们了解"的情况为基础得出的。

值得注意的是,例(5)、(6)后面也是一个结论,但是用"根据"和"按照"都可以,而例(4)却只能用"根据"。那么它们什么时候可以互换呢? 条件应该是:

当句子表示一个结论时,如果"根据"后的词是"法律""经验""规定"等具有经验、规律意义的词时,"根据"可以换成"按照"。如果"根据"后是表示行为意义的词,也就是说结论是在人做了某行为之后得到的,"根据"不能换成"按照"。

考考你

请用"根据""按照"填空:

① 我们的计划还要_____大家的意见进行修改。

② _____现在的速度,我们三点以前可以到达。

③ _____国家统计局统计,今年国民总收入比去年同期增长百分之六。

④ 在这次活动中,我们把队员_____年龄分了组。

⑤ 时间还没定,大家先_____明天一早出发做准备。

⑥ 校领导_____学校现状做出了以下决定。

⑦ _____我们的调查,一些高档家电开始进入了普通老百姓的家庭。

⑧ 请你们严格地_____图纸施工。

⑨ 警察_____人们提供的线索,找到了那个人。

（八）助词

137. "的""地"与"得"

（1）我们班**的**同学学习都很努力。

（2）上课了，他急急忙忙**地**走进了教室。

（3）他汉语说**得**很流利。

（4）他**的**到来给大家带来了希望。

（5）她吃不了这样**的**苦。

疑问

助词"的""地""得"有什么区别？

析疑

一般来说，助词"的""地""得"的区别是这样的：

的：	定语的标志	定语＋的＋名词	美好的春天
地：	状语的标志	状语＋地＋动词	高兴地喊起来
得：	补语的标志	动/形＋得＋补语	跑得飞快

需要注意的是，"的"往往还有这样的用法：

动词、形容词做主语或宾语，它们的前边又有定语时，应该用"的"做标记：

定语 ＋ 的 ＋ 动/形＋ 谓语 ＋ 宾语　　　　　如例(4)
　　　(主语)

主语 ＋ 谓语 ＋ 定语 ＋ 的 ＋ 动/形　　　　　如例(5)
　　　　　　　　　　(宾语)

这种情况的例子再如：

一年的努力	巨大的变化	冬冬的天真
他的批评	年轻人的热情	同学们的真诚

考考你

请用"的""地""得"填空：

① 寒冷＿＿＿＿冬天到了,大家都穿上了棉衣。

② 对这个问题,我们正在做进一步＿＿＿＿调查。

③ 你应该仔细＿＿＿＿研究一下这个问题。

④ 他的汉字写＿＿＿＿比我好。

⑤ "太好了!"她高兴＿＿＿＿说。

⑥ 呼呼＿＿＿＿大风卷起地上＿＿＿＿沙土,直吹＿＿＿＿我睁不
　　开眼睛。

⑦ 他＿＿＿＿电视机比你这台好＿＿＿＿多。

⑧ 一年＿＿＿＿努力终于换来了丰硕的成果。

⑨ 他看到了反动政府＿＿＿＿黑暗和腐败。

138. "的"

(1) 世界地图　　　　×世界的地图
(2) 男朋友　　　　　×男的朋友

(3) ×玛丽地图　　　玛丽的地图
(4) ×老师哥哥　　　老师的哥哥

(5) ×真诚朋友　　　真诚的朋友
(6) ×明亮眼睛　　　明亮的眼睛

疑问

什么时候要用"的",什么时候不用"的"?

析疑

第137条已谈到"的"的用法是:定语 ＋ 的 ＋ 名词。那么怎么样的定语要加"的",怎么样的定语不用加"的"呢? 一般来说就是:

定语		
表示"什么"(性质)	＋ 的 ＋名词	
表示"谁的"(领属)	＋ 的 ＋名词	
	＋(的)＋名词(另见第139条)	
表示"怎么样的"(描写、说明)	＋ 的 ＋ 名词	

如例(1)指出的是什么地图,是世界地图,而不是中国地图。例(3)指出的是谁的地图,是玛丽的地图,不是别人的。所以例(1)不能用"的",例(3)必须用"的"。

例(5)说的是怎么样的朋友,是真诚的朋友,必须用"的"。如果问什么朋友,那就不能加"的",如例(2),再如:老年朋友/泰国朋友。注意:"泰国朋友"和"泰国的朋友"不一样,"泰国朋友"是说这位朋友是什么人呢? 他是一位泰国人。"泰国的朋友"是说这位朋友是谁的朋友呢? 是泰国的朋友,如:中国是泰国的朋友。

这里只是简单地谈了一下一般的情况,外国朋友如果还有不明白的地方,可以接着看第 139 条。

考考你

请考虑下面的句子要不要加"的",要的请加上:

① 他买了一本汉语_____词典。

② 她是一位善良_____姑娘。

③ 请谈谈你_____看法。

④ 他在做电脑_____生意。

⑤ 他是一位医术非常高明_____外科_____医生。

⑥ 中国人民_____生活_____水平有了很大的提高。

139. "她姐姐"和"小红的姐姐"

(1) 她的姐姐	=	她姐姐
(2) 小红的姐姐	≠	小红姐姐
(3) 小红的钱包	×	小红钱包
(4) 他们的公司	=	他们公司
(5) 他们的产品	×	他们产品
(6) 老师的词典	×	老师词典

疑问

第 138 条讲表示"谁的"一般要加"的",可是也有一些可以不加,而且经常不加。到底哪些经常不加?

析疑

从上面的例子可以看到,"谁的"后面的确一般要加"的",如例(2)、(3)、(5)、(6)。可以不加,而且经常不用加"的"的,一般是"代词 + 跟自己有关系的人/集体"。即:

谁的	(的)	跟自己有关系的人
我、你、他、她		爷爷、奶奶、爸爸、妈妈、叔叔、哥哥、妹妹、朋友、同屋、同学、老师、教练、师傅
我们、你们、他们		

谁的	(的)	集体
我们、你们、他们		学校、公司、医院、工厂、歌舞团……

例(2)"小红的姐姐"中虽然"姐姐"是跟自己有关系的人,但"小红"不是代词,所以"的"必须出现。"小红姐姐"指的是一个人,"小红"是这位"姐姐"的名字。

考考你

请判断下面的句子对不对,不对的请改正:

① 她准备报考你们学校。

② 我理想是做一个律师。

③ 我们教练认为这场球打得很好。

④ 王老师今天收到一封信,信封上写着"王林的老师收"。

⑤ 我汉语的老师表扬了我。

⑥ 丁力到飞机场接他女朋友去了。

⑦ 你知道我们的下次表演地方吗?

140. "开车的人"与"开车的时间"

(1) 开车的人 → 开车的　　　　开车的是他哥哥。
(2) 他开的车 → 他开的　　　　他开的是奔驰。

(3) 开车的时间 ≠ 开车的
　　开车的时间是明天早上8点。
　　×开车的是明天早上8点。

(4) 他开车的技术 ≠他开的
　　他开车的技术很好。
　　×他开车的很好。

疑问

为什么例(1)、(2)中"的"字后的名词"人""车"可以不说,而例(3)、(4)中"的"字后的名词"时间""技术"必须出现?

析疑

一般来说,动词表示的动作都有必须跟它有关联的名词成分。有的是一个,如"休息",肯定少不了休息的人;有的是两个,如"开车"的"开",一定会关系到两个名词成分,一个是开车的人,另一个是人所开的车。而开车的技术怎么样,以及开车的时间、开车的地方等,都不是必须涉及的,如下图所示:

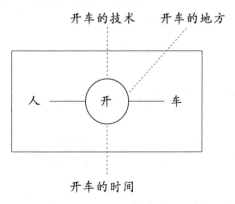

就是这种区别决定了"的"后的名词能不能省去。"的"后的名词如果是前一种,即跟动词有必要的关联成分,就可以省去,如"开车的人"→"开车的","他开的车"→"他开的";如果是后一种,就一定不能省去,如"开车的时间"≠"开车的","他开车的技术"≠"他开的"。

考考你

请判断下面的句子对不对,不对的请改正:

① 她学汉语的是暨南大学。

② 他买的是英语词典,不是法语词典。

③ 去的请举手。

④ 他娶的是一位印尼姑娘。

⑤ 他踢足球的很好。

⑥ 收购这家公司的是一家跨国大公司。

141. "她穿着运动服"与"她正在穿运动服"

---

(1) 导游手中拿**着**一面旗。

(2) 毕业后,我们一直保持**着**联系。

(3) 她穿**着**一套运动服。

(4) 花瓶里插**着**鲜花。

(5) ×小红跳着舞。 → 小红**正在**跳舞。

(6) ×他们上着课。 → 他们**在**上课(呢)。

(7) 外面**正**下**着**雨呢。

疑问

汉语的"V+着"是不是等于英语的"V+ing"?"她穿着运动

服"与"她正在穿运动服"都表示动作正在进行吗？

析疑

汉语的"V＋着"并不等于英语的"V＋ing"。

英语的"V＋ing"表示动作正在进行，如：They are dancing./ She was reading an English magazine when I came in.

汉语的"V＋着"表示的是"持续"(the continuous aspect)。具体有几种情况：

（一）**表示动作行为或情况处于持续状态**。如例（1）、（2）并不强调动作行为正在进行，而是表示"拿"这个动作和"保持联系"这种情况在持续着，没有结束。

（二）**表示动作行为结束后所产生的状态在持续着**。如例（3）她穿着一套运动服≠她正在穿运动服。"穿着运动服"指的是，"穿"这个动作已经结束了，"运动服穿在她身上"这种状态在持续着。同样例（4）"插花"这动作也已结束，是"花插在花瓶里"这种状态在持续着。

可见，"V＋着"并不表示动作行为正在进行。

那么，要表示动作正在进行，汉语用什么词语或什么句式呢？用的是"正在""正""在"或者"正（在）……呢""在……呢""呢"，如例（5）—（7）。其中（7）"正……呢"和"着"同时出现，"正……呢"表示的是"正在"，"着"强调的是"雨持续在下"这种情况。

（三）**表示伴随状态的持续**。具体情况见第 142 条。

考考你

请判断下面的句子对不对，不对的请改正：

① 他正在找着那本汉英词典。

② 她听到这个消息,马上流着眼泪。

③ 墙上一直在挂一幅世界地图。

④ 他们慢慢地在操场上走着。

⑤ 医生对病人说:"躺,别动,我要给你做检查。"

⑥ 我们盼望着你的到来。

142. "笑着点头"与"笑了笑,然后点了点头"

---

(1) 她笑**着**点头。

(2) 她笑**了**笑,然后点**了**点头。

(3) 他唱**着**歌走进来。

(4) 别躺**着**看电视!

疑问

"她笑着点头"与"她笑了笑,然后点了点头"意思有什么不同?

析疑

例(1)、(2)两句话的意思不一样:

例(1)"她笑着点头"说的是她一边笑一边点头,也就是说她点头的过程中一直是笑的。即:

例(2)"她笑了笑,然后点了点头"说的是她先笑了一下,然后再点头。即:

如果是下面这种情况我们也不能说"笑着点头":

这说明"V+着+V"中的"着"表示的还是"持续",跟第141条的"着"是一样的。只不过这个句式有两个动词,前面的"V+着"表示的是后一个 V 的方式或状态,或者说是后面的动作的伴随状态,**是伴随状态的持续**。

考考你

请判断下面的句子对不对,不对的请改正:

① 他常常在床上躺看着书。

② 她走着路去买水果。

③ 我们带着鲜花去医院看住院的朋友。

④ 王老师今天不舒服,只好上课坐。

⑤ 交谈中,她一直微笑看我。

143. "过着愉快的日子"与"过了一段愉快的日子"

---

(1) 在这儿我们过**着**愉快的日子。

(2) 在那儿我们过**了**一段愉快的日子。

(3) 今天上午一直下**着**大雨，我只好不出门了。

(4) 今天上午下**了**一场大雨，现在凉快一些了。

疑问

"过着愉快的日子"与"过了一段愉快的日子"意思有什么不同？

析疑

第 141 条已经谈到，"着"表示"持续"。在例(1)中同样是这样，表示"我们"过的这种愉快的日子已经持续一段时间了，到说话时还是这样。

例(2)动词后用的是"了"，意思不一样。这句话表示的是在那儿过的那段愉快的日子已经结束了。也就是说"V＋了＋(O)"中的"了"表示的是"完成"，即动作行为或某种状况的完成。一般将这种用法的"了"称为"了₁"，是动态助词。

再看例(3)、(4)，"着"和"了"表示的意思同样不相同。"下着大雨"表示下大雨的情况一直在持续着。"下了大雨"表示说话时雨已经停了。

考考你

请用"着"或"了"填空：

① 我们拼命招手,汽车停_____下来。

② 我紧紧地握_____他的手,说:"太谢谢你了!"

③ 笔就在你手中拿_____,你还找什么?

④ 这次汉语表演比赛,我们班拿_____第 1 名。

⑤ 这星期我们做成_____几笔大生意。

144."了₁"都用于过去吗?

(1) 王老师**去**北京。

(2) 王老师去**了**北京。

(3) 昨天下班后我去看**了**一位朋友。

(4) 明天下**了**班我就去找你。

(5) 他下**了**课就到操场去**了**,你到那儿去找他吧!

(6) 下午下**了**课我就到操场去,咱们操场上见!

疑问

"V+了+(O)"中的"了₁"都用于过去吗?

析疑

"V+了+(O)"中的"了₁"经常用于过去。特别是句中没有明

确的时间词时,我们都知道用上"了₁"后指的就是过去的事。如例
(1)"王老师去北京"说的是王老师将要去北京。而例(2)加上
"了₁"后,就表示王老师去北京这件事已发生了。

但是,我们不能因为这样而认为"了₁"就是表示过去。从上面
的例句可以看到,"了₁"在例(3)、(5)两句中是用于过去,而在例
(4)、(6)两句中则是用于将来。

要注意,在用于将来这种情况下,句中一般都会出现两个动
作,"了₁"放在第1个动作的后面,表示第1个动作完成后就做第2
个动作。如例(4):

第1个动作　　　　**第2个动作**

下班　　　　　去找你　　　⟶　　下了班去找你

完成"＋了"

可见,用于将来的**"了"**还是表示**"完成"**。只不过由于已完成
的动作常常是已经发生了的,所以"了"常常跟过去的时间发生关
系。但这并不等于"了"都用于过去,它既可以用于过去,也可以用
于将来。

145. 过去的事件或情况都要用"了₁"吗?

(1) 这次期中考试,马克得了第 1 名。

(2) 上学期,每次考试马克都得到第 1 名。　　×　了

(3) 他昨天下午打了一场网球。

(4) 他天天下午 5 点到 6 点都打网球。　　×　了

(5) 她站起来,走过去,打开门,冲了出去。

(6) 昨天的运动会,我们班不少同学踊跃参加,

　阿里跑 100 米,马克跳远,约翰跳高……

疑问

　　第 143 条中说"V＋了＋(O)"中的"了₁"表示完成,经常用于过去,那么是不是过去的事件或情况都要用"了₁"呢?

析疑

　　第 143、144 条中谈到"V＋了＋(O)"中的"了₁"表示"完成",经常用于过去,但它本身并不等于过去时。因此,过去的事件或情况并不是都要用"了"。有的是不能用,有的是一般不用,还有的是可以不用。具体如下:

　　(一) 在叙述过去的情况的句子中(第 144 条中"下了班就去找你"这类句子除外),如果有"每次""天天""经常""一直"等词语,

都不能用"了",如例(2)、(4)。这是因为"了"表示某一个动作行为或某一个状况的完成。用上"每次""天天"以后,指的是过去一段时间中经常发生某动作或情况,这就跟"了₁"的用法不相符。

(二)如果是几个连续发生的动作,虽然每个动作都已完成,但一般不会在每个动作后都加上"了₁",往往只在最后一个加"了₁",如例(5)。

(三)对于一些已经完成的动作,如果说话人不是想强调动作的完成,而是主要想说明介绍情况,一般就不用"了₁",如例(6)。

考考你

请判断下面的句子对不对,不对的请改正:

① 我的祖父从出生到去世,一直在家乡生活了。

② 上星期的汉语表演比赛,A班合唱,B班演小话剧,C班朗诵诗歌……,节目丰富多彩。

③ 昨天他家来了很多客人。

④ 小时候,我常常听了妈妈讲故事。

⑤ 她走进屋里,打开提包,拿出选票,把票投进了选举箱。

146. 为什么"了₁"的位置不一样？

---

(1) 他去了书店买词典，这会儿不在家。

(2) 他去书店买了一本词典。

(3) 他进了中国银行取钱。

(4) 他进中国银行取了一笔钱。

疑问

例(1)、(2)两句中都有两个动作，为什么例(1)的"了₁"放在第 1 个动作的后面，例(2)的"了₁"却放在第 2 个动作的后面？

析疑

例(1)、(2)两句中都有两个动作，它们跟第 144 条中的"下了班就去找你"这类句子不一样。

"下了班就去找你"中的两个动作"下班""找人"是没有联系的。用"了₁"表示第 1 个动作完成了就做第 2 个动作。

例(1)、(2)两句中的两个动作"去书店""买词典"是有联系的，"去书店"的目的是"买词典"。"了₁"的位置不同，它们的意思也不同：

例(1)"他去了书店买词典"这句话中，"了"放在第 1 个动作"去"的后面，指的是他去书店这件事完成了。后面的"买词典"是"去书店"的目的。至于词典买没买，这个句子并没有告诉我们。

例(2)"他去书店买了₁一本词典。"这句话"了₁"放在第 2 个动作"买"的后面,指的是"买词典"这个动作已经完成,目的已经实现。

例(3)、(4)的区别也跟上面两句的情况相同。

可见,具体情况不同,"了₁"的位置就不一样。

147. "他不回国"与"他不回国了₂"

(1) 这个暑假,他不回国。

(2) 这个暑假,他不回国了。

(3) 玛丽爱喝咖啡。

(4) 玛丽爱喝咖啡了。

(5) 刚才下了一场雨,地上很滑,走路要小心!

(6) 下雨了!

疑问

"他不回国"与"他不回国了"意思有什么不同? 这里的"了₂"表示什么?

析疑

例(1)"他不回国"是告诉别人这个暑假他的打算,他不准备回国。例(2)"他不回国了"传达的信息是:他原来是打算回国的,但现在情况起了变化,他改变了主意,不准备回去了。

例(3)、(4)的区别也是一样的。"玛丽爱喝咖啡"只是告诉我们玛丽在饮食方面有这个爱好。"玛丽爱喝咖啡了"则让我们知道玛丽在饮食方面的爱好有了变化,她原来不爱喝咖啡,现在变得爱喝了。

例(5)"下了一场雨"表示雨已经停了。例(6)"下雨了"是告知天气有了变化,由"没下雨"到出现了新情况"下雨"。

可见,例(2)、(4)、(6)中句末的"了"表示的是**发生了变化,出现了新情况**。一般把这种用法的"了"称为"了₂",是语气助词。

值得注意的是,这个"了₂"在句中出现的位置跟第 143 条的"了₁"不一样:

第 143 条的"了₁":**出现在动词后(V+了+O),表示"完成"。**

本条的"了":**出现在句子的末尾(V+O+了),表示"变化"。**

(句末的"了₂"还有别的用法,请见第 150 条。)

对于学汉语的外国人来说,表示变化的这个句末的"了"不太容易掌握,平时要多加注意。另外,"V+了"出现在句末时,这个"了"不一定就是表示"变化"的"了",这里不展开解释。

考考你

请判断下面每组句子中哪个句子对:

① A. 我是头一次到广州,我觉得广州的冬天不太冷。

　 B. 我是头一次到广州,我觉得广州的冬天不太冷了。

② A. 小王:你怎么不去参加比赛?

　　 小李:昨晚受了凉,今天头痛得厉害,只好不去。

B. 小王:你怎么不去参加比赛?

小李:昨晚受了凉,今天头痛得厉害,只好不去了。

③ A. 放心吧,她的病已经没有什么问题。

B. 放心吧,她的病已经没有什么问题了。

④ A. 这次车祸给了我很大的教训。

B. 这次车祸给我很大的教训了。

⑤ A. 他大声说了一句:"请安静!"大家都不说话。

B. 他大声说了一句:"请安静!"大家都不说话了。

⑥ A. 经过这一次,我不再相信他。

B. 经过这一次,我不再相信他了。

148."得了₁第 1 名"与"得了第 1 名了₂"

> (1) 爸爸,我得了第 1 名!
> (2) 爸爸,我得了第 1 名了!
>
> (3) 他跑了 3 圈。
> (4) 他跑了 3 圈了。

疑问

"得了第 1 名"与"得了第 1 名了"意思有什么不同? 后一句为什么出现了两个"了"?

析疑

例(1)、(2)两句的前提、情景不一样:

例(1)很可能是这样一种情景:孩子从学校回来,爸爸关心地问他这次比赛成绩怎么样,他高兴地告诉爸爸:"我得了第 1 名!"

例(2)的前提不一样:可能这个孩子没得过第 1 名,也可能他有一段时间比赛的成绩退步了。面对这种情况,很可能爸爸曾经对他说过,如果他得到第 1 名,就奖励他;也有可能是他自己下了决心一定要争取第 1 名。所以这次他得了第 1 名,就高兴地告诉爸爸:"我得了第 1 名了!"

在例(2)中两个"了"同时出现,它们有各自的作用:动词后的"了₁"还是表示"完成"。句末的"了₂"也还是表示"发生了变化,出现了新情况",即出现了得到第 1 名的新情况。这里,说话人用了"了₂"将"得了第 1 名"作为新情况告诉听话人,同时也就传达了说话人的另一层意思:或者是"你应该兑现你的承诺",或者是"你瞧,我的决心终于实现了"。

同样的情况,例(3)"他跑了 3 圈"只是告诉别人"他"跑了多少圈。而"他跑了 3 圈了"就带有希望听话人注意这一新情况的意思。至于说话人的进一层的含义,会有多种情况,要看具体的前提。可能是"规定跑 2 圈,他已经超过规定了",也可能是"规定跑 4 圈,他现在快要完成任务了",还可能是"他今天的腿有点疼,现在坚持跑步,已经达到 3 圈了,真不简单"。

考考你

请判断下面每组句子中哪个句子对:

① A. 你什么时候请我们吃糖? 我们等了好几年。

B. 你什么时候请我们吃糖？我们等了好几年了。

② 你最近出版的那本小说写得真好！写了多长时间？

A. 写了3个月。

B. 写了3个月了。

③（情景：王明学了两年英语，还不会说。小李对他这种情况不太满意，下面是小李跟小张说的话。）

A. 王明学了两年英语。

B. 王明学了两年英语了。

④（时间：下午7点　地点：经理办公室）

A. 经理，7点。

B. 经理，7点了。

149."坐了一小时"与"坐了一小时了"

（1）昨天我去他家，**坐了一小时**车。

（2）我们已经**坐了一小时**车了，怎么还没到？

（3）上学期我们**学了三千多个汉字**。

（4）我去年九月开始学习汉语，现在**学了三千多个汉字了**。

疑问

上面的句子中句子最后有"了"和没有"了"一样吗？

析疑

上面两种句式可以归纳为：

A：V＋了＋时间/数量（＋N）

B：V＋了＋时间/数量（＋N）＋了

这两种句式都表示某个过程的时间，可是它们不同：A 句式说的是**过去的**某个过程从开始**到结束**的时间，B 句式是说某个过程从开始**到现在**的时间。如图：

需要注意的是，这两种句式中，如果宾语是代词，要放在时间或数量的前面，如：

昨天我去**找了他三次**，他都不在。

你怎么才来？我**等了你半个小时了**。

考考你

请根据情景用所给的词完成下面的句子：

① 你该起床了，_____。（睡，10 个小时）

② _____，你怎么还相信他？（骗你，很多次）

③ 上个月我去杭州_____。（开会，3 天）

④ 就几件衣服，你_____（洗，半天），怎么还没洗完？

⑤ 我 1985 年开始工作，现在_____。（当老师，30 多年）

⑥ 他读研究生期间，先后_____。（发表文章，5 篇）

150. 句末语气助词"了₂"有哪几种用法？

> （1）他不当演员了。
>
> （2）玛丽愿意独唱了。
>
> （3）你不知道吗？李明早就结婚了！
>
> （4）我念小学就认识他了。
>
> （5）这里的东西太贵了！
>
> （6）这场球赛太精彩了！

疑问

句末语气助词"了₂"有哪几种用法？

析疑

这里之所以提句末语气助词"了₂"，是因为，尽管句末的"了"大多数情况下是语气助词（通常称"了₂"），但也还有可能是表示"完成"的动态助词"了"（通常称"了₁"），如"那场比赛我输了"，此句句末的"了"不是语气助词"了₂"。

句末语气助词"了₂"表达的是对当前相关事态的一种肯定的语气，主要有 3 种用法：

（一）**用肯定的语气表示发生了变化，出现了新情况。**这是"了₂"最常见的用法。关于这一点，我们已经在第 147 条作过解释。本条的例(1)、(2)同样是这种用法。

（二）**用肯定的语气,把听话人还不知道的旧情况作为新情况告诉对方。**例(3)"李明早就结婚了"这句话并不是告诉听话人李明有什么新变化、新情况,而是用一种很肯定的语气告诉对方,李明很早以前已经结了婚。

（三）**用肯定的语气表达一种感叹。**例(5)、(6)都是表达说话人强烈的感叹语气。这种用法一般多用"太……了"这种句式。

考考你

请判断下面的句子对不对,不对的请改正:

① 他以前很爱吸烟,现在不吸烟。

② 11 点了,该睡了。

③ 要下雨,快走!

④ 你找他吗? 他上个月就回国了。

⑤ 这束花真是太美!

⑥ 车来了! 赶快集合!

151. "他结了婚"与"他结过婚"

（1）听说他结了婚。

（2）听说他结过婚。

（3）他十年前去了美国。

（4）他十年前去过美国。

（5）来中国以后，我认识了很多朋友。

　　×来中国以后，我认识过很多朋友。

（6）A：马克刚到中国，怎么就能跟中国人交谈？

　　B：他小时候学过几年汉语。

（7）他小时候家里穷，吃过不少苦。现在赚到钱，

　　特别乐意资助农村的贫困儿童。

疑问

用于过去发生的事情时，"了₁"和"过"有什么不同？

析疑

用"了"是说过去的某个时间**某件事已经发生**（这是就一般情况而言，参见第 143—145 条），这件事通常是最近发生的，或对现在还有影响的。用"过"是告诉别人以前**曾经有的事**，而且所说的**事情一定已经结束**，离现在有一段时间了，是一种经历。

例（1）中是说在"他结婚"这件事已经在过去的某个时间发生，

那么他现在是有妻子的。例(2)中用"过",是说"他"以前有"结婚"这种事情而且已经结束,那么他后来一定离了婚,现在可能是一个人也可能又结了婚。例(3)用"了"是说十年前发生"他去美国"这件事,后面如果没有说明,那么"他"现在还在美国。而例(4)中用"过"是说"他"十年前有"去美国"的经历,但"他"现在一定不在美国。例(5)中只能用"了"不能用"过"是因为"认识"一般不可能结束,不会认识一段时间又不认识了。

另外,"过"的否定形式是"没……过",而"了"的否定形式是"没"。

还有一点值得注意,用"过"虽然说的是以前曾经有的事,但说话人往往是通过这过去曾发生的事,来说明解释当前的事理。如例(6)用"他小时候学过几年汉语"来解释马克为什么刚到中国就能跟中国人交谈。例(7)用"他吃过不少苦"来解释"他"为什么特别乐意拿出钱来资助农村的贫困儿童。

考考你

请考虑下面的句子该用"了"还是用"过":

① 你说的那本书我看_____,挺有意思的。

② 我前天就已经看完_____那本书。

③ 这个人我好像在什么地方见_____。

④ 我昨天去商店买_____几件衣服。

⑤ 我小的时候在那儿生活_____,所以对那儿很熟悉。

⑥ 我从来没见_____那么热闹的场面。

152. "哪儿上车"与"哪儿上的车"

---

(1) A:我想去北京路,请问**在哪儿上车**?

　　B:在前面车站坐 3 路车就可以了。

(2) A:哎,小李,怎么这么巧,在车上遇到你。

　　B:是啊,真巧,你们(是)**在哪儿上的车**?

　　A:前面一站刚上的。

(3) A:听说你要去上海开会,**什么时候走**?

　　B:明天。

　　A:你一个人去吗?

(4) A:小李不在,他去上海开会去了。

　　B:**什么时候走的**? 他(是)**一个人去的吗**?

疑问

在上面两组问话中,动词后有"的"和没"的"有什么不同?

析疑

当动词后没有"的"时,说话人所问的**事情是还没做的**。如例(1)中 A 想去坐车,可是不知道在哪儿坐车,所以问 B。例(3)中 A 问的时候,B 还没去上海,A 在问 B 的打算。

当动词后有"的"时,说话人**知道事情已经发生或结束**,再进一步问这件事的一些具体情况,如是谁做的,做的时间和地方以及怎样做的等,如例(2)中 B 问的时候他已经看到 A 坐在车上了;例

(4)中 B 问的时候也知道小李已经去上海了,他在问关于去的具体情况。整个句子的结构是:

$$(是)+\begin{cases}时间(什么时候)\\地方(在哪儿)\\方式(怎样)\\人(谁)\end{cases}+ 动词 + 的(+ 名词)$$

考考你

请用适当的形式完成下面的对话:

① A:你一直都说要买一台新电视,＿＿＿＿＿?

B:下个星期吧。

② A:你这电视真不错,＿＿＿＿＿?

B:上个月。

③ A:小张他们＿＿＿＿＿?

B:听说明天就回来了。

④ A:这次进的这批货销路很不错。

B:＿＿＿＿＿(谁进货)?

A:小王。

B:＿＿＿＿＿(从哪儿)?

A:好像是深圳。

153. "他昨天来了"与"他昨天来的"

（1）A：这两天好像没见到小王啊？

　　B：**他昨天来了**，你正好不在。

（2）A：小王把书还来了。

　　B：**他（是）什么时候来的？**　　×他什么时候来了？

　　A：**他（是）昨天来的。**

（3）A：你飞机票买了吗？

　　B：**我今天上午去买了**，可是没买上。

（4）A：现在飞机票真难买！

　　B：不会吧？前两天我还听人说现在飞机票挺好买的。

　　A：**我（是）今天上午去买的**，怎么会错？

疑问

　　上面的句子中"的"和"了"都是用在已经发生的事情，它们有什么不同？

析疑

　　用"了"时说话人是在告诉别人**一件事**，意思的**重心在动词**上。用"的"时说话人是在告诉别人**某件事的一些具体情况**，如**时间、地方以及是谁做的、怎样做的**等，意思的重心不在动词上（参见第152条）。

　　如例（1）中B主要想告诉A的是小王"来了"这件事，而例（2）

中 A 想告诉 B 的是小王来的时间是"昨天"。例(3)中 B 想说的是
"我去买了"这件事,而例(4)中 A 想告诉别人的是他去的时间是
"今天上午"。

所以**当我们知道某件事已经发生,要问别人事情的时间、地
方、方式等的时候,只能用"的"而不能用"了"**,如例(2);可是如果
问的是动词的宾语,常常用"了",如:你把这事告诉谁了?

考考你

请用适当的形式完成下面的句子:

① A:小张上午来找过你。

B:我知道了。_____(我刚才见到他)。

② A:_____(你从哪儿来。)

B:从美国。

A:你来中国多长时间了?

B:我_____(今年三月来中国)。现在已经半年多了。

③ A:哎,小张,你旅游回来啦,_____?

B:_____(昨天回来)。

④ A:我_____(昨天丢钱包)。

B:_____(在哪儿丢)?

A:不清楚,可能_____(在车上丢)。

154. "吗"与"呢"

（1）我们暑假去西藏旅游，你去**吗**？   ✕ 呢

（2）他是新来的老师**吗**？   ✕ 呢

（3）你去不去西藏旅游**呢**？   ✕ 吗

（4）他是不是新来的老师**呢**？   ✕ 吗

（5）你打算暑假去，还是寒假去**呢**？   ✕ 吗

（6）你坐飞机去，还是坐火车去**呢**？   ✕ 吗

（7）你打算去哪儿**呢**？   ✕ 吗

（8）你什么时候去**呢**？   ✕ 吗

（9）你打算怎么去**呢**？   ✕ 吗

（10）你准备跟谁一起去**呢**？   ✕ 吗

疑问

"吗"与"呢"都是疑问语气词吗？它们的用法有什么不同？

析疑

汉语疑问句有 4 小类，上面 4 组疑问句分别对应于"是非问句""正反问句""选择问句"和"特指疑问句"。

从上面 4 组例句可以看到，"吗"与"呢"在疑问句中的作用是不一样的，用法也不相同。

（一）"吗"是疑问语气词，只用在是非问句中。**它表示说话人要求听话人对所问的问题做出肯定或者否定的回答。**如例（1）回答"去"或者"不去"，例（2）回答"是"或者"不是"。

（二）"呢"不能用在是非问句中。当它用在其他 3 类疑问句中时（它也可以用在陈述句中），从上面的例（3）—（10）可以看到，如果删去"呢"，这 8 个句子都仍然可以成立。例如：

正反问句　　　例（3'）你去不去西藏旅游？

选择问句　　　例（5'）你打算暑假去，还是寒假去？

特指疑问句　　例（7'）你打算去哪儿？

可见，**这些用法的"呢"并不表示疑问**（"呢"表示疑问的特殊用法请见第 155 条），不是疑问语气词，而只是一般语气词。

那么，"呢"在这 3 类疑问句中的作用是什么呢？我们认为**用上"呢"后，句子的疑问语气相对要舒缓一些。**

比如一对男女朋友到了饭店，男朋友问女朋友想吃什么。如果他们刚吵完架，男的正生着气，那么他很可能说的是例（12），而不是例（11）。

（11）你吃什么呢？

（12）你吃什么？

更明显的例子是带有威胁性的问话，那是不可能用"呢"的。如：

（13）你说不说？

（14）×你说不说呢？

考考你

请用"吗""呢"填空：

① 你说我该怎么办_____？

② 你听没听说过这件事_____?

③ 他知道这件事_____?

④ 这是谁干的_____?

⑤ 老师讲的你们都明白了_____?

⑥ 请问,到天河城是往左拐,还是往右拐_____?

155."呢"表疑问的特殊用法

（1）A:小明**呢**?

　　B:打球去了。

（2）A:你下午有没有课?

　　B:没有。

　　A:小明**呢**?

（3）他要是知道了**呢**?

疑问

第154条提到,"呢"大多情况下不是疑问语气词,只是使句子的疑问语气舒缓一些,但它也有表疑问的特殊用法,具体是怎样的?

析疑

从上面的例子可看出,"呢"表疑问的特殊用法有3种:

（一）"名词＋呢?"用在对话的首句。

我们都有这样的体会,当我们到了一个地方,发现想找的人不在那儿的时候,常常会问:"××呢?"其实,这是特指疑问句"××到哪儿去了呢?"的省略形式。例(1)的"小明呢?"就是这种情况。这种用法的"××呢?"通常出现在对话的第一句。

(二)"名词+呢?"用在对话或问话的后一句。

例(2)和例(1)都有"小明呢?"的问句,但例(2)的"小明呢?"明显不同。这种用法的"××呢?"肯定不是出现在对话或问话的第一句。它的前面已在谈论某情况,接下来问"××呢?"的时候,所问的一定是跟前面所说的内容相关的。

如例(2),说话人前面问 B 下午有没有课,当他再问"小明呢?"时,其实问的就是:"小明有没有课呢?"

再如:

(4) A:明天星期天,我们打算去爬山。

    B:好啊!

    A:那你**呢**?(问的是:你有什么安排?)

(5) 我很喜欢这部电影,你们**呢**?(问的是:你们喜不喜欢这部电影?)

(三)"动词短语+呢?"。

这种用法其实问的是:要是……怎么办? 如例(3),问的是:他要是知道了怎么办?

再如:

(6) 好的,我去请他。要是他不肯**呢**?(问的是:要是他不肯怎么办?)

考考你

下面各句的"呢"问的是什么?

① A：最近忙吗？

　B：很忙。你呢？

② 小红呢？很多人都在等她。

③ A：明天要交稿了。

　B：要是完不成呢？

④ A：明天上午你有空吗？

　B：对不起，我已经有安排了。

　A：那下午呢？

⑤ 王老师呢？有人找。

⑥ 别人知道了说闲话呢？

156."吗"有几种用法？

(1) 你喜欢旅游**吗**？

(2) 这项活动你们想参加**吗**？

(3) A：这项活动我也想参加。

　B：你也想参加**吗**？我还以为你没有兴趣呢。

(4) A：这项活动我不想参加。

　B：你不想参加**吗**？我还以为你有兴趣呢。

(5) 你告诉过我吗？没有的事！

(6) 我不是告诉过你**吗**？

(7) 你不知道**吗**？我还以为你早听说了呢。

(8) 你不知道**吗**？谁信哪！

疑问

"吗"有几种用法？

析疑

带"吗"的是非问句应分两小类：

（一）**一般的询问**。问话人事先不知道答案，纯粹是对所不了解的事实的提问，想从对方处得到确定的答案。

如例（1）问话人不知道听话人喜不喜欢旅游，例（2）问话人不知道听话人想不想参加这项活动。

这小类问句的特点是：

1. 可以变换为正反问句

如：

（1）你喜欢旅游吗？→ 你喜不喜欢旅游？

（2）这项活动你们想参加吗？→ 这项活动你们想不想参加？

2. 只有肯定式，没有否定式

如果例（1）改为否定式的疑问句"你不喜欢旅游吗？"就是问话人已经知道了答案，只是因没想到而惊讶地问而已。这是属于第二小类的用法。

（二）**惊讶地问**，或者是怀疑、不相信地问。先看惊讶地问。如例（3）、（4），都是问话人已经知道答案了，但因为没想到而感到奇怪地发问。

例（5）、（6）是怀疑、不相信地问，就是常说的反问，语气比较强烈。例（5）"你告诉过我吗？"意思是："你没有告诉过我！"例（6）"我不是告诉过你吗？"表达的就是："我是告诉过你的！"

这小类的特点是：

1. 不能变换为正反问句

如例(3)如果变换为:"你想不想参加？我还以为你没有兴趣呢。"这样前后两句就有矛盾了。

2. 肯定、否定皆可

可以有肯定式,如例(3)、(5);也可以有否定式,如例(4)、(6)。

3. "吗"可以省略,句末换成上升语调"↗"

如:

(3')B:你也想参加↗?我还以为你没有兴趣呢。

(4')B:你不想参加↗?我还以为你有兴趣呢。

(6')我不是告诉过你↗?

那么,究竟是惊讶地问,还是怀疑、不相信地问呢?这就要看具体的语境。如尽管例(7)、(8)都有"你不知道**吗**?",可是例(7)的"我还以为你早听说了呢"体现的就是惊讶地问;而例(8)的"谁信哪!"明显是不相信,是反问。

考考你

请说出下面的"吗"问句所表达的意思:

① 我还会不了解这个人吗?

② 好久不见了,他身体还好吗?

③ 啊?他已经不在人世了吗?

④ 他不是你的好朋友吗?怎么不帮帮你?

⑤ 我可以请教您一个问题吗?

⑥ 这种人你也不害怕吗?

157. "吗""吧"与"啊"

（1）你说的是这个字**吗**？

（2）你说的是这个字**吧**？

（3）你说的是这个字**啊**？

（4）你没听说过这件事**吗**？

（5）你没听说过这件事**吧**？

（6）你没听说过这件事**呀**？

疑问

"吗""吧"与"啊"都可以用在疑问句末尾，它们的意思一样吗？

析疑

关于疑问句末的"吗"，156 条已有详细的论述，指出有两种用法。本条的例（1）因为没有附加上其他表明具体语境的词语，所以有两种可能：一种是一般的询问，意思是"你说的是不是这个字？"说话人因不清楚而要求听话人做出"是"或者"不是"的回答；第二种是说话人因没想到而发出惊讶的问，意思是"你说的是这个字（↗）？我还以为是别的字呢"。而例（4）带有否定形式，如 156 条所说，只能是"吗"的第二种用法，意思或者是很惊讶："你竟然没听说过这件事？"或者是很怀疑："你没听说过这件事？谁信啊！"

用"吧"的疑问句表示说话人对他（她）所问的问题已经有了一

种估计、猜测或判断，但还不是十分肯定，请求对方证实一下。例(2)的意思实际上就是"你说的是这个字，对不对？"例(5)的意思是"我估计你没听说过这件事，对不对？"

用"啊"的疑问句中的"啊"读的是低平语调(→)，表示的是一种"求证"的语气。

同是带有求证的语气，用"吧"与用"啊"的不同是：用"吧"往往是主动发问，问话人其实已有自己比较明确的估计、猜测或判断，仅仅是让对方证实一下而已，如例(2)、(5)；而用"啊"的求证往往是自己没想到的，有些出乎意料的，如例(3)的意思是"原来你说的是这个字啊，我还以为是别的字呢"，例(6)是对"你"没听说过这件事感到有些吃惊。

这里带来的另一个问题是，当用"啊"表示出乎意料之意时，它跟"吗"的第二种用法又有什么不同呢？对比例(4)和例(6)，不难看出，用"吗"表达的诧异、不理解或怀疑的语气比较强，用"啊"则语气要缓和得多。

考考你

请用"吗""吧""啊"填空：

① 请问，这儿有公用电话_____？

② 这房子看上去挺新的，是刚盖的_____？

③ 哦，你说的是王刚_____？我还以为是李明呢。

④ 看把你高兴的，考得不错_____？

⑤ 你们都不知道_____？骗谁呀！

⑥ 你觉得热_____？那就开空调吧！

158. "不……吗"与"不……吧"

（1）小明不去吗？

（2）我不是告诉过你吗？凭什么怪我！

（3）这本小说好看吧？

（4）这本小说不好看吧？

（5）你不认识他吗？

（6）你不认识他吧？

疑问

"不……吗"和"不……吧"在意思上有什么不同？

析疑

我们已在 156 条指出，疑问句末的"吗"有两种用法。其中第一种用法是没有否定式的，一旦带上否定词"不"或"没"，就不可能是一般的询问了，只能是第二种用法，即说话人知道答案后而发出的问。如例（1），说话人得知"小明"不去，感到很惊讶而诧异地问："小明不去吗？"例（2）中的说话人得知对方"你"责怪自己，便予以反问"我不是告诉过你吗？"

再看例（3）、（4）。例（3）和例（4）都表示说话人对所问的问题已有了一种估计、猜测和判断，但还不十分肯定，所以请求对方证实一下。只不过是例（3）表示肯定的估计，例（4）表示否定的估计。

例(3)的意思是"这本小说好看,对不对?"例(4)的意思是"这本小说不好看,对不对?"

由此,我们可以说:**"不……吗"表示"因没想到而诧异地问或反问",语气比较强烈;"不……吧"表示否定的估计**。根据这一点,我们也同样可以知道例(5)和例(6)的区别。

考考你

请用"不……吗""不……吧"填空:

① 我们这样做_____对_____? 别听他的!

② 你看他满脸不高兴的样子,昨天的事情办得_____顺利_____?

③ 他对你那么凶,你_____生气_____?

④ 下这么大的雪,路上_____好走_____?

⑤ 都这么晚了,你还_____回家_____?

⑥ 现在他肯定在休息,我去找他_____好_____?

159. "不是……吗"

（1）A：你找我有事？

　　B：今天晚上开晚会，请你去参加。

　　A：哎，不对呀，**不是**明天晚上开**吗**？

（2）A：快去找个年轻人都帮我。

　　B：我**不是**年轻人**吗**？

疑问

例（1）和例（2）中的"不是……吗"意思一样不一样？

析疑

例（1）和例（2）中的"不是……吗"意思不一样。

例（1）中的"不是……吗"表示"吃惊、没想到"。A 原来以为是"明天晚上开晚会"，但 B 说"今天晚上开晚会"，所以 A 感到吃惊、没想到。

例（2）中的"不是……吗"表示反问，往往用来表示说话人的不满、责备、分辩等。A 让 B 去找个年轻人，而 B 认为他自己就是个年轻人，但 A 却没把他看成是年轻人，因此 B 感到很不满。

考考你

请比较下面的对话，指出"不是……吗"表示什么意思：

① A：你到哪儿去了？叫你早点儿回来，你就是不听！

　　B：好啦，别说了，我不是回来了吗？

② A：我去买个练习本，我的练习本用完了。

　　B：买练习本？那边桌子上不是有个练习本吗？

③ A：你的自行车呢？

　　B：哎，怪了，我刚才不是把车放在这儿了吗？怎么没有了？

④ A：以后你要注意一点儿，不要总是迟到。

　　B：我迟到？你昨天不是也迟到了吗？

（九）连词

160. "和""而"与"并"

> （1）长江**和**黄河是中国最大的两条河。
>
> （2）他**和**我都去了。
>
> （3）我们幸福**而**快乐。
>
> （4）战士们机智**而**勇敢，很好地完成了任务。
>
> （5）代表们讨论**并**通过了这个决议。
>
> （6）我们已经搜集**并**整理了这些资料。
>
> （7）我们一起分享幸福**和**快乐。
>
> （8）游泳**和**滑冰都是很有意思的运动。

疑问

连词"和""而""并"都能连接词和词组，它们在用法上有什么不同？

析疑

一般来说，连词"和""而""并"所能连接的词或词组的类别是不同的，请看下表：

名词/代词 ＋ **和** ＋ 名词/代词　　　　报纸和杂志/你和我

| 形容词 | ＋ **而** ＋ 形容词 | 温柔而美丽 |
| 动　词 | ＋ **并** ＋ 动　词 | 继承并发扬 |

需要注意的是：

1. 用"并"连接的动词，往往是有递进关系，或时间上的先后关系，如例(5)、(6)。

2. 如果是两个或两个以上的形容词或动词并列在一起做主语，如例(8)，或宾语，如例(7)，即表示"什么"时，中间要用"和"来连接，不用"并"或"而"。

让我们来比较例(3)和例(7)：

例(3)　我们 幸福**而**快乐。
　　　　　　怎么样

例(7)　我们一起分享 幸福**和**快乐。
　　　　　　　　　什么(宾语)

形容词的一般用法是表示"怎么样"，如例(3)，但例(7)的"幸福和快乐"在句中是做宾语，它们并不表示"怎么样"，而是表示"什么"，即不能说"我们一起分享**怎么样**"，只能说"我们一起分享**什么**"。这种情况下，要用"和"来连接"幸福""快乐"这两个形容词。

例(8)也是一样的道理，这句话说的是"**什么**是很有意思的运动"，做主语的"游泳""滑冰"这两个动词同样要用"和"来连接。

这样，我们可以把以上所说全部内容总结为下表：

和	并	而
a. 多连接名词	连接动词	连接形容词
b. 连接表示"什么" 的动词、形容词		

考考你

请改正下列病句：

① 孩子们天真和活泼，非常可爱。

② 这些资料都已经整理过和分了类。

③ 他的聪明而勤奋都是大家公认的。

④ 张文喜欢唱歌并跳舞。

⑤ 他聪明和能干，是一个好孩子。

⑥ 我们解决并研究了这个难题。

⑦ 学校表扬而奖励了优秀学生。

⑧ 学校对优秀学生给予了表扬并奖励。

161. "她和我都想去"和"她和我说她想去"

> (1) 她和我都想去。
>
> (2) 她和我说她想去。
>
> (3) 她要和我一起去。
>
> (4) 他跟我都爱旅游。
>
> (5) 他经常跟我借钱。

疑问

例(1)、(2)、(3)中的"和"意思是不是一样的？

析疑

例(1)中的"和"与例(2)、(3)中的"和"不一样。

例(1)"她和我都想去"中的"和"是连词,相当于英语的"and"。意思是"她和我"两个人都想去。"她"与"和"之间不能插进别的词语:

例(2)"她和我说她想去"中的"和"是介词,在这句中相当于"对",即"她对我说"。例(3)"她要和我一起去"中的"和"也是介词,在这句中相当于"同",即"她要同我一起去"。"她"与"和"之间可插进别的词语,如例(3)中的"要",再如:

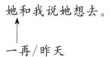

再看例(4)与例(5),它们的区别也一样:

例(4)中的"跟"是连词,是"和"的意思。

例(5)中的"跟"是介词,在这句中是"向"的意思,"他"与"跟"之间插进了"经常"。

考考你

请选择正确的答案:

① "关于这个问题,我要跟他解释一下。"

　　解释这个问题的是_____。

　　　　A. 我和他　　　B. 我　　　C. 他

② "小王和小张今天都没来。"今天没来的人是_____。

A. 小王和小张　　B. 小王　　　C. 小张

③ "我和他说了半天,他还是不明白。"说话的人是_____。

A. 我和他　　　B. 我　　　C. 他

④ "他跟我讲了他们国家许多有趣的故事。"

讲故事的人是_____。

A. 我和他　　　B. 我　　　C. 他

162. "和"与"及"

(1) 你和阿里都分到了中级上(1)班。　　　　✕ 及

(2) 联合全市的医护人员及社会各界人士,
为孤残儿童献爱心。　　　　　　　　　　→ 和

(3) 集邮和插花都是很好的业余活动。　　　✕ 及

(4) 我喜欢她的温柔和善良。　　　　　　　✕ 及

(5) 学校及其周围贴出了申办奥运会的宣传画。　✕ 和

疑问

"和"与"及"的用法有什么不同?

析疑

(一)"和"与"及"都可以连接名词或名词性短语。

不同的是："和"可用于口语，也可用于书面语，"及"只用于书面语。例(1)是口语的句子，只能用"和"。例(2)是书面语的句子，所以用"和"或"及"都可以。

（二）"及"只连接名词或名词性短语，"和"没有这个限制。

当动词或形容词在句子中做主语或宾语，表示"什么"的时候，必须用"和"来连接。如：

(3) <u>集邮和插花</u>都是很好的业余活动。（"集邮""插花"都是动词）
　　主语

(4) 我喜欢她的<u>温柔和善良</u>。（"温柔""善良"都是形容词）
　　　　　　宾语

（三）能否与"其"连用。

"及"可以和代词"其"连用，意思是"和他（们）的"或"和它（们）的"，如例(5)。"和"没有这种用法。

考考你

请用"和"或"及"填空：

① 王厂长_____张经理都到了。

② 他的行为受到了大家的批评_____奖励。

③ 我永远也忘不了她的坦率_____指责。

④ 要通过办旅游业，吸引更多的港澳同胞、海外同胞_____外国朋友来观光。

⑤ 你了解该公司新开发的产品_____其销售情况吗？

⑥ 残疾人越来越受到人们的尊重_____关心。

163. "及"与"以及"

---

(1) 她患病以后，校长、老师**及**同学们都很
　　关心她。　　　　　　　　　　　　　　　→ 以及

(2) 他是什么时候走的**以及**他怎么回来的
　　都没有对我说过。　　　　　　　　　　　× 及

(3) 这件事她是怎么知道的，**以及**她告诉
　　过谁，我都不清楚。　　　　　　　　　　× 及

(4) 他问了我很多问题：在那里生活习惯不
　　习惯，工作忙不忙，**以及**那里的气候怎
　　么样，等等。　　　　　　　　　　　　　× 及

(5) 鸡、鸭、鱼、肉、蛋**以及**糖果、糕点等商品
　　应有尽有。

疑问

"及"与"以及"的用法有什么不同？

析疑

"及"与"以及"都是表示并列关系的连词，不同在于以下两点：

（一）"及"只连接名词或名词性短语，如例(1)。"以及"可以
连接并列的小句，连接以后常常一起做整个大句子的主语，表示

"什么",如例(2)、(3)。"及"没有这种用法。关于这种用法,下面以例(2)为例做一些具体的说明:

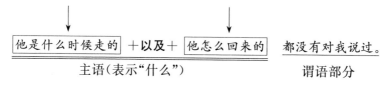

他是什么时候走的?（句子）　　他怎么回来的?（句子）

他是什么时候走的 ＋以及＋ 他怎么回来的 都没有对我说过。
　主语（表示"什么"）　　　　　谓语部分

另外,"以及"连接的小句有时还做宾语,如例(4):

他问了我很多问题:生活习惯不习惯,工作忙不忙,以及那里的气候怎么样,等等。

如果是下面的情况,即两个句子组成一个复句,就不能用"以及"来连接:

海面起风了,天色也暗淡下来了。

※
以及

（二）"以及"连接的词语有时可以有分类的作用,"及"没有这种用法。如例(5):

鸡、鸭、鱼、肉、蛋以及糖果、糕点等商品应有尽有。
　　一类　　　　　　另一类

考考你

请选择填空:

A. 及　B. 以及　C. /（不能填"以及"或"及"）

① 他的性格怎么样,为人如何_____他爱好什么,都需要

作进一步的了解。

② 那儿风景优美，_____气候温和。

③ 本店经销电视机、收音机、录音机_____各种零件。

④ 问题是如何产生的，_____最后该如何解决，都要调查研究。

二、句法

（一）句子成分

164. "来客人了"与"客人来了"

> （1）妈妈，来**客人**了！
>
> （2）妈妈，**客人**来了！
>
> （3）我去买**汉英词典**。
>
> （4）咦，**汉英词典**到哪儿去了？

疑问

例（1）、（2）句中的"客人"所含有的意思是一样的吗？

析疑

这两句中的"客人"，对于说话人来说，他们的身份都是一样的，但含有不同的意义。

例（1）中的"客人"是说话人没有想到的，说话人并不知道他要来。"客人"放在宾语的位置。如果"客人"要放到前面来说，就要在"客人"前加上"有"：有一位客人来了。

例（2）中的"客人"是说话人已经知道的、正在等待的客人。所以这句也可以改为：妈妈，那位客人来了！这句的"客人"是放在主语的位置。

同样的情况,例(3)中的"汉英词典"不是具体的某一本;而例(4)中的"汉英词典"却是说话人已知的特定的一本。这说明:

汉语往往是让主语表示定指的人和事物,即说话人和听话人都知道说的是谁或什么,而**让宾语表示不定指的人和事物,把新信息放在句子的后面。**

考考你

请判断下面的句子对不对,不对的请改正:

① 门外走进来张老师。

② 一本小说我已经看完了。

③ 我出去一看,一个人正在那里哭。

④ A:前面出了什么事?

　　B:汽车轧死了一个人。

165. "好文章"与"写好文章了"

(1) 他写了一篇**好**文章。

(2) 他已经写**好**文章了。

(3) 我学了游泳。

(4) 我学**会**了游泳。

(5) 他们打扫**干净**了教室。

疑问

例(1)、(2)句中的"好"是一样的吗？

析疑

这两句中的"好"不但意思不一样,而且在句子中的作用也不一样。

例(1)中的"好"是"good"的意思,在句子中做定语,是说明"文章"的。例(2)中的"好"是"完成"的意思,在句子中做补语,是补充说明"写"的结果的。即:

他又写了一篇好文章。　　他已经写好文章了。

补语是汉语的一个特点,汉语有好几种补语,例(2)中的"好"是结果补语。**结果补语表示动作完成后产生的某种具体的结果。**造句时把动作行为的结果直接放在谓语动词的后面就行了。如:

（4）　我学游泳 ——→（结果）学会了

（5）　他们打扫教室 ——→（结果）教室干净了

一般常用的形容词都可以做补语,能做补语的动词比较少,常见的有:到、着(zháo)、见、住、掉、完、光、倒、懂、会、成、走,等等。

考考你

（一）请判断下面的句子对不对,不对的请改正:

① 他这个月的钱用了,只好向别人借。

② 我实在吃不下了,已经吃了。

③ 这个问题非得他来解决不可,你一定要找他。

④ 他正在找到那支笔。

⑤ 我两个星期前办购房的手续好了。

(二)请用含结果补语的句子表达下面句子的意思:

① 他解释那个问题,解释清楚了。

② 我听他讲中文故事,我懂了。

③ 我们队打了这一场球,我们队赢了。

④ 医生抢救那个病人,那个病人活了。

166. "看见"与"见着"

(1) 我没看他。

(2) 我没看见他。

(3) 我没见着他。

疑问

"看见"和"见着(zháo)"有什么区别? 上面 3 句话的意思又有什么不同?

析疑

"看见"的"见"和"见着"的"着"都是结果补语(参看第 165 条)。例(2)中"看见"的"见"做结果补语,是"看而且有结果——看到"的意思。要注意,"看"不一定能"看见","听"也不一定能"听见"。所以,例(1)和例(2)是不同的。"我没看他"是说没有做"看他"这个动作。"我没看**见**他"是说没有结果,也就是说没看到他。这种看不一定是有意识的。

例(3)的"着"做结果补语,是表示"达到了目的"。这句的"见"是"有意去见面"的意思,与一般的"看见"不同。"有意去见面"当然希望达到目的,所以可以用"着"表示目的达到了。这句的意思是"我"去见他了,但没见到。

"着"做结果补语还有另外一种用法,表示动作或情况产生了不好的结果。如:吓着了/累着了/冻着了/烫着了/切着手。

考考你

(一)请考虑"我没看他/我没看见他/我没见着他"这 3 个句子应分别用在下面哪个情景中:

① A:小王呢? 他不是到办公室来过吗?

　　B:_____ 呀。

②(玩游戏时)

　　A:我让你们转过脸去,不准看他,你怎么不听?

　　B:_____ 呀。

③ A:你不是到花园酒店去了吗? 怎么这么快就回来了?

　　B:唉,我的朋友临时有急事走了,_____。

(二)请判断下面的句子对不对,错的请改正:

① 我昨晚梦我妈妈。

② 阿里每天早上都听中文广播。

③ 开始的时候,看那么多人骑自行车,我很紧张,但我很快就

习惯了。

④ 小心点儿,别切手。

⑤ 他在路上遇着一位老同学。

167."叫住我们"与"叫我们"

(1) 服务员小姐叫住我们。

(2) 服务员小姐叫我们。

(3) 抓住绳子,别松手!

(4) 他被问住了。

疑问

"叫住我们"和"叫我们"有什么区别? 例(1)中的"住"表示什么?

析疑

上面句子中的"住"都是结果补语(参看第 165 条)。它放在动词后表示**使人或物体停留、固定在一定的位置上**。

比如例(2)只是服务员叫"我们","我们"不一定停下来 。而例(1)是服务员的叫唤使"我们"听到以后停下来了。例(3)也是使绳子固定在手中的意思。

例(4)的意思是"别人问他,他回答不出来"。这里的"住"是上面的"住"的引申用法,它不是指人或物体本身固定在一个地方,而是指人的思想活动被控制了,就好像是人的思想停留在那里的意思。

考考你

请判断下面的句子对不对,不对的请改正:

① 昨天学的生词都记了吗?

② 真可惜,我传给他的球他没接,又丢了一分。

③ 看(kān)行李,别让小偷拿走了。

④ 我们终于把他劝住了。

⑤ 大家抓这个机会教训了他一顿。

168. "来"与"去"做补语

(1) 快点儿**下来**!

(2) 快点儿**下去**!

(3) 快点儿**上来**!

(4) 快点儿**上去**!

(5) 我们要想办法,赶快把困在里面的人救**出来**。

(6) 你怎么这么晚才到?他们都**进去**了。

(7) 知道我们快到了,他赶紧跑**下楼来**迎接我们。

(8) 外面太冷了,你们赶快**进屋里去**!

疑问

趋向动词"来"与"去"做补语时,什么时候用"来",什么时候用"去"?

析疑

趋向动词"来"与"去"可以放在动词后做趋向补语。我们来看下面的两个图:

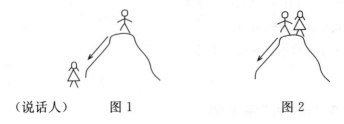

（说话人）　　　　图 1　　　　　　　　　　图 2

图中的小男孩是动作者,小女孩是说话人。两个图相同的地方是:①小男孩都是在山上。②小男孩将要做的动作都是下山。不同之处是小女孩站的地方不一样:图 1 小女孩站在山下,而图 2 小女孩站在山上。汉语表示这种不同就要分别用"来"和"去"。

图 1 小男孩下山时是朝着小女孩的方向走,用"来",见例(1)"快点儿**下来**!"图 2 小男孩下山时是离开小女孩的方向走,用"去",见例(2)"快点儿**下去**!"。

可见,当动作者跟说话人不是同一个人时,**汉语表示人或物体的移动,一般要以说话人为参照点,来决定用"来"还是用"去"。如果人或物体向说话人的方向移动,要用"来";离开说话人向另一方向移动,要用"去"。**

明白这点,再来看下面两个图,想想该怎么说。

图 3　　　　　　　　图 4

图 3 该用"上来",见例(3)"快点儿**上来**";图 4 该用"上去",见例(4)"快点儿**上去**"。

同样的,例(5)、(7)的动作是向着说话人,用"来";例(6)、(8)的动作是离开说话人,用"去"。

还要注意的一点是,处所要放在"上来""下来""进来""进去"等的中间,如例(7)"下楼来"、例(8)"进屋里去"。

此外,"来""去"做补语,还有另一种情况,即以听话人为参照点。具体请见第 169 条。

考考你

(一) 想想看下面的图该怎么说?(小女孩是说话人。)

① 快_____!　　　　　② 快_____!

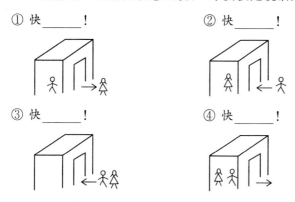

③ 快_____!　　　　　④ 快_____!

(二) 下面的句子对不对? 错的请改正:

① 我等了很久,他才从楼上走下来。

② 他从我这儿借来了几本书。

③ 小强放学回到家,把书包一放就跑出了。

④ 他昨天刚到家,带回去很多北京特产给我们品尝。

⑤ 我登上山顶后,看见山下不少人也很快地跑上山来了。

⑥ 赛车嗖的一声飞快地从我们面前跑过来了。

169. 为什么能说"我能进来吗"?

---

(1) A:请问,我能进**来**吗?

　　B:请进**来**。

(2) 请问,我能进**去**吗?

(3) 我马上到你那儿**来**。

(4) 我马上到你那儿**去**。

疑问

为什么例(1)中 A、B 两人都用"进来"? 为什么能说"我能进来吗"?

析疑

第 168 条已介绍,一般来说,汉语表示人或物体的移动用"来"或者"去"时,如果人或物体向说话人的方向移动,就用"来";离开说话人向另一方向移动,要用"去"。这是以说话人所在的位置为参照点。这种用法的前提是,动作者跟说话人不是同一个人。

可是,还有**另外一种情况,事件中的动作者就是说话人自己,**那么,**参照点往往变为听话人**。因为,在日常交际中,以听话人为参照点,表示你是站在听话人的角度来说这话的,就会显得更尊敬听话人,更有礼貌。

如例(1)的第一句和例(2)就属这种情况。假定句中的"我"是小王,小王来办事,敲了敲某办公室的门,然后问办公室里面的 B 自己能不能进里面,这时就不能说"我能进去吗?",而应该以听话人 B 为参照点。因为动作者和说话人都是小王,移动的方向是向着听话人 B,所以要用"来",即例(1)的第一句"请问,我能进**来**吗?"而第二句,B 成了说话人,小王向 B 移动,就是 168 条所说的"来"的用法。所以,例(1)中 A、B 两人都用"进来"。

如果小王想进的地方有门卫守着,小王向门卫发问,同样的,参照点应该是门卫。再因为小王想进的是里面,是离开门卫向里面移动,所以要用"去",即例(2):"请问,我能进**去**吗?"

需要注意的是,我们所说的如果事件中的动作者就是说话人自己,参照点往往变为听话人,这也不是绝对的。如例(3)、(4)指的是同一件事情,却两句话都能说。例(3)是从听话人那一方说的,"我"到听话人那儿,对于听话人来说,"我"就是向他走来,所以用"来"。这种说法显得较有礼貌。而例(4)还是以说话人自己为参照点,指离开说话人"我"自己现在所在的地方,前往听话人"你"那儿,所以也可用"去"。

考考你

下面句子中的"来""去"用得对不对？错的请改正：

① （经理在 3 楼办公室，小王在 2 楼。）

经理：小王，你马上到我办公室来一趟。

小王：好，我马上就上来。

② （小王也在经理办公室里）

经理：小王，你把这份文件送到人事科去。

小王：好，我这就来。

③ （马克跟乔治在聊天，马克听到李老师喊乔治。）

马克：乔治，李老师叫你呢，快过来。

④ （队长和队员都在屋内。）

队长：大家动作快一点儿，赶快出来集合！

170. "说起来""说下去""说出来"与"说出去"

（1）大家一听到这个消息，就七嘴八舌地说**起来**了。

（2）这事儿说**起来**容易，做**起来**难。

（3）对不起，打断了你的话，请说**下去**。

（4）你有什么困难可以说**出来**。

（5）这件事任何人都不能说**出去**！

疑问

例(1)、(2)中的"说起来"相同吗？它们跟"说下去""说出来"有什么不同？

析疑

上面句子的"起来""下去""出来"和"出去"都是趋向动词，在句中作补语。趋向补语都有它的基本意义，如"起来"指"由低向高移动"；"下去"指"由高向低移动"；"出来"指"由里面移到外面"，参照点（见第168条）在外面；"出去"也指"由里面移到外面"，参照点在里面。这几个词在上面的句子中表示的意思都是从它们的基本的意义引申出来的。

例(1)中的"起来"表示**开始并继续**。类似的如：笑起来了/唱起来了/雨又下起来了/天气热起来了。

例(2)中的"起来"表示**从某个方面来评论人或事物**。这句就是从"说"和"做"这两个方面来评论"这件事"。认为如果只是说说，那是很容易的；可是要去做，那就很难了。类似的如：这苹果看起来不怎么样，吃起来却很甜。

例(3)中的"下去"表示**继续进行或继续保持**。这句就是要对方继续说。再如：写下去/干下去/坚持下去。

例(4)中的"出来"表示**由隐蔽到显露**。也就是说，由原来看不见的，到让人看得见或知道。这句就是要听话人把只有他自己心中知道的困难告诉大家。再如：他的论文已经写出来了。

例(5)中的"出去"表示**向外转移、扩散**。这句就是指不要把这件事向外面传。再如：这种事闹出去对谁都没有好处。

考考你

（一）请用"起来""下去""出来""出去"填空：

① 让他讲_____，讲完以后再问问题。

② 他怎么这么快就把我们的计划宣布_____了？

③ 马上就要轮到我面试了，我的心不由得紧张_____。

④ 有什么意见，欢迎你们全都提_____。

⑤ 你再这样懒_____，将来做任何事情都不可能成功的。

⑥ 这种自行车骑_____很轻快。

（二）请判断下面的句子对不对，不对的请改正：

① 这个问题不要再讨论起来了，就这样决定了吧。

② 他向我们介绍起来了这个学校的情况。

③ 她笑起来很好看。

171. "想出（来）""想起（来）"与"想"

> （1）他没想办法。
>
> （2）他没想出办法。
>
> （3）他没想起曾经用过这个办法。

疑问

上面 3 个句子中的"没想""没想出""没想起"有什么不同？

析疑

例(1)中的"没想办法"是指"他"连想都没有想过。

例(2)中的"没想出办法"是指"他"想过办法,但想不到,也就是说没有结果。这里的"想出(来)"表示所想的东西是原来不存在的或不知道的。再如:该怎么做,你们要拿**出**主意**来**。

例(3)中的"没想起这个办法"是指他以前知道或用过这个办法,但这一次没有出现在脑子里面。这里的"想起(来)"表示所想的东西是曾经知道的。再如:他又回忆**起**他们第一次见面的情景**来**了。

这里的"出"和"起"都是趋向补语,从上面的例子可以看出,汉语的趋向补语实质上表示的也是一种结果。

考考你

请用"出(来)""起(来)"填空:

① 哦,我想_____了,他叫张明。

② 我已经想_____办法了,下一步看我的吧!

③ 每当看到这本书,我都会想_____她。

④ 你听_____这是谁的声音了吗?

172. "起来"与"下来"

---

(1) 下课了,同学们都到操场上去活动,
校园里热闹**起来**了。

(2) 铃声一响,整个考场马上安静**下来**了。

(3) 天气热/冷**起来**了。

(4) 天气冷**下来**了。

(5) × 天气热下来了。

疑问

"起来"和"下来"表示状态时有什么不同?

析疑

"起来"和"下来"都可以放在形容词后表示状态意义,但用法不同:

(一)**"起来"表示变化的开始**,多由静态转为动态。**"下来"可以表示从变化开始一直到完结**,多由动态转入静态。如例(1)"热闹起来"是开始热闹的意思,由静到动;例(2)"安静下来"表示已经安静了,由动到静。

(二)经常与"起来""下来"一起用的形容词不同:

1. 多、高、胖、亮、好、长、热、快、
贵、激动、热闹、活泼、热情 ╎ ＋ 起来(×下来)

2. $\downarrow$ 少、矮、瘦、暗、松、冷、凉、慢 便宜、冷静、安静、平静、镇静 $\Big\}$ ＋ 下来(有的也可与 "起来"连用)

第1组的形容词不能与"下来"连用,所以例(5)是错的。

第2组的形容词多数情况下跟"下来"连用。有的后面用"起来""下来"都可以,但意思不一样。如例(3)"冷起来了"是开始冷的意思;"冷下来了"是指气温已经降了一段时间,已经冷了。

考考你

请用"起来""下来"填空:

① 天亮了,路上的行人多_____了。

② 今天你该冷静_____,我们好好谈一谈。

③ 前面出了交通事故,来往的汽车都慢_____了。

④ 他一来,场面就热闹_____了。

173. "起来"与"开始"

(1) 大家听他这样一说,都忍不住笑**起来**了。
(2) 她吓了一跳,不由得叫了**起来**。 $\Big\}$ × 开始

(3) 那家银行上午8点**开始**营业。
(4) 电视台明晚7点**开始**直播这场歌舞晚会。 $\Big\}$ × 起来

(5) 天阴了,雨又**开始**下**起来**了。

疑问

书上说趋向补语"起来"的一个意思是表示"开始",那么,"起来"和"开始"的用法是不是一样的呢?

析疑

"起来""开始"都可表示动作情况开始进行,平时我们也的确是用"开始"来解释趋向补语"起来"(见第 172 条),但并不等于这两个词的用法就是相同的。

"开始 ＋ V"多用在预定的,也就是说原来已安排好的活动。如例(3)银行开门的时间都是定了的,例(4)电视台哪个时间播放哪个节目也都是预先安排好的。正因为这样,所以,"开始"可以用在有规律的事情,如例(3);也可用在将要进行的动作、活动,如例(4)。这些情况下,都不能用"起来"。

"V ＋ 起来"跟上面谈到的情况不一样。它**常用在不是事前有意安排的动作或情况**。如例(1)、(2)的"笑""叫"都是突然发生的。这种情况下一般不说"开始笑""开始叫"。

当然,也有"开始""起来"一起用的时候,如例(5)。

考考你

请根据下面的情景,用"起来"或"开始"说一句话:

① 明天下午训练的时间是 3 点到 5 点。

② 听到这个不幸的消息,她哭了。

③ 秋天来了,天气凉快了。

④ 看见地上有一条蛇,他吓得叫了。

174. "下来"与"下去"

（1）我想在广州住**下来**。

（2）我想在广州住**下去**。

（3）A：你真不错，自学中碰到这么多困难都坚持**下来**了。

　　B：谢谢你的鼓励，我还会坚持**下去**的。

疑问

上面句子中的"下来"和"下去"可以互换吗？

析疑

上面句子中的"下来"和"下去"不能互换，它们是不同的：

（一）例（1）中的**"下来"表示固定**。句中的"我"原来不住在广州，现在想固定在广州住。例（2）中的**"下去"表示继续**。句中的"我"原来就住在广州，现在想继续在广州住。

（二）例（3）中的**"下来"表示从过去继续到现在**；**"下去"表示从现在继续到将来**。句中的"我"在自己学习的过程中碰到很多困难，还是一直坚持到现在，没有放弃，我们就可以说"坚持下来了"。"我"准备从现在起还要一直继续自学，就可以说"坚持下去"。它们的区别还可以用下面的图表表示：

考考你

请用"下来""下去"填空：

① 对不起，打断了你的话，请说_____。

② 他原来准备去年结婚的，可是因为太忙了，这事也就拖了_____。

③ 这种气我已经受够了，不能再忍_____了。

④ 要把这种好的精神继承_____，并传_____。

175. "过来"与"过去"

> (1) 经过医生的抢救，病人醒**过来**了。
>
> (2) 病人一句话没说完就昏**过去**了。

疑问

上面句子中的"过来"和"过去"有什么不同？

析疑

例(1)中的"过来"表示恢复或转到正常的状态。也就是说病人回到了原来清醒的状态。

例(2)中的**"过去"表示失去正常状态,进入不正常状态。**也就是说病人从原来的清醒的状态进入昏迷的状态。

正常 ⟶ 不正常

昏、晕
死、昏迷 ⎱ 过去

考考你

请用"过来""过去"填空:

① 老师把我文章中的错字都改_____了。

② 听到这个消息,她几乎要晕_____了。

③ 他终于明白_____了,有了金钱不等于就有了幸福。

④ 经过治疗,他的记忆力恢复_____了。

176. "好好打"与"打得很好"

（1）这场球赛，你们一定要**好好打**！

（2）这场球赛，你们**打得很好**！

（3）老奶奶，刚下过雨，路上很滑，你要**慢慢走**。

（4）老奶奶年纪大了，走路**走得很慢**。

疑问

"好好打"和"打得很好"有什么不同？

析疑

"好好打"和"打得很好"都有形容词"好"和动词"打"，不同的是，它们在句中的位置不一样。其中的句式及其规律是：

（一）形容词＋动词。**如果做动作时已具有形容词所表示的状态，形容词要放在动词的前面**，做状语。如例（1），打球赛时的状态是认真打，"好好"就要放在"打"的前面。注意：这个动作可以是已发生的，如：王医生认真地给病人做了检查。也可以是还没发生的，如例（1），球赛还没开始。

（二）动词＋得＋副词＋形容词（副词是"很、十分、非常、真、比较、不太、不"等）。**如果说话人是用形容词所表示的状态来对动作进行评价，就要将"副词＋形容词"放在动词的后面**，做评判性补语。如例（2）中的"很好"就是对运动员打这场球的情况的评价，放在"打"的后面;例(4)中的"很慢"也是对老奶奶走路的样子的评价,放在"走"的后面。

要注意,这种用法的动作一定是**已经发生**了的。这是因为,只有动作已经发生或完成,说话人才会进行评价,遵循汉语语序的时间顺序原则,"副词＋形容词"自然要放在动词后。

考考你

请判断下面的句子对不对,不对的请改正:

① 妈妈要求我学习得很努力。

② 这篇文章写得真好。

③ 这个句子他解释得不够清楚。

④ 你这么快地跑,去哪儿?

177."能进去吗"与"进得去吗"

(1) 老师讲的故事我**能**听懂。

　　→ 老师讲的故事我听**得**懂。

(2) 他**能**进去吗?　　≠　　(3)他进**得**去吗?

(4) 他不能进去。　　≠　　(5)他进不去。

疑问

为什么例(1)中的"能"可以改用带"得"的可能补语来表示,例(2)

中的却不行？

析疑

一般来说，汉语表示可能，可以用"能"，也可以用带"得"的可能补语，如例（1）；还可以两个一起用，如：我**能**听**得**懂。再如：他能来/他来**得**了/他**能**来**得**了。但是它们的用法不完全一样。

如例（2）"他**能**进去吗"问的是他可不可以进去。例（3）"他进**得**去吗"问的是他有没有办法进去。假如你带你的一位朋友到球场想看比赛，可是他没有票，你问检票员时应说哪句呢？当然只能是例（2）。

例（4）"他**不能**进去"是说话人不同意"他"进去。例（5）"他进**不去**"是说"他"没办法进去。假如检票员同意让"他"进去，但人太多了，"他"怎么也没办法进到场内去，我们只能说例（5）。

可见：

（一）**请求对方同意时，要用"能"；表示不同意、不可以时，用"不能"。**

（二）**表示有没有办法实现某种结果时，要用带"得/不"的可能补语。**这种格式主要用于否定句或疑问句，肯定句用得较少。如：东西太多了，带不回去。/ 我也不会，帮得了你吗？

值得注意的是，外国人学汉语时往往对第二种用法掌握得不够好。

考考你

请判断下面的句子对不对，不对的请改正：

① 这个字很难写，我总也不能记住。

② 昨晚没复习好，今天老师提出的问题我不能回答。

③ 我借得了你的笔用一用吗？

④ 今天天气不好，还照得了相吗？

⑤ 考试的时候决不能偷看别人的答案！

⑥ 我昨天晚上睡得太晚了，今天早上不能起床。

⑦ 这些文件，你们只能在这里看，拿走不了。

⑧ 有的父母不能教育自己的孩子，就把孩子送到学校去住，让老师管他们。

178. "吃不了"有几个意思？

(1) 这么多水果，我一个人**吃不了**。

(2) 今晚朋友请客，可是经理要我马上去出差，这顿饭我是**吃不了了**。

(3) ——她**看得懂**中文报纸吗？
　　——她刚来，还**看不懂**。

(4) ——她眼睛刚做完手术，**看得了**报纸吗？
　　——**看不了**。

疑问

例(1)、(2)中的"吃不了"意思一样吗？

析疑

例(1)、(2)中的"吃不了(liǎo)"都是否定某种可能性的,但否定的重点不同,意思也不一样。

我 一 个 人 **吃 不 了**。　　这 顿 饭 我 是 **吃 不 了 了**。

例(1)中的"吃不了",不是不吃,而是吃不完的意思。"不"否定的是后面的"了",也就是**否定有这种结果的可能性**。例(3)中的"不"同样是否定后面的"懂"。

例(2)中的"吃不了",是指因为要出差,没可能去吃的意思,"不"否定的是前面的"吃",也就是**否定有这种动作或情况的可能性**。例(4)中的"不"同样是否定前面的"看"。

怎样区分这两种用法呢? 它们的句式不一样:

(一) **动词 ＋ 得/不 ＋ 结果补语/趋向补语**(包括表示"完"的"了")。

(二) **动词 ＋ 得/不 ＋ 了**。

只要我们能区分"得/不"后面的"了"是表示"完"的"了",还是第二种用法的"了",其他句子问题就不大了。

考考你

请把下面的句子按结构分成两类:

① 他不小心丢失了护照,暂时去不了香港。

② 我的水平还不够高,一天翻译不了 3 篇文章。

③ 这么高的山,你爬得上去吗?

④ 他的腿扭伤了,今天这场比赛他参加不了了。

⑤ 他们太强了，我看我们是赢不了他们的。

⑥ 衣服沾上了这么多油，我看是洗不干净的了。

179. "写不清楚"与"写得不清楚"

> (1) 他才学了几个月的汉语，你要他用汉语写信，他**写不清楚**。
>
> (2) 这几个字**写得不清楚**，我看不懂是什么意思。
>
> (3) 你们推荐玛丽参加下星期的卡拉 OK 比赛，她**唱得好唱不好**？
>
> (4) 昨天的卡拉 OK 比赛，玛丽**唱得好不好**？

疑问

"写不清楚"和"写得不清楚"有什么不同？

析疑

例(1)"写不清楚"中的"不清楚"是可能补语(见第 177 条)。"写"这个动作并**没有发生**，整句只是表示没有写清楚这种**可能性**。

例(3)"写得不清楚"中多了一个"得"，"不清楚"是评判性补语(见第 176 条)。"写"这个动作**已经发生**了，整句是**评价**字写没写清楚。

"表示可能"的补语和"进行评价"的补语在结构上有所不同：

	肯定	否定	正反疑问	
表示可能	唱得好	唱不好	唱得好	唱不好
进行评价	唱得很好	唱得不好	唱得好不好	

上表需要进一步说明的是：

表示可能的肯定式前面还可加"能"，如"能唱得好""能写得清楚""能洗得干净"。不过，可能补语主要用于否定式和疑问式。

表示评价的肯定式中的副词并不限于"很"，可以根据说话人的感觉，做出不同程度的评价。如"唱得还好/挺好的/很好/真好/非常好/太好了……"。同样，否定式中的副词也不限于"不"，还可以是"唱得不怎么好/不太好/很不好……"。

考考你

请考虑下面的句子用"表示可能"或"表示评价"的补语结构该怎么说：

① 你看到一幅画，觉得这幅画很漂亮，你赞扬这幅画。

② 别人请你弹一首曲子，你觉得这首曲子很难弹，你告诉他你没有弹好这首曲子的可能。

③ 你没空去看一个展览，你向看过这个展览的人了解这个展览的情况。

④ 你的衣服染到了墨水，你问洗衣店的店员，这件衣服有没有洗干净的可能。

⑤ 你对别人翻译的一篇文章不太满意，你怎么评价它？

180.“学了一年汉语”与“来中国一年了”

> （1）我**学**了一年(的)**汉语**。　　→学汉语学了一年。
>
> （2）我**来中国**一年了。
>
> （3）我们**吃**了两个小时(的)**饭**。→吃饭吃了两个小时。
>
> （4）我们**吃完饭**两个小时了。

疑问

当句子中有宾语又有时量补语的时候,时量补语应该在宾语前还是宾语后?

析疑

时量补语在宾语前还是宾语后,要看这个时间量说的是什么:

如果这个时间是一个**过程**的时间,即从**开始到结束**的时间,那么句式是"**V 了＋时量＋(的)N**";如果是从**一个动作完成到现在**的时间,那么句式是"**VN＋时量＋了**"。

例(1)中"我学习汉语"是一个过程,从开始到结束的时间是一年;例(2)中"来中国"这个动作在"我"到达中国的时候已经完成了,从那个时候到现在的时间是一年。如图:

另外，"V 了＋时量＋(的)N"的句式也可以变换成"VN＋V 了＋时量"，如例(1)、(3)。

考考你

请根据所给的情景说一句话：

① 昨天我们去他们家，坐车的时间是两个小时。

② 从我们上车到现在已经两个小时了，还没开车。

③ 下午他去打篮球，从六点打到八点。

④ 现在是四月，他去年七月回了国。

⑤ 他十点起的床，现在是十点半，可他还没吃早饭。

⑥ 他昨天晚上十一点睡的觉，今天早上六点起的床。

⑦ 我三年前认识了他。

⑧ 他从二十岁开始拍电视剧，一直到他六十岁才不拍了。

（二）语序

181.“他那件新羊皮大衣”

> （1）他那件新羊皮大衣不见了。
>
> （2）这是一双质量非常好的牛皮鞋。
>
> （3）我们学校的两位三十多岁的优秀语文老师去上海
> 开会了。

疑问

当名词前边有好几类定语时，它们是按照什么样的顺序排列的？

析疑

名词前边可以有好几类定语，它们的排列是有一定的顺序的。一般来说，它们按照下面的顺序排列：

$$\underset{①}{\underline{谁的/哪儿的}} + \underset{②}{\underline{(这/那)数量}} + \underset{③}{\underline{怎样的}} + \underset{④}{\underline{什么}} + \boxed{名词}$$

请看下面的分析：

例（1） $\underset{①}{\underline{他}}$ $\underset{②}{\underline{那件}}$ $\underset{③}{\underline{新}}$ $\underset{④}{\underline{羊皮}}$ $\boxed{大衣}$

例(2)　<u>一双</u>　　<u>质量非常好的</u>　<u>牛皮</u>　　⎡鞋⎤
　　　　②　　　　　③　　　　④

例(3)　<u>我们学校的</u>　<u>两位</u>　<u>三十多岁的</u>　<u>优秀</u>　<u>语文</u>　⎡老师⎤
　　　　①　　　　②　　　③　　　④

　　在具体的句子中,名词前面的几类定语不一定全都出现,可能只出现一类或几类,如例(2)只出现了 3 类定语。

考考你

请根据所给的词组完成句子:

例:我 一本 英文 小说 买了 非常有意思的

　　→ 我买了一本非常有意思的英文小说。

① 我家 小 活泼可爱的 花猫 那只 不见了

　　→

② 学校的 我们 两位 老师 数学 比赛 参加了

　　→

③ 给我们 是 非常有名的 作报告的 中文系 一位 老教授 昨天

　　→

④ 我 非常漂亮的 丝绸 一件 衬衫 有

　　→

⑤ 我们厂 很多 塑料 生产了 优质的 产品

⑥ 桌子上 两盒 奶油 放着 我最爱吃的 蛋糕

　　→

182. "他大概已经很久没给她打电话了"

> (1) 他**大概已经很久**没给**她**打电话了。
>
> (2) 我进去一看，**果然**李明**正在**办公室里**认真地**修改那个计划。
>
> (3) **刚才**他**在屋子里轻轻地**叫了一声。
>
> (4) **昨天晚上**你**到底**去哪儿了？

疑问

当动词前边有好几类状语时，它们是按什么样的顺序排列的？

析疑

动词前边可以有好几类状语，它们的排列是有一定的顺序的。一般来说，它们按照下面的顺序排列：

语气副词 ＋ 时间 ＋ 地方 ＋ 对象 ＋ 怎么样 ＋ 动词
　①　　　 　②　 　③　 　④　 　⑤

请看下面的分析：

(1) 他　大概　已经　很久　　没给她　　打电话。
　　　　①　　②　　②　　　④

(2) <u>果然</u>　李明　<u>现在</u>　<u>正</u>　<u>在家里</u>　<u>认真地</u>　修改那个计划。
　　①　　　　　　②　　②　　③　　　⑤

在具体的句子中,动词前面的几类状语不一定全都出现,可能只出现其中的一类或几类,如例(1)出现了 3 类状语。

另外,需要注意的是,上面的顺序不是绝对不变的,有时候也会有一些变化,如例(4)中的"到底"是语气副词,不是在表示时间的"昨天晚上"的前面,而是在它的后边。

考考你

请根据所给的词组完成句子:

例:辛亏 我 打了个招呼 昨天 给他 在门口

　　→ 辛亏我昨天在门口给他打了个招呼。

① 今天晚上　这件事儿　千万　你　给他　不要　讲

② 冬冬　哭了起来　在椅子上　大声地

③ 老师说完　他　马上　以后　从书包里　拿出了　课本

④ 居然　他　溜走了　从后门　悄悄地　真不像话

⑤ 现在　正在　他　给小明　　在教室里　辅导功课呢
　也许

183. "我现在已经没有钱了"

> (1) 我现在已经没有钱了。
>
> (2) 今天早上我从八点起就开始做作业。
>
> (3) 当时已经快到中午了。
>
> (4) 我们已经三年没见了。

疑问

当动词或动词词组前边有几个表示时间的状语时,它们是按什么样的顺序排列的?

析疑

如果动词前边同时有几个表示时间的状语,它们的排列顺序一般是:

时间名词　＋　介词短语(表时间)　＋　时间副词　＋　动词或动词词组
　①　　　　　　　②　　　　　　　　　③

请看下面的分析:

例(1) 我　现在　已经　没有钱 了。
　　　　　①　　③

例(2) 今天早上　我　从八点起　就　开始做作业。
　　　　①　　　　　②　　　③

请注意,如果时间名词表示的是一段时间,那么时间名词一般要位于时间副词之后,如例(4)中的"三年"表示的是一段时间,因此位于时间副词"已经"之后。

考考你

请判断下面的句子对不对,不对的请改正:

① 昨天晚上他一直从 8 点到 11 点在家里看书。

② 下班以后你马上去银行取钱。

③ 我才后来明白过来是怎么回事。

④ 他常常来这儿看书以前。

⑤ 我从明天起就不来这儿上班了。

184. "都不"与"不都"

(1) 我们班的同学**都不**喜欢打篮球。

(2) 我们班的同学**不都**喜欢打篮球。

(3) 明天我们**都不**去北京。

(4) 明天我们**不都**去北京,有几个人要去上海。

(5) 昨天他们**都没**来听报告。

(6) 昨天他们**没都**来听报告。

疑问

"都不"和"不都"的意思一样吗？

析疑

例(1)中的"都不喜欢"的意思是：全不喜欢，没有一个人喜欢。例(2)中的"不都喜欢"的意思是：有的喜欢，有的不喜欢。例(3)、(4)也是同样的情况。

"都没"与"没都"的区别和"都不"与"不都"的区别一样，如例(5)"都没来"是说：没有一个人来，例(6)"没都来"是说：有的人来了，有的人没来。

考考你

请根据所给的情景，用"都不（没）""不（没）都"完成下面的句子：

① A：你们班的同学都去了吗？

　　B：＿＿＿＿＿去，有的同学有事没去。

② A：你们都是从日本来的吗？

　　B：＿＿＿＿＿是，有几个是从美国来的。

③ A：昨天你们班的同学怎么没参加乒乓球比赛？

　　B：我们班的同学＿＿＿＿＿喜欢打乒乓球，都喜欢打排球。

④ A：你喜欢吃麦当劳还是喜欢吃肯德基？

　　B：＿＿＿＿＿喜欢，我喜欢吃中餐。

⑤ A：都是他不好，害得我没考好试。

　　B：也＿＿＿＿＿是他的错，你也有做得不对的地方。

⑥ A：怎么到现在了他们还不来？

B：你还不知道啊，他们俩＿＿＿＿来了，你再另找别人吧。

185.“都明天去”与“明天都去”

（1）A：你们**都**什么时候去啊？

　　B：我们**都**明天去。

（2）A：你们**明天都去**吗？（有没有不去的？）

　　B：我们**明天都去**。（没有不去的。）

疑问

“都明天去”和“明天都去”的意思一样吗？

析疑

我们在第 80 条讲过“都”的意思。“都明天去”与“明天都去”所强调的相同性是不一样的：

“我们都明天去”强调“我们每个人去的时间是相同的”。

　　　　都什么时候去 —— **都明天**去（没有人在后天去）。

“我们明天都去”强调“明天我们每个人做的事情是相同的”。

　　　　都去还是不**都去**—— **都去**（没有不去的）。

考考你

请根据所给的情景,把副词"都"放在合适的地方:

① 我们 A 今天 B 去,就阿里明天去。

② 我们 A 明天 B 去,就阿里不去。

③ 同学们 A 在操场上 B 打排球,只有小王一个人在图书馆学习。

④ 同学们 A 在操场上 B 打排球,没有一个人打篮球。

⑤ 不仅仅是小英,我们也 A 一直 B 在找你。

⑥ 不仅仅是这两年,其实我们 A 一直 B 在找你。

186."可以不……"与"不可以……"

---

(1) 我不是非得要你说,你**可以不**说。

(2) 这把锁太旧了,任何人都**可以不**用钥匙,一扭就开。

(3) 考试的时候**不可以**随便说话。

(4) A:请问,这张图我可以拿走吗?

　　B:**不可以**,我们还要用。

疑问

"可以不……"与"不可以……"的意思一样吗?

析疑

"可以不……"与"不可以……"的意思是不一样的:

"可以不……"的意思是"可以 ＋ 不……"，表示许可或有某种能力。如例(1)表示许可，也就是"允许你不说"。例(2)表示有某种能力，也就是说"任何人都能不用钥匙就把锁扭开"。

"不可以……"表示不能、不行或不允许做某事。如例(3)表示不能随便说话，例(4)表示不允许拿走张图。

考考你

请用"可以不"与"不可以"填空：

① 下午的会议也不是很重要，你可以去，也_____去。

② 在这种情况下，绝对_____这样做，否则就会有危险。

③ 办公室里的东西，你可以随便用，但_____带走。

④ A：明天的比赛我_____来吗？

　　B：_____，每个人都必须参加，不能不来。

⑤ 你可以批评我，但_____侮辱我。

⑥ 这些饭菜你_____吃，但_____浪费。

187. "下午又看电影"与"又下午看电影"

(1) 你上午看了一场电影了，怎么下午**又**看电影？

(2) 叫你不要下午看电影，你怎么**又**下午看电影？

(3) 他昨天中午打了一中午球，怎么今天中午**又**打球？

(4) 他经常中午打球，很影响休息，怎么今天**又**中午打球？

疑问

"下午又看电影"和"又下午看电影"的意思一样吗？

析疑

"下午又看电影"和"又下午看电影"的意思不一样,请看下面的图表:

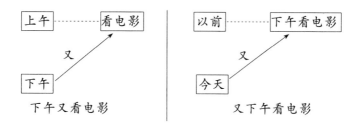

下午又看电影　　　　　　　又下午看电影

考考你

请根据所给的情景,把副词"又"放在合适的地方:

① 他上个星期天已经去了一次上海了,怎么 A 这个星期天 B 去上海?

② 我不是告诉你那家公司星期六不办公吗? 你怎么 A 星期六 B 去那儿?

③ 这种药只能在早上吃,晚上吃对身体不好,你怎么 A 晚上 B 吃?

④ 我今天早上吃了一片药,A 晚上 B 吃了一片。

⑤ 我昨天给姐姐买了一本书,今天 A 给妹妹 B 买了一本书。

⑥ 刚才一连从南面发起了进攻,现在 A 从北面 B 发起了进攻。

188．"他竟然来了"与"竟然是他来了"

（1）下这么大雨，大家都以为他不来了，没想到他**竟然**来了。

（2）大家都以为这次肯定是小刘来，没想到**竟然**是他来了。

（3）阿里以为这次考试会不及格，没想到**竟然**考了 80 多分。

（4）同学们都以为这次考试安娜会得第一名，没想到**竟然**是
　　阿里得了第一名。

疑问

"他竟然来了"与"竟然是他来了"的意思一样吗？

析疑

"他竟然来了"与"竟然是他来了"的意思不一样。

它们的区别请看下面的图表：

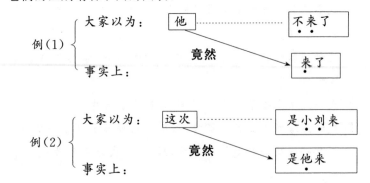

考考你

请根据所给的情景,把"竟然"放在合适的地方:

① 我只是说了他几句,没想到 A 他 B 那么生气。

② 大家都以为他考不上大学,没想到 A 他 B 考上了 。

③ 我们都以为是冬冬得了奖,没想到 A 是明明 B 得了奖。

④ 我早就告诉过他,要他去参加比赛,没想到 A 他 B 没去。

⑤ 同学们都以为这次肯定是三班赢,没想到 A 是一班 B 赢了。

⑥ 老师以为他今天又要迟到,可 A 他 B 按时到了。

189."在墙上挂地图"与"地图挂在墙上"

(1)他们**在墙上挂**地图。

(2)地图**挂在墙上**。

(3)她**在花瓶里插**花。

(4)花**插在花瓶里**。

(5)他们**在教室里唱歌**。

  ×他们唱歌在教室里。

(6)手表**掉在地上**。

  ×在地上掉手表。

疑问

"在墙上挂地图"与"地图挂在墙上"意思有什么不同？汉语的处所到底应该放在动词前还是动词后？

析疑

汉语是按照时间顺序组织句子的，处所在句中有在动词**前**和动词**后**两个位置，它们的意思不同：

处所在动词前，是表示动作发生的地方。如例（1），"墙上"是挂地图的地方。例（3），"花瓶"是插花的地方。

处所在动词后，是表示动作行为结束后，动作的结果所涉及的人或物体所附着的地方。如例（2）"地图挂在墙上"是表示挂地图这个动作已经结束了，动作的结果是地图挂在了墙上。即地图附着在墙上。

那么，是不是每个动作的前后都可以出现处所呢？不是的。应该说，汉语的处所在句中有 3 种情况：

（一）只能在动词前，如例（5）。这是因为"他们"唱歌前教室已存在，处所先于唱歌这个动作，而且歌唱完了也就唱完了，歌声不可能附着在这个地方。类似的还有：阿里在房间看电视。/ 妈妈在厨房做饭。

（二）只能在动词后，如例（6）。因为"地上"是手表掉下来，最后到达并附着的地方，而不是动作一开始所发生的地方，即"掉"这个动作先于处所"地上"。类似的还有：她不小心摔在地上/ 箭射在靶子上。

（三）可以在动词前，也可以在动词后，如例（1）—（4）。（当然正如上面所分析的，它们的意思还是有不同的。）这是因为"墙上"

既是"挂地图"这个动作发生的地方,又是地图挂完后所附着的地方。

考考你

请判断下面的句子对不对,不对的请改正:

① 他们上课在教室里。

② 刚才有个行人在地上被汽车撞倒。

③ 邮票要贴在信封的右上角上。

④ 这条裙子你在身上穿会很好看的。

⑤ 请稍等一会儿,张经理正会见一位客人在办公室。

190. "他从书架上拿下一本书来。"

(1) 他从书架上拿**下**一本书**来**。

　　他从书架上拿**下来**一本书。

(2) 前边跑**过**一个人**来**。

　　前边跑**过来**一个人。

(3) 他急急忙忙地跑**下楼来**。

　　[×]他急急忙忙地跑**下来楼**。

(4) 麻烦你把她送**回家去**。

　　[×]麻烦你把她送**回去家**。

疑问

可以说"他从书架上拿下一本书来",也可以说"他从书架上拿下来一本书",但不能说"他急急忙忙地跑下来楼",为什么?

析疑

当动词后边既有宾语,又有比较复杂的补语,如"起来、下来、过来、进来、出来"等的时候,它们的位置有三种情况:

宾语是表示一般的人或事物的名词时,既可以位于"下来、起来、过来、进来、出来"等词的中间,也可以位于它们之后。以"下来"为例:

1. **动词 ＋ 下 ＋ 宾语 ＋ 来**

   拿　　下　一本书　　来

2. **动词 ＋ 下来 ＋ 宾语**

   拿　　下来　　一本书

宾语是表示地方的名词时,只能位于补语"下来、起来、过来、进来、出来"等词语的中间。以"下来"为例:

3. **动词 ＋ 下 ＋ 宾语 ＋ 来**

   跑　　下　　楼　　来

考考你

请判断下面每组句子中哪一句是对的:

① A. 门外走进一个人来。

　 B. 门外走进来一个人。

② A. 天黑以前,我们一定要爬上去山。

　　B. 天黑以前,我们一定要爬上山去。

③ A. 他从口袋里掏出来一百块钱。

　　B. 他从口袋里掏出一百块钱来。

④ A. 他不慌不忙地走进教室来。

　　B. 他不慌不忙地走进来教室。

191. "与其你去……"与"你与其去……"(连词的语序)

(1) a. 与其你去,不如他去。

　　b. ×你与其去,不如他去。

(2) a. 你与其去,不如不去。

　　b. ×与其你去,不如不去。

(3) 因为我临时有事,所以他没有来。

(4) 我因为临时有事,所以没有去找他。

(5) 不但我看不懂,他也看不懂。

(6) 我不但看不懂法文,而且也看不懂西班牙文。

(7) 虽然他回国已经一年多了,但我跟他还有联系。

(8) 他虽然回国已经一年多了,但还经常给我来电话。

疑问

为什么连词"与其"在例(1)中放在"你"的前面,而在例(2)中则放在"你"的后面? 连词在复句中的语序有什么规律吗?

析疑

连词在复句中的语序确实有它一定的规律。我们先看例(1)和例(2)。

"与其……不如……"是表示取舍的复句,做出取舍的两项应该是相对的。例(1)a 做取舍的两项一个是"你去",一个是"他去",选择"他去"。例(2)a 是在"去"还是"不去"之间做出取舍,选择"不去"。

我们不难发现,**用于复句第一句的连词,它后面的词语一般是跟第二句不相同的,相同的内容要放到连词前**。如例(1)a,"你"和"他"不相同,"与其"放在"你"的前面。例(2)a"去"和"不去"不相同,"与其"放在"去"的前面。该句的动作者相同,即"去"和"不去"的动作者都是"你",这个相同的"你"需放在连词"与其"前。例(1)b 和例(2)b 之所以是错的,就是因为违反了这一点。

我们再分别对比上面例(3)和例(4),例(5)和例(6),例(7)和例(8),可以发现,不仅仅是"与其",其他的连词,如这 3 组中的"因为""不但""虽然"也都遵循这个规律。这几组例句,复句第一句的连词它后面的内容(带下画横线)跟第二句(带下划浪线)都是不相同的。而相同的词语(带下加点),如例(4)的"我"、例(6)的"我"和例(8)的"他",都放在连词的前面。

为了更清楚地说明连词在复句中的语序的这种用法,下面再以"不但"为例举一组例子:

① **不但**<u>这个故事</u>安娜听懂了，而且那个故事她也听懂了。

② 这个故事**不但**安娜听懂了，而且玛丽、马克也都听懂了。

③ 这个故事安娜**不但**听懂了，而且还能复述出来。

汉语可用于复句的连词有很多，应该说，本条所谈的规律带有普遍性，除了上面所举的"与其""因为""不但""虽然"以外，"如果""既然""即使""只要""不管""除非"等，在语序方面一般也都有这种用法。

考考你

请判断下面的句子对不对，不对的请改正：

① 天气由于起了变化，飞机没有按时起飞。

② 他因为要跟很多老朋友见面，所以决定在这儿多住几天。

③ 乔治汉语说得不但很好，而且写得也很好。

④ 天气不管多么恶劣，你都要准时到达出事地点。

⑤ 虽然他已经不在人世了，但我们永远也不会忘记他。

⑥ 只要是他认准了的事情，大家即使都反对，他也要干下去的。

（三）特殊句型

192. "桌子上有几个苹果"

（1）桌子上有几个苹果。

　　×在桌子上有几个苹果。

（2）路上一个人也没有，非常安静。

　　×在路上一个人也没有，非常安静。

（3）前边来了一个人。

　　×从前边来了一个人。

疑问

是"桌子上有几个苹果"还是"在桌子上有几个苹果"？

析疑

应该是"桌子上有几个苹果"。原因是：

汉语中有一类句子叫"**存现句**"，表示什么地方存在、出现、消失了什么人或什么事物。这类句子的开头一般是表示地方的词语，如例（1）的"桌子上"、例（2）的"路上"、例（3）的"前边"。这些词语前边一般不能用"在""从"等介词。再如：

墙上挂着一幅中国地图。（×在墙上……）

床上躺着一个人。（×在床上……）

对面开过来一辆汽车。(×从对面……)

考考你

请用括号里的词语完成下面的句子：

① ＿＿＿＿有很多鱼。(池子)

② ＿＿＿＿住着一位客人。(楼上)

③ ＿＿＿＿跑过来＿＿＿＿＿＿。(一群孩子　对面)

④ ＿＿＿＿坐着＿＿＿＿＿。(很多乘客　车厢)

⑤ ＿＿＿＿有各种各样的饮料。(餐厅)

193. "有"与"是"

```
(1) 大楼前面有两棵树。          × 是
(2) 大楼前面有一个广场。        → 是

(3) 河上有几条小船。            × 是
(4) 我家门前有一条小河。        → 是
```

疑问

为什么有些句子中的"有"可以换成"是"，更多的则不行呢？

析疑

"有"和"是"各自都有多种意义与用法。多数情况下它们是不

能互换的。它们相同的地方是都能表示"存在",但使用的范围不一样:"有"使用的范围广,"是"使用的范围窄。也就是说,表存在时,有些句子中的"有"可以换成"是",如例(2)、(4);有些则不行,如例(1)、(3)。下面我们看看具体原因是什么:

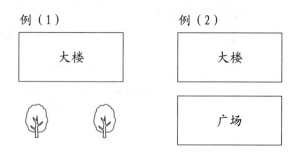

例(1)　　　　　例(2)

从上面的图可以看出,"大楼前面"地方比较大,如果我们所说的事物"广场"占满了它的位置,"有"就可以换成"是",如例(2);如果占不满,就不能换,如例(1)中的两棵树只占了"大楼前面"的一部分地方,就只能说"有两棵树"。

同样的道理,例(3)中的几条小船不可能占满整条小河,句子不能用"是";例(4)中的"小河"占的地方肯定要比门前的空地大,成为门前主要的事物,句子可换成"是"。

考考你

请判断下面的句子对不对,不对的请改正:

① 图书馆旁边是一片小树林。

② 校门口是一辆小汽车。

③ 树上是两只小鸟。

④ 院子中间是一个花坛。

194. "他站起来唱了一首歌"与"他叫玛丽再唱一首歌"

> (1) 阿里**站**起来**唱**了一首歌。
> (2) 阿里**叫**玛丽再**唱**一首歌。
>
> (3) 经理**到**上海**谈**一笔生意去了。
> (4) 经理**派**小王去**谈**一笔生意。

疑问

例(2)是谁唱歌？跟例(1)的意思有什么不同？

析疑

例(1)中有两个动词"站""唱"，例(2)中也有两个动词"叫""唱"。但是，它们跟主语"阿里"的关系不一样，请看图表：

例(1)"站起来""唱歌"两个动作都是"阿里"发出的，我们把这种句子叫**连动句**。

例(2)"唱歌"的是"玛丽"而不是"阿里"。玛丽为什么会再唱一首歌呢？原因是阿里"叫"她这样做的。也就是说，第二个动作是由于第一个动作引起的。再看例(4)，也是由于经理派小王去，小王才会去谈这笔生意的。我们把这种句子叫**兼语句**。

兼语句的第一个动词常常是：请、叫、让、派、要、使、劝、选、安排、吩咐、要求、命令、催、逼、强迫，等等。

考考你

请用"连动句"或"兼语句"把下面句子的意思表达出来：

① 昨晚我看了一场电影，是小李请的客。

② 小王打开门，小王走出去了。

③ 我设计了一个广告，是经理叫我这样做的。

④ 老师："马克，请再朗读一遍。"

195. "把"

---

(1) 她**把**房间打扫干净了。　→ 她打扫干净了房间。

(2) 他**把**门打开了。　→ 他打开了门。

(3) 安娜**把**钱放进了钱包里。

(4) 他**把**书送给了玛丽。

(5) 王老师**把**那本英文小说翻译成了中文。

(6) 我**把**她看作我的姐姐。

疑问

例(1)可变换成不用"把"的句子，是不是所有"把"字句中的

"把"都是可用可不用的呢?

析疑

这个问题问得好。有些"把"字句,的确是可以变换成不用"把"的句子,如例(1)、(2),但值得注意的是,有不少句子是不能这样变换的。下面的情况一般都要用"把"字句:

(一)某个确定的事物,**因为某动作而发生位置的移动或关系的转移**。如例(3),"钱"因动作"放"而移动到了钱包里;例(4)"书"因动作"送"而从"他"那儿转移到了玛丽那儿。这里的"钱"和"书"都是专指的(specific)确定的事物。

(二)某个确定的事物,**因为某动作而变化成为另一事物,或被认同为另一事物**。如例(5),"那本英文小说"经过翻译而成了"中文小说"。例(6)"她"不是我的姐姐,但被我认同为"我的姐姐"。

"把"字句的使用要注意以下几点:

1."把"后的事物一般是确定的。所以,"×请把一本书给我"这个句子是错的,要改成"请把那书给我"或"请把书给我"。

2."把+事物"的后面不能是一个简单的动词,必须还要有别的成分。如不能说"×她把房间打扫",而要像例(1)那样"……打扫干净了"。

3.可能补语表示的不是一个动作的结果,所以不能用于"把"字句。如不能说"×他把车修得好",而应说"他能把车修好"。

考考你

请判断下面的句子对不对,不对的请改正:

① 他寄文章到报社去了。

② 妈妈做那块布成了一条裙子。

③ 他放买来的电脑在电脑桌上。

④ 阿里把那本书看。

⑤ 你要这封信交给谁?

⑥ A:马克拿到票了吗?

　　B:应该拿到了,我已经送票到他那里去了。

⑦ A:谢力呢?

　　B:他送一个同学到医院去了。

⑧ 李老师当学生作自己的孩子,非常关心他们。

196. "把"与"被"

> (1) 小刚**把**小明劝走了。
>
> (2) 小刚**被**小明劝走了。
>
>
> (3) 我**把**他骂了一顿。
>
> (4) 我**被**他骂了一顿。
>
>
> (5) 小王**把**电视机弄坏了。
>
> (6) 电视机**被**小王弄坏了。

疑问

　　例(1)、(2)两句中,到底是谁劝谁,谁走了?

析疑

首先,我们看看这样一个情景:王老师叫马克到他那里去,马克去了。这个情景,我们可以说:

王老师**把**马克叫去了。

也可以说:

马克**被**王老师叫去了。

可见,用"把"或用"被"都可以将这个情景表达出来。不同的是:**"把"后面的是受影响的事物,"被"字后面的是动作者。**

"把"字句的格式是:

动作者(或发出影响者)+把+受影响的事物+动作+结果

"被"字句的格式是:

受影响的事物+被+动作者(或发出影响者)+动作+结果

弄清楚了它们的不同,再看例(1)、(2)就不难理解了。

例(1)的意思是:小刚劝小明,小明走了。即:

例(2)的意思是:小明劝小刚,小刚走了。即:

同样的道理,不难看出,例(3)中是"我"骂"他"。而例(4)中是"他"骂"我"。

　　交际中用"把"还是用"被",要注意两点:

　　(一)用"把"还是用"被",往往跟话题(topic)有关。例如"小王弄坏了电视机"这一件事,如果我们看见小王的姐姐在说小王,我们会问:"小王怎么啦?"他姐姐一般都会接着"小王"这个话题,用例(5)来回答我们:"小王**把**电视机弄坏了。"如果我们到小王家去,看见电视机没开,而这个时候正好有一个精彩的电视节目,我们会问:"你们怎么不看电视?"这时小王的姐姐一般会用例(6)回答:"电视机**被**小王弄坏了。"

　　(二)"被"字句多用在不太如意的事,好事情比较少用"被"。例如"经理表扬了阿里"这件事,可用"把"字句表示"经理**把**阿里表扬了一番",不能用"被"(×阿里被经理表扬了一番)。如果要把阿里作为话题,我们只能说:"阿里**受**到经理的表扬。"

考考你

　　请根据情景,用"把"或"被"将下面句子的意思表达出来:

① (谢力昨天借小王的自行车骑,结果不小心弄丢了。)

　　小李:你今天怎么不骑车?

　　小王:＿＿＿＿＿＿＿＿＿＿＿＿

② (妈妈煮好了饭菜,出门前她告诉我:)

　　＿＿＿＿＿＿＿＿＿＿＿＿,你等一会儿热热就可以吃。

③ (马克说服了他们,他们同意不去了。)

　　A:他们不是说一定要去的吗? 怎么现在都同意不去了?

　　B:马克真有本事,＿＿＿＿＿＿＿＿＿＿。

④（A 不小心打烂了酒店的玻璃,酒店服务员罚了他的款。）

A:今天真倒霉!

B:怎么啦?

A:我不小心打烂了酒店的玻璃,＿＿＿＿＿＿＿＿＿＿＿＿。

197. "把"与"使"

> (1) 他**把**大家团结起来了。
>
> 　　他**使**大家团结起来了。
>
> (2) ×滴滴答答的雨声**把**我怀念爸爸妈妈和家里人。
>
> (3) ×这件事**把**他们一家的心情非常沉重。
>
> (4) ×一阵铃声**使**她吵醒了。
>
> (5) ×我**使**衣服洗干净了。

疑问

为什么例(1)用"把"或"使"都可以,而例(2)、(3)用"使"是错的,例(4)、(5)用"把"也是错的呢?

析疑

"把"字句除了表"处置"外,还有一种用法是表"致使",这时容易跟同样表"致使"的"使"字句相混淆。

首先,我们来看看下面两个句子:

他**把**我骂哭了。

他这一骂**使**我感到非常难过。

这两个句子都含有由于某个原因致使某种结果的意思,所不同的是,它们的结构不一样:

他 把 我 骂 哭 了	他这一骂 **使** 我 感到非常难过
动作 结果	原因　　　　结果
(原因)	

可见,"把"字句的"把"后一定要出现"动作",这个"动作"就是引起后面的结果的原因。而"使"字句的原因是放在"使"的前面,"使"字后面只是结果。明白了这一点,我们就不难解释为什么例(2)—(5)都是错的。

例(2)、(3)中"我怀念爸爸妈妈和家里人""他们一家的心情非常沉重"都只是结果,没有出现引起这结果的动作,所以应改用"使"字句。

例(4)中"使"后的"吵"不是结果,"她醒了"才是结果,动作"吵"是引起这个结果的原因(即"铃声吵她")。句子如果要强调这个动作,就必须用"把",改成:"一阵铃声把她吵醒了。"如果只出现结果,那就可用"使"字句,改成:"一阵铃声使她醒了。"同样的道理,例(5)中"衣服干净了"是结果,引起这个结果的原因是动作"洗"。这句也应该用"把"字句。

最后,我们来看看为什么例(1)中用"把"或"使"都可以呢?

这是因为"团结"这类词比较特别,它可以表示动作"团结大家"，又可以表示结果"大家团结起来了"。用"把"字，同时强调了"他团结大家"这个动作行为的过程，以及这个原因带来的结果；用"使"字，只强调"大家团结起来了"这一结果。类似"团结"的词还有"集中、丰富、完善、繁荣、恢复、稳定、统一、端正、健全"等。

考考你

请判断下面句子中的"把"或"使"用得对不对：

① 这样做才能把顾客满意。

② 那个人把我的自行车撞坏了。

③ 大风使许多树刮倒了。

④ 紧张的工作把他更加消瘦了。

⑤ 这个电影使我想起了童年时代的生活。

⑥ 狗使狼咬伤了。

⑦ 这个消息把大家欣喜若狂。

⑧ 你一定要把大家的情绪稳定下来。

198. "连……带……"与"又……又……"

---

(1) 他买了十斤水果,同学们**连**吃**带**拿,一下子就光了。

(2) 把那件事情做完后,妈妈**连**急**带**累,就病倒了。

(3) "停下,快停下!",他**连**跑**带**喊地追了上来。

(4) 张文听说爸爸要来看他,心中**又**惊**又**喜。

(5) 他要是看见我们在这儿有说有笑,**又**吃**又**喝,肯定会很生气。

疑问

"连……带……"与"又……又……"都可以连接动词,它们的意思一样吗?

析疑

"连……带……"与"又……又……"连接动词时,它们的意思不完全一样:

"连……带……"主要是强调两个动作或两种状态加在一起产生了某种结果。如:

例(1) 吃 ＋ 拿 ⇨ (结果) 一下子就光了

有时,"连……带……"也用来强调两个动作仿佛是一个整体,很难分开,如例(3)"连跑带喊",强调"跑"和"喊"两个动作是一个整体，"跑"中有"喊"，"喊"中有"跑"。

　　"又……又……"主要是说主语所表示的动作者或当事人有甲动作或状态，也有乙动作或状态，强调它们是并列的。如：

张文心中 —— 又"惊"　又"喜"

考考你

　　请根据所给的情景，用"连……带……""又……又……"填空：

① 听了他的话，她_____气_____恨，浑身哆嗦个不停。

② 看到他们俩要打架，大家_____劝_____拉，好不容易才把他们分开。

③ 听说儿子考上了大学，妈妈心中_____惊_____喜。

④ 中午我的几个朋友到我家做客，我_____炒_____炖，一会儿就弄了一桌子菜。

⑤ 听说爸爸回来了，冬冬_____喊_____叫地向楼下跑去。

⑥ 当他知道自己做错了以后，他_____惭愧_____难过。

⑦ 那天晚上，他突然_____呕_____吐，到医院一查，原来是得了急性肠胃炎。

199."找人一问"与"找人问问"

> (1) 马克找人一问,就知道了北京路该怎么走。
>
> (2) ×马克要找人一问北京路怎么走。
>
> (3) 马克要**找人问问**北京路怎么走。
>
> (4) 我开门**一看**,原来是王芳来找我。
>
> (5) ×我开门一看,是谁来找我。
>
> (6) 我开门**看看**是谁来找我。

疑问

"找人一问"和"找人问问"有什么不同?

析疑

"一问"和"问问"都可以表示动作的时间短暂,但它们所在的句子表示的意思不同。

例(1)、(4)的句式是:

$$\boxed{一+V} + \boxed{得出某种结果,或发现某种情况}$$

例(1)中"一"+"问"表示"问"的时间不长,后面部分表示很快就通过这动作得出了结果,"知道了北京路该怎么走"。例(4)同样是表示"看"的时间很短暂,很快就通过这动作发现某种情况。例(2)"北京路怎么走"不是结果,所以该例是错的。

例(3)、(6)的句式是：

| V V＋动作的内容 |

例(3)中"问问"后面的"北京路怎么走"，是"问"的内容，即说明"问什么"。例(5)同样是说明"看什么"。

考考你

请判断下面的句子对不对，不对的请改正：

① 医生一检查，果然是肝炎。

② 马丁打听打听才知道王老师已经搬了家。

③ 他一了解，这种产品在市场上的销路怎么样。

④ 大家一商量，问题很快解决了。

200. "大的大，小的小"与"打球的打球，跑步的跑步"

> (1) 瞧你买的苹果，大的大，小的小。
>
> (2) 她负担很重，家里老的老，小的小，都要她照顾。
>
> (3) 操场上人很多，打球的打球，跑步的跑步。
>
> (4) 下课后大家打扫教室，扫地的扫地，端水的端水，擦桌子的擦桌子。

疑问

"大的大，小的小"和"打球的打球，跑步的跑步"这两种句式的用法是不是一样的？

析疑

它们的用法是不一样的。

（一）例（1）、（2）"大的大，小的小"和"老的老，小的小"中的"大""小""老"都是形容词，而且每一句中两个形容词的意思都是相反的，如"大/小""老/小"。一般是在有关联的两种事物或人都不如人意时用这种句式。如：

大的大，小的小 ＝大的（苹果）这么大，小的（苹果）这么小

老的老，小的小 ＝老的这么老，小的还这么小

（二）例（3）、（4）"打球的打球，跑步的跑步""扫地的扫地，端水的端水"中的"打球""跑步""扫地""端水"都是动词（V）。这种句子表示情况各不相同，没有不如人意的意思，可以用"有的……有的……"来替换。如：

打球的打球，跑步的跑步 ＝ 打球的（人）打球，跑步的（人）跑步 ＝ 有的打球，有的跑步

扫地的扫地，端水的端水，擦桌子的擦桌子＝有的扫地，有的端水，有的擦桌子

考考你

请用本条的句式把下面句子的意思表达出来：

① 这些衣服有些太长了，有些太短了，没有一件合适。

② 放假了，同学们有的旅游，有的回家，宿舍里没有什么人。

③ 夜深了，车厢里有的人在睡觉，有的人在看书，十分安静。

（四）表示比较的方法

201. "他跟我一样高"与"他有我这么高"

（1）他跟我**一样**高。

（2）这孩子已经**有我这么**高了。

（3）他跟阿里**一样**喜欢足球。

（4）他**没有**阿里**那么**喜欢足球。

（5）他写字写得**跟你一样**好。

　　→ 他写字跟你写得**一样**好。

（6）他写字**哪有**你写得**这么**难看？

　　→ 他写字写得**哪有**你**这么**难看？

（7）他的想法**跟我的一样**。

疑问

"A 跟 B 一样……"和"A 有 B 这么……"有什么不同？

析疑

"A 跟 B 一样……"表示 A 和 B 相比较，在某方面程度相同。"一样"后可以跟形容词，如例（1）；也可以跟表示心理活动的动词和一些能愿动词，如例（3）；也可以什么都不跟，如例（7）。"一样"后面跟形容词时，这些形容词一般是**积极意义的**词语。它的否定式是"A 跟 B 不一样……",可是用得较少。

"A 有 B 这么/那么……"表示把 B 作为标准,用 A 去比 B,A 达到 B 的程度。根据 B 的远近,选择"这么"(近指)或"那么"(远指)(参看第 50 条)。它的肯定句用得较少,一般用来比划或描述某事物的形状、特征,后面的形容词一般也是积极意义的,如例(2)。它更多地用于疑问句、反问句和否定句,这时后面的形容词也可以是消极意义的,如例(6)。它的否定形式为"A 没(有)B 这么/那么……",如例(4)。

注意:当这两种比较句出现在"(V + O)+V 得……"句式中时,格式是:

A + (V + O)+ V 得 + 跟 B + 一样……

= A + (V + O)+ 跟 B + V 得 + 一样…… ［如例(5)］

A + (V + O)+ V 得 + 有 B + 这么……

= A + (V + O)+ 有 B + V 得 + 这么…… ［如例(6)］

考考你

请根据所给的情景用适当的比较句表达:

① 我很喜欢运动,可是他不太喜欢。

② 我们家乡那儿的气候很好,这儿的气候同样好。

③ 他很会说话,我不太会说话。

④ 海有多深,我对你的爱就有多深。

⑤ 现在人们的生活水平很高,以前的生活水平不太高。

⑥ 这家商场的东西档次很高,那家商场的东西档次不高。

202. "他来得比我早"与"他比我早来了一会儿"

> （1）他**来得**比我**早**。＝ 他比我**来得早**。
>
> （2）他比我**早来**10 分钟。
>
> （3）他吃饭**吃得**比我**多**。＝ 他吃饭比我**吃得多**。
>
> （4）他比我**多吃**了 3 碗饭。

疑问

上面两组"比"字句中形容词的位置为什么不同？

析疑

当"比"字句出现在"(V ＋ O)＋V 得……"句式中时，句子的格式应该是"A ＋(V ＋ O)＋ V 得 ＋比 B……"，或者是"A ＋(V ＋ O)＋比 B ＋ V 得……"。这时，形容词都出现在句子的最后，如例（1）、（3）。

可是如果比较的结果有数量，形容词又是"早、晚、多、少"，就要把这些形容词放在**动词的前面**，句式变为"A 比 B ＋早/晚/多/少 ＋ V ＋数量(＋ O)"，如例（2）、（4）。

考考你

请根据所给的情景用适当的比较句表达：

① 我花了 50 块钱，他只花了 30 块钱。

② 他昨晚 10 点睡的觉,他妻子 11 点半才睡。

③ 我拿了 3 个苹果,他却拿了 5 个。

④ 他去年来的,我是前年来的。

⑤ 这趟车 8 点到的,可预定时间是 5 点到。

203. "他比我高得多"与"他比我高一点儿"

(1) 他比我**高得多**。

→他比我**高多了**。

→他比我**高很多**。

(2) 我比姐姐**小得多**。

→我比姐姐**小多了**。

→我比姐姐**小很多**。

(3) 他比我**高一点儿**。

(4) 我比姐姐**小一点儿**。

疑问

在比较句中,为什么不能说"他比我很高"或者"他比我一点儿高"?

析疑

在第 103 条中,我们说过"很"是独立表明程度的副词,所以它不能以"很＋形容词"的形式出现在比较句中。如果他很高,我很矮,在比较句中,我们不能说"他比我很高",而应该在形容词后面加**"得多""多了"或"很多"**来表明比较的结果。其中前两个的语气比较强,而用"很多"只是说明某种客观情况,如例(1)、(2)。

同样也不能说"他比我一点儿高","一点儿"同样要放在**形容词的后面**,如例(3)、(4)。

错	对	
他比我很高	他比我高 ＋ 得多	（语气强）
	＋ 多了	（语气强）
	＋ 很多	（客观说明）
他比我一点儿高	他比我高 ＋ 一点儿	

考考你

请根据所给的情景用适当的比较句表达:

① 今天的最高气温是 32 度,昨天是 30 度。

② 他弟弟做作业用了 1 个小时,他却用了两个小时。

③ 我的学习成绩比较好,他的学习成绩更好。

④ 妹妹很善良,可是哥哥却不怎么样。

⑤ 我们公司今年的销售额是 950 万元,去年是 1000 万元。

⑥ 光的传播速度很快,而声音的传播速度比较慢。

204. "他不比我高"与"他没我高"

（1）我以为他很高，比了以后才知道，他**不比**我高。

（2）我一米七八，他一米七七，他**没**（有）我高。

（3）他总说我的学习不好，其实他的学习并**不比**我好。

（4）他的学习**没**（有）我好。

（5）他的学习**不比**我好多少。

　　→ 他的学习比我好不了多少。

　　→ 他的学习比我好不到哪儿去。

疑问

"他不比我高"与"他没我高"有什么不同？

析疑

一般情况下，当我们告诉别人某个比较的结果时，常可用句式"A 没（有）B ＋ X"。

"A 没（有）B ＋ X"的意思就是"B 比 A ＋ X"。如例（2）：

同样的情况,例(4)的意思是"他的学习比我差"。

而用句式"A 不比 B + X"时,往往有一个前提,即**自己或别人原来以为或认为一种情况**。如例(1)中我原来以为他比我高;例(3)中"他"认为他的学习比我好。当事实并不是这样时,我们就可用"A 不比 B + X"这个句式来否定原来的想法。

要注意的是,"A 不比 B + X"这个句式只是着重否定原来的想法,并没有说明实际情况是怎样的。实际情况包含两种可能性,我们可以用图表来说明例(1)的情况:

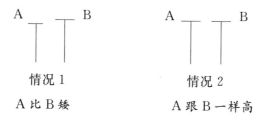

情况 1　　　　　　　　　　情况 2

A 比 B 矮　　　　　　　　A 跟 B 一样高

同样道理,例(3)也有两种可能:①可能"他"跟"我"差不多;②可能"他"比"我"还差。

另外,"A 不比 B + X 多少"否认的是"A 比 B + X 很多",意思是"A 只比 B + X 一点儿",这时也可说"A 比 B + X 不了多少"或"A 比 B + X 不到哪儿去",如例(5)。

考考你

请根据所给的情景用"不比"或"没有"表达:

① 我很有钱,可是他只有一点儿钱。

② 我以为上海比广州漂亮,现在看来两个差不多。

③ 我不太会做饭,他很会做饭。

④ 这个包小,那个包大,可是两个包差不多重。

⑤ 这个小姑娘不太讨人喜欢,她姐姐很讨人喜欢。

⑥ 人们一般都认为品牌店里的东西会贵很多,实际上也就比一般店里贵一点儿。

205. "他不如我高"与"他没我高"

```
(1) 我没他高。              →  不如

(2) 他学习没我努力。        →  不如


(3) 我没你这么懒。          ×  不如

(4) 我没他那么不自觉。      ×  不如


(5) 我没他那么想家。        ×  不如


(6) 他跑得很快,我不如他。
```

疑问

在比较句中,"没有"和"不如"有什么不同?

析疑

在比较句中,"没有"和"不如"意思相同。"A 没(有)B + X"和"A 不如 B + X"都是"B 比 A+X"的意思。如例(1),不管是用"没(有)",还是用"不如",它们的意思都是"他比我高"。

可是它们在用法上又有一点儿不同：

1.“没有”可以和“这么/那么”一起用，而“不如”不能，如例
(3)、(4)。

2.用“没有”时，后面的形容词可以是积极意义的词，如例
(1)、(2)；也可以是消极意义的词（要加“这么/那么”），如例(3)、
(4)。而**用“不如”时，形容词必须是积极意义**的，如例(1)、(2)。

3.“不如”后面一般不跟动词，如例(5)。

4.当形容词在前面已经出现时，“不如”后面的形容词可以省
略，如例(6)；而“没有”后的形容词不能省略。

考考你

请用“不如”或“没有”填空：

① 我的运气总是_____他那么好。

② 他干活_____他弟弟快。

③ 我_____他勇敢，也_____他那么坚强。

④ 这有什么不能说的，我可_____你那么害羞。

⑤ 我_____你那么喜欢看比赛，我可不想陪你熬夜。

⑥ 我们公司小刘最能喝酒，别人都_____他。

206. "比……更……"与"比……还……"

(1) 小刚跑得**比**小明**还**快。　　　　→ 比……更……

(2) 看来你**比**我**还**了解他。　　　　→ 比……更……

(3) 这个人**比**狐狸**还**狡猾。　　　　× 比……更……

(4) 他的钱**比**天上的星星**还**多。　　　× 比……更……

(5) 这学期小刚**比**小明跑得**更**快了。

(6) 这学期小刚**比**小明跑得**还**快了。

疑问

"比……更……"与"比……还……"的用法一样吗?

析疑

"比……更……"与"比……还……"的用法不完全一样:

(一)"比……更……"与"比……还……"的**相同之处是都可用于同类事物的比较**。如例(1)是将小刚和小明进行比较,小明跑得快,小刚跑得更加快。同样,例(2)是将"你"和"我"进行比较。这种情况下,"比……更……"与"比……还……"可以互换。

(二)"**比……还……**"**还可用于不同类事物之间的比拟**,"比……更……"没有这种用法。如例(3),人和狐狸是不同的事物,不可能作比较,这个句子是将狐狸来比拟"这个人",即把这个人比作狐狸。众所周知,狐狸很狡猾,而这个人比狐狸还要狡猾,借此说明他无比狡猾。再如例(4)，钱跟星星也不是同类事物，该句是用天上的星星之多来比拟"他"这个人的钱多不胜数。

这两个格式的异同列表如下：

	用于同类事物的比较	用于不同类事物之间的比拟
比……更……	√	×
比……还……	√	√

（三）如果是先后不同时间同类事物的比较，"比……更……"与"比……还……"的情况不同。例(5)用"比……更……"，意思是，以前小刚就比小明跑得快，这学期小刚就更快了。

例(6)"比……还……"，意思是，以前小刚比小明跑得慢，这学期小刚追上来了，跑得比小明还要快。

考考你

请用"比……更……""比……还……"填空：

① 看来你_____我_____了解他。

② 那条蛇_____碗口_____粗。

③ 他的胳膊肿得_____大腿_____粗。

④ 瞧，他_____你_____紧张。

⑤ 他以前不善于表达，没想到他现在_____很多人_____要会说。

⑥ 现在_____过去_____看重创新能力了。

（五）表示强调的方法

207. "是……的"（一）

> （1）A：你弟弟回来了?
>
> B：他回来了!
>
> A：他是什么时候回来的?
>
> B：他是昨天回来的。
>
> （2）A：这本书你是从哪儿借的?
>
> B：这本书是从张老师那儿借的。
>
> （3）北京大学的同学也来了,他们是骑自行车来的。
>
> （4）那本小说是阿里送给玛丽的。
>
> （5）我不是来玩的,我是来帮助你的。

疑问

"他是昨天回来的"强调什么?

析疑

用"是……的"这个格式可以强调某一件事情发生的时间、地点、方式、目的、条件或动作者等。那什么时候用"是……的"格式呢?

　　一般来说，"是……的"格式的这种用法都有一个前提，那就是说话人和听话人都知道已经发生了一件事情，当说话人或听话人想进一步强调事情发生的时间、地点、方式、目的、条件或动作者等时就可以用。如例(1)中 A 知道 B 的弟弟回来了，但不知他回来的时间，因此使用了"是……的"格式来强调时间。针对"他回来了"这一件事情，我们还可以从多个角度进行强调。被强调的内容在话语中一般重读。

① 是他昨天从香港坐飞机回来的。（强调动作者）
② 他是昨天从香港坐飞机回来的。（强调时间）
③ 他昨天是从香港坐飞机回来的。（强调地点）
④ 他昨天从香港是坐飞机回来的。（强调方式）

　　"是……的"（一）格式这种用法的否定形式是"不是……的"，如例(5)。

考考你

请用适当的词或句子完成下列对话：

① A：阿里，你也来北京了。你是哪天到的？

　　B：＿＿＿＿，你呢？

　　A：＿＿＿＿，你是坐火车来的，还是坐飞机来的？

　　B：都不是，我是坐汽车来的。你是一个人来的吗？

　　A：不是，＿＿＿＿。

② A:这本小说是从哪儿借的?

B:_____,你也喜欢看这本小说吗?

A:对呀,你借的这本是用英文写的吗?

B:不是,_____。

③ A:刚才跟你说话的那个人是谁?

B:是一个留学生。

A:你们认识很久了吗?

B:不是,_____。

A:他是从美国来的吗?

B:不,_____。

④ A:你把房子打扫得这么干净?

B:不,_____。

A:你妈妈真勤快!

208. "是……的"(二)

(1) a.小明干活是很认真的。

b.小明干活很认真。

(2) 他的话是很有道理的。

(3) 你这种心情是可以理解的。

(4) 这个手术是有危险性的。

(5) 大家千万不要大意,情况是随时会有变化的。

(6) 这种事情我是不会忘记的。

疑问

"是……的"(二)跟"是……的"(一)有什么不同之处?

析疑

"是……的"(二)和"是……的"(一)都表强调,但强调点不一样。

第 207 条已指出,"是……的"(一)用于已经发生的事情,强调它发生的时间、地点、方式、动作者等等。

"是……的"(二)这类句子不同,它多用来强调说话人对某人或某事物的评议,全句带有一种说明情况、阐述道理,或表明态度、看法的肯定语气。如例(1)a、例(2)—(6)。

具体看例(1),"b.小明干活很认真。"这是一种陈述,是说话人对小明的评价。而"a.小明干活是很认真的。"加上"是……的"以后,给这种评价带上了很明显的一种肯定的语气,起了强调的作用。比如在下面这种语境下使用就很合适,容易让听话人相信。

A:安排小明去合适吗?

B:你放心,小明干活是很认真的。

同样的情况,例(2)—(6)用了"是……的"(二),也都是在强调,表达了十分肯定的语气。如果省略"是"和"的",句子也都能成立,即"他的话很有道理""你这种心情可以理解""这个手术有危险性""情况随时会有变化""这种事情我不会忘记",但肯定的语气就减弱了很多。

考考你

请用"是……的"(二)给下面的句子加上肯定的语气:

① 小玲很有爱心。

② 他很喜欢这个孩子。

③ 这种情况确实存在。

④ 他这个人不会说假话。

⑤ 他的意见值得我们认真考虑。

⑥ 这样做很伤人。

209. "连……也/都……"

---

(1) 这个箱子**连**大人**也**提不动，小孩儿就更加提不动了。

(2) 这个箱子**连**小孩儿**也**提得动。

(3) 他**连**这么难的题**都**会做，真聪明！

(4) 他那么聪明，这道题**连**他**也**不会做，别人怎么会做？

(5) 你那么大的人，这么不懂礼貌，**连**小孩子**都**不如。

(6) 他忙得**连**睡觉的时间**也**没有。

疑问

"连……也/都……"是什么意思？该怎么用？

析疑

"连……也/都……"表示强调，强调的都是最不可能的事情，说话人的目的常常是通过强调最不可能的事情的发生，来说明另外一种情况。下面我们以例(1)、(2)为例来说明：

	最不可能的事情	说明另外一种情况	
提箱子　大人	(连)大人(也)提不动 →	小孩儿更提不动	例(1)
小孩儿	(连)小孩儿(也)提得动 →	箱子很轻	例(2)

提箱子的时候，在小孩儿和大人之间，最不可能提得动的是小孩儿，最不可能提不动的是大人。所以例(2)中"连小孩儿也提得动"的时候，别人肯定都提得动，也就说明箱子很轻；而例(1)中"连大人都提不动"的时候，小孩儿肯定也提不动。

在做题的时候，在难题和简单的题中间，最不可能会做的是难题，最不可能不会做的是简单的题。所以例(3)中他"连这么难的题都会做"，那就说明他很聪明；而例(4)中他是很聪明的人，他不会做是最不可能的事，那么"连他都不会做"，别人当然也不会。

例(5)成年人最不可能"不如""小孩儿"，所以用"连小孩儿都不如"来说"你"太差了。例(6)一个人就时间来说，最不可能缺的就是"睡觉的时间"，所以用"连睡觉的时间都没有"来说他很忙。

请注意，如果强调的对象是宾语或整个动宾短语，要把宾语提前放到"连"的后面，如例(3)、(5)、(6)。

考考你

请根据所给的情景，用"连……也/都……"句式表达：

① 他外语说不好　　　　　　　他自己的母语说不好

② 很多中国人不会写这个汉字　外国人不会写这个汉字

③ 便宜的衣服她舍得买　　　　这么贵的衣服她舍得买

④ 职员解决不了这个问题　　经理解决不了这个问题

⑤ 他睡不好觉　　　　　　　他干不好工作

⑥ 他没有写一个字　　　　　他没有写很多字

⑦ (他很生气)他说不出话来　他做不了别的事

⑧ 这孩子做别的事情的时候　这孩子学习的时候要听
　　要听着歌　　　　　　　着歌

210. "非……不可"

---

(1) 那个地方很危险,大家都叫小王不要去,但他**非**去**不可**。

(2) 这次去谈生意,只有小王最熟悉那种产品,他**非**去**不可**。

(3) 我**非**学好汉语**不可**。

(4) 干这项工作,人手不够,**非**增加人**不可**。

(5) 你们不好好练球,明天的球赛**非**输**不可**。

疑问

"他非去不可"有几个意思?

析疑

例(1)、(2)虽然都有"他非去不可",都表示一定要去,但意思不完全相同。

例(1)是说大家不让小王去，但小王自己一定要去。"非去不可"表示的是他本人的决心。

例(2)是说这次只有小王去才行，不管他本人愿意不愿意，他都必须去。

可见，"非……不可"有不同的用法。具体有 3 种意义：

1. 表示很强的决心或愿望，即"一定要"，如例(1)、(3)。

2. 表示必要性，即"必须"。这种用法，一般来说，前面常常会出现必须这样做的理由，如例(2)中的"只有小王最熟悉那种产品"，例(4)中的"人手不够"。

3. 表示必然性，即"一定会"。请看例(5)，这里的"非输不可"并不是说运动员自己希望输，也不是说他们必须输，而是说话人看到他们练球不认真，认为他们一定会输。

考考你

下面句子中的"非……不可"是哪个意思？

A. 表示决心或愿望的"一定要"　　B. "必须"　　C. "一定会"

① 干这项工作，非懂英语不可。

② 每天晚上睡觉之前，东东都非要妈妈讲故事不可。

③ 这件事要是让她知道了，她非生气不可。

④ 天阴下来了，看来下午非下雨不可。

⑤ 孩子不愿意学琴，你为什么非要她学不可呢？

⑥ 吸烟对身体没有什么好处，你非戒掉它不可！

⑦ 我们非爬到长城的最高峰不可。

⑧ 酒后开车，非出事不可。

211. "才不……""就不……"与"决不……"

> （1）我**才**不去呢！
>
> （2）我**就**不去！
>
> （3）我**决**不去
>
> （4）让我演坏蛋，我**才**不干呢！
>
> （5）这孩子，叫他吃药，他**就**不吃，真拿他没办法。
>
> （6）放心吧，这件事我**决**不会告诉任何人！

疑问

"不……"前加上副词"才""就""决"都可以表示强调，加强否定的语气。那么它们有什么不同之处呢？

析疑

先看例（1）—（3），这 3 句说话人都说"不去"，前面加上副词"才""就""决"都可以对"不去"加以强调，不过所加强的否定语气各有不同：

例（1）用上"**才**"，**表达了一种瞧不起的语气**。我们可以把句子扩展为："那种地方我才不去呢！"说话人明显看不上那个地方；或者是："干那种事，我才不去呢！"说话人明显很厌恶干那种事。

例（2）用上"**就**"，**表达了一种故意跟外来的要求或客观情况相**

反的语气。我们可以把句子扩展为:"他让我去,我就不去!"这里的"就"有"偏偏"的意思。

例(3)用上"**决**",表达了一种很坚决的语气,即"一定不去"。

再看其他几个例句,也都是印证了它们之间的这些不同:

例(4)是说话人瞧不起演坏人这个角色,用"才";例(5)是孩子故意跟家长叫他吃药的要求相反,用"就";例(6)说话人用上"决",表明自己一定不会告诉别人,这样听话人就会更加放心。

考考你

请用"才""就""决"填空:

① 他要我说,我_____不说,这张嘴又不是他的。

② 你愿意去你就去,我_____不管你这事呢!

③ _____不能让他跑了!

④ 我_____不跟这样自私的人交朋友呢!

⑤ 他对自己要求十分严格,_____不迟到早退。

⑥ 考试_____不能作弊!

⑦ 他要我这样做,我_____不这样做,看他能把我怎么样!

⑧ 我_____不会理会这些闲言碎语呢。

⑨ 我们_____不走,看他怎么说。

（六）复句与关联词语

212. "而"与"而且"

（1）苹果大**而**甜。 → 而且

（2）她聪明**而**漂亮。 → 而且

（3）她很聪明**而且**很漂亮。 ✕ 而

（4）他经常帮助我，**而**我却帮不了他。 ✕ 而且

（5）他在学习上帮助我，**而且**在生活上关心我。✕ 而

疑问

"而"和"而且"什么时候用法相同，什么时候用法不同？

析疑

"而"和"而且"都可以连接两个并列的形容词，如例（1）、（2）。但是如果形容词前还加上了"很""十分"等副词，就只能用"而且"，不能用"而"，如例（3）。

由于例（2）这种用法中的"而"可以换成"而且"，因此，外国人学汉语时容易类推，误以为其他情况下这两个词也是一样的，结果常常把例（4）、（5）两种用法相混。要注意：

"而"在例（4）中的用法是表示**"对比"**（见第 213 条）。前后两句的意思是**相对**或**相反**的。

"而且"表示**"进一步"**。如例（5）他不但"在学习上帮助我"，还

进一步"在生活上关心我",前后两句的意思是**相同**的,都是指他对"我"的好处,没有相反的意思,不能用"而"。

另外,"而且"还可连接动词,如"希望而且相信","而"没这种用法。"而"还可把"目的/原因/方式"和动作、情况连接起来,如:"为促进两国人民的友谊而努力工作""他今天因病而没来上课""他们是通过上网而认识的"。"而且"没有这种用法。

考考你

请用"而"或"而且"填空:

① 他们热情_____耐心地帮助我。

② 谢力的女朋友十分温柔,_____十分善良。

③ 去登山之前要掌握一些登山的知识,_____还要准备好登山的装备。

④ 有一年,美国产粮的中西部闹大旱灾,_____在同一时期,中国中西部的四川省却闹大水灾。

⑤ 虚心使人进步,_____骄傲只能使人退步。

⑥ 这种产品行销全国,_____远销欧美。

213. "而"和"但(是)"

---

(1) 我想去泰国旅游，**而**爸爸不让我去，所以我有点不高兴。

(2) 我想去泰国旅游，**但**爸爸不让我去，所以我有点不高兴。

(3) 我想去泰国旅游，**但**我钱不够，所以没去成。

(4) × 我想去泰国旅游，**而**我钱不够，所以没去成。

(5) 小英喜欢跳舞，**而**小红喜欢画画，

　　　两人的爱好不一样。　　　　　　　　　　× 但

(6) 这里不应该建房子，**而**应该建花园。　　　× 但

疑问

　　有些词典说"而"的一种用法是表示"转折"，是"但是"的意思，为什么我们按照这种说法造出来的句子有的是错的呢？

析疑

　　"而"的用法比较多(见第 212 条)，其中一种就是例(1)的用法。词典的解释是不够准确的。

　　我们认为，例(1)、(5)、(6)中的**"而"表示的是"对比"，"而"连接的两个句子是相对或相反的关系**。如例(1)是把"我"和"爸爸"两个人的想法、做法进行对比；例(5)只是将小英、小红两人的兴趣相比照，说明她们的爱好不一样。我们还可以把两小句的顺序调

一调：小红喜欢画画，**而**小英喜欢跳舞……。可见，此句完全没有转折的意味，所以不能换用"但"。同样，例(6)是谈一种看法，把"应该怎样做"和"不应该怎样做"做对比。

　　例(4)"我想去泰国旅游"是一种想法，"钱不够"是一种情况，两种东西不是对比关系，所以不能用"而"。这说明并不是表示"转折"的"但"都可以换成"而"。

　　为什么例(1)中的"而"可以换成"但"呢？这是因为，这里前后两句话的"相反"带有一定的"转折"的意思，如果句子强调的重点是后面部分，那么转折的味道就比较浓，就可以换成"但"。例(6)中"不应该建房子，而应该建花园"，是连贯地表达说话人的一个完整的想法，并不表示转折，所以也不能换成"但"。"不是……而是……"也有类似的情况。

考考你

　　请用"而""但"填空：

① 我每天都听中文广播，＿＿＿＿到现在还是听不太懂。

② 这不是一个小问题，＿＿＿＿是一个大问题。

③ 干这项工作，他遇到了不少困难，＿＿＿＿他没有灰心。

④ 小王比较内向，＿＿＿＿小陈比较外向，两人的性格不一样。

⑤ 小王想看足球比赛，＿＿＿＿小陈非要看歌舞表演不可，小王只好把电视调到了文艺频道上。

214. "一边……一边……"

> (1) 他一边吃饭,一边看电视。
>
> (2) 老师一边说,我一边记。
>
> (3) 王平一边做工,一边读书。
>
> (4) 明年的工作计划已经写出初稿了,现正**一边**征求意见,**一边**修改。
>
> (5) ×听到这个消息,她一边高兴,一边担心。

疑问

词典上说"一边……一边……"表示两个动作同时进行,我们应该怎样理解例(3)这类句子呢?

析疑

词典上的说法是不够全面的,应该说"一边……一边……"有两种用法:

(一) **表示两个以上的动作同时进行**。这两个动作,既可以是相同的某个或某些人做的,如例(1);也可以是不同的人做的相关的动作,如例(2)。

(二) **表示两种以上的做法在一段时间中反复交叉出现,同时存在**。这两种做法都不指具体的动作,而且是有一定的联系的。

如例(3)中的"读书""做工"都不指具体的动作,而只是表示"王平"目前一段时间中生存的两种做法。例(4)中的"征求意见"和"修改计划",也都不是"问"和"写"这样的具体的动作,而只是针对这个计划的初稿所采取的两种做法。

例(5)中的"高兴""担心"是两种心情,不是动作,也不是做法,所以不能用"一边……一边……"。

以上两种用法,我们也可以用简图加以区别:

　　用法一　　　　　　　　　　用法二

考考你

请判断下面的句子对不对,不对的请改正:

① 我们一边玩,一边很开心。

② 他经常一边走,一边想问题。

③ 最近,他一边写毕业论文,一边还要找工作,非常忙。

④ 他一边刻苦自学英语,一边提高了自身水平。

⑤ 教练一边示范,学员一边模仿。

215. "一面……一面……""一方面……一方面……"与"一来……二来……"

---

(1) 他一面做动作,一面讲解。

(2) 学汉语,一方面要重视听说,一方面也要重视读写。

(3) 一方面由于他不喜欢这个工作,另一方面也由于工资太低,他决定离开这个公司。

(4) 他决定离开这个公司,一来他不喜欢这个工作,二来工资太低了。

(5) 有条件的话,你应该多外出旅游,一来你可以多见识一下世面,二来可以放松心情。

疑问

"一面……一面……""一方面……一方面……""一来……二来……"有什么不同?

析疑

"一面……一面……"的用法跟"一边……一边……"基本上相同。(见第 214 条)不同的是,"一边……一边……"的第一种用法,在主语相同的情况下,可以不说"一",如:他边吃饭,边看电视。"一面……一面……"的"一"不能省去。

"一方面……一方面……"连接的是事情的两个方面或两种情况,不强调时间。如例(3)中的"听说"和"读写"是学习汉语要注意训练的两个方面。

"一来……二来……"连接的是两个原因或目的。如例(4)中"不喜欢这个工作"和"工资太低"都是"他"要离开公司的原因。在句子中,它们往往放在"某个结果"或"某个主张"的后面,即:

结果或主张	原因或目的
结果(如例(4))	
主张(如例(5))	一来…… 二来……

如果有三个原因或目的,这种句式还可以说"三来……"。

另外,还要注意,例(3)与例(4)的意思是一样的,但"一方面……一方面……"不能直接连接原因,所以必须加上"由于"。

考考你

请用"一面……一面……""一方面……一方面……""一来……二来……"几个关联词语填空:

① 吸烟_____损害自己的身体健康,_____也损害他人的身体健康。

② 你应该尽快把烟戒掉,_____吸烟会损害自己的身体健康,_____也会损害他人的身体健康。

③ 晚会上大家_____唱歌,_____跳舞,热闹极了。

④ 玛丽已经决定留在广州学汉语,_____她很喜欢这里的气候,_____还想学学粤语。

216. "或者"与"还是"

(1) 你喜欢听音乐还是喜欢听歌曲?

(2) 你想要红的那件还是要黄的那件?

(3) 谁也不知道他说的是真话还是假话。

(4) 去美国还是去澳大利亚,我还没决定。

(5) 你明天来或者后天来都行。

(6) 每天下午,她们都去打篮球或者跑步。

(7) 我想去美国或者澳大利亚,现在还没决定。

疑问

"或者"和"还是"在英语里都是 or,都是表示选择的连词,它们有什么不同?

析疑

"或者"和"还是"虽然在英语里都是 or,可是它们有很大的不同:

用"还是"时,说话人不知道是哪一个或哪种情况,所以"还是"通常用在问句里,如例(1)、(2);有时也可以不用在问句里,这时句子的谓语经常是"不知道""不清楚""没决定"等,如例(3)、(4)。注意例(4)把"我还没决定"放在了后面,也可放前面,是一个句子。

　　用"或者"时,说话人是告诉别人有这几种可能性,不能用在问句里,如例(5)、(6)、(7)。注意例(7)与例(4)的不同,"现在还没决定"不能放前面,这是两个句子,这里说话人还是在告诉别人自己的两种打算。

　　"还是"除了做连词外,还常做副词,具体见第 74 条。

考考你

　　请用"或者""还是"填空:

① A:你们这个星期走＿＿＿＿下个星期走?

　　B:下个星期。

　　A:怎么走?

　　B:坐火车＿＿＿＿坐飞机。

② 我没听清楚他说的是让小张去＿＿＿＿让小常去。

③ A:他今天脾气怎么那么大?

　　B:可能跟老婆吵架了,＿＿＿＿挨领导批评了。

④ 这批货到底进＿＿＿＿不进,你要快点拿主意。

217．"不是……就是……"与"或者……或者……"

(1) 这件事只有你们两个人知道，**不是**你说出去的，**就是**他说出去的。

(2) A：你什么时候去上海？
B：就这两天，**不是**明天**就是**后天。

(3) A：他跟谁一起去上海？
B：还不太清楚，**或者**是小刘，**或者**是小王。

(4) 他很喜欢锻炼身体，每天下午**不是**去操场跑步，**就是**去体育馆打球。

疑问

"不是……就是……"和"或者……或者……"的意思一样吗？

析疑

"不是……就是……"可以表示选择，有**"两者当中肯定有其一，不会有第三种情况"**的意思，如例(1)表示"你"和"他"两个人当中肯定有一个人把这件事说出去了，不会是第三个人。例(2)表示去上海的时间肯定是明天或后天当中的一天，不会是其他时间。

"或者……或者……"与"不是……就是……"不同，它有**"两者当中可能有其一，但也有可能是第三种情况"**的意思，如例(3)表示跟他一起去上海的可能是"小刘"，也可能是"小王"，还有可能是其他人。

　　"不是……就是……"还可以**表示举例**,通过举例来说明某种**情况**。如例(4)中的"不是去操场跑步,就是去体育馆打球"就是用"跑步""打球"表示举例,通过它们来说明"他很喜欢锻炼身体"这种情况。再如:那儿不是苍蝇,就是蚊子。同样是通过举例来说明那儿很脏。

考考你

　　请用"不是……就是……""或者……或者……"填空:

① A:他去哪儿了?

　　B:＿＿＿＿图书馆＿＿＿＿教室,不会在其他地方。

② A:你看这件事可能是谁做的?

　　B:＿＿＿＿是王丽,＿＿＿＿是张平,也有可能是其他人。

③ 他不喜欢学习,每天＿＿＿＿去看电影,＿＿＿＿去跳舞。

④ 你是怎么搞的,你看你写的字,＿＿＿＿越写越小,＿＿＿＿越写越大,怎么这么不认真?

218."与其……不如……"与"宁可……也不……" "宁可……也要……"

---

(1) 与其他去,不如你去,你对情况熟悉一些。

(2) 路不远,车上人又挤,与其坐车去,不如走路去。 你看怎么样?

(3) 车上人那么挤,我宁可走路去,也不坐车去。

(4) 他总是宁可自己少休息点儿,也要把工作干好。

疑问

上面几组关联词语是怎么用的?

析疑

从上面的例句可以看到,这几组都表示一种选择的关系,而且是比较了两种做法的利害得失后,作出了选择,选取其中一种,舍去另一种。如例(1),说话人面对"他去"还是"你去"两种做法,选择了"你去"。它们之间的区别是:(√ 表示选取的,× 表示不选取的。)

		使用场合
与其 __×__ 不如 __√__		多用于谈看法、提建议
宁可 __√__ 也不 __×__		多用于叙述当事人自己的选择
宁可 __√__ 也要 _目的_		多用于表示选择这一做法的目的

例(2)、(3)谈的都是同一件事,但例(2)是说话人提出建议,用"与其……不如……",将他所选择的放在后面一句;例(3)是说话人表明自己的选择,用"宁可……也不……",将他所选择的放在前面一句。

另外,用"宁可"往往表示的是,当事人从两种不希望的事情中选取自己认为相对要好一些的一件。也就是说,"宁可"后面的情况,本来也不是当事人所愿意的,如例(3)的"走路去",例(4)的"少休息点儿"。所以,我们不能说"我宁可中一等奖,也不愿中三等奖"。

考考你

请用"与其……不如……""宁可……也不……""宁可……也要……"几组词语填空:

① 这些东西扔了多可惜,_____扔了,_____送给需要的人。

② 哼,他这样的人,我_____把东西扔了,_____送给他。

③ 他们是我们公司的老客户。我们_____少赚点儿钱,_____使他们满意。

④ 买东西,她_____多花点儿钱,_____贪便宜买质量差的。

219. "由于"与"因为"

> (1) **由于**路上人太多,所以我迟到了。　　→ 因为
>
> (2) **因为**他昨天病了,所以没来上课。　　→ 由于
>
> (3) **由于**他总是关心别人,帮助别人,因此
> 　　　受到了大家的尊敬。　　　　　　　× 因为
>
> (4) 我今天不能去了,**因为**我家里有点事。　× 由于

疑问

连词"由于"和"因为"的意思一样吗?

析疑

"由于"和"因为"都表示原因,都可以和"所以"搭配使用,如例 (1)、(2),但它们不完全相同:

"由于"多用于书面语,"因为"多用于口语。"由于"可以和"因此""因而""所以"搭配使用,"因为"一般只和"所以"搭配使用,不和"因此""因而"搭配,如例(3)。另外,"因为"可以用在后一小句,而"由于"不行,如例(4)。

考考你

请用"由于""因为"填空:

① _____ 我刚来不久,所以还不太习惯这儿的生活。

② _____ 我经常来这里,因此这里的人都认识我。

③ 明天我不能去送你了,_____ 上午有场考试。

④ _____ 下大雨,很多同学都迟到了。

⑤ _____ 情况复杂,头绪又多,因而这项工作一直都没有大
的进展。

⑥ 这件事他一直都没有告诉我,_____ 他怕我伤心。

220. "因为"与"既然"

(1) 他**因为**病了,(所以)没来上课。

(2) 你**既然**病了,那就不要去上课了。

(3) **因为**小红很想去,所以我就同意了。

(4) **既然**小红很想去,你就同意她吧!

(5) **既然**要我去,那就是相信我。　　　　× 因为

(6) 我没去,(是)**因为**他已经去过了。

(7) 他**因为**这件事一直在生我的气。

疑问

"因为"和"既然"都表示因果关系,它们有什么不同?

析疑

"因为"和"既然"的不同如下：

因为 ＋ 原因，　　（所以）＋ 客观结果

既然 ＋ 事实，　　那/就 ＋ 主张/推论（主观意见）

例（1）中"他没来上课"是已经发生的，是客观结果，那他为什么没来上课呢？是"病了"的原因。而例（2）中"病了"是说话人和听话人都知道的事实，说话人先摆出这个事实，然后说该怎么办，于是提出自己的想法、主张："不要去上课了。"同样，例（3）中用"所以"引出客观结果"我同意了"，原因是"小红很想去"。例（4）中说话人根据"小红很想去"这个事实推断出应该让她去，所以提出自己的主张："你就同意她吧。"

可见，"因为……所以……"主要提出实际上的原因和结果。"既然"句的重点是通过提出事实得出后面的推断，用简单的话说，就是"这种情况下最好怎么做"，或者"这种情况下只好怎么做"，再者是"这种情况说明了什么"，含有主观性。

例（5）的"要我去"是一个事实，从中推断出结论"相信我"。"要我去"不是"相信我"的原因，所以，这个句子不能用"因为"。

另外，"因为"还可以放在后半句，而前半句先说出结果，如例（5）。"因为"还可以做介词，后面跟表示原因的名词，如例（6）。

考考你

请完成下面的句子：

① 既然你认识他很久了，_____。

② 因为我已经认识他很久了，_____。

③ 你既然已经做了一半，_____。

④ 我今天很累,_____。

⑤ _____多年的战争,这个国家的经济受到严重的破坏。

⑥ _____你已经见到他了,那你应该知道发生什么事情了。

⑦ _____,我们的活儿没干完。

⑧ _____,就应该改正。

221."所以"与"因此"

(1) 因为这里的风景很美,**所以**很多人来旅游。 ✕ 因此

(2) 由于我走得太匆忙,**所以**没来得及告诉你。 → 因此

(3) 他**所以**取得这么好的成绩,是因为他平时
学习一直都很努力。 ✕ 因此

疑问

连词"所以"和"因此"的意思一样吗?

析疑

　　"所以"和"因此"都可以表示结果,但它们的用法不完全相同:
"所以"可以和"因为"搭配使用,也可以和"由于"搭配使用,如例
(1)、(2)。"因此"一般只和"由于"搭配使用,不和"因为"搭配,如
例(1)。另外,"所以"可以用在主语谓语之间,如例(3),"因此"没

有这种用法。

考考你

请用"所以""因此"填空：

① 因为他乒乓球打得好，_____老师让他去参加比赛。

② 由于明天有大雨，_____运动会改到下个星期举行。

③ 他_____没去北京工作，是_____他想留在这儿照顾父母。

④ 我_____没有在会上批评你，是_____怕你一时接受不了。

222. "因此"与"于是"

(1) 老师们都很支持我们，**因此**成立一个学习小组是没有问题的。

(2) 在老师们的帮助下，同学们很快就行动起来，**于是**一个学习小组就这样成立了。

(3) 由于事先准备得很充分，**因此**问题很快就解决了。

(4) 大家认真讨论了有利和不利的因素，**于是**问题很快就解决了。

(5) 雪融化时要吸收热量，**因此**气温很快就会下降。

(6) 雪融化时吸收了很多热量，**于是**气温很快就下降了。

(7) 小王和小张都认为自己对，**于是**两个人就争吵起来。

疑问

连词"因此"与"于是"有什么不同？

析疑

"因此"与"于是"是不同的，"因此"表示根据上面所说的原因，得出下面的某种结论或结果，如例(1)中，"老师们都很支持我们"是原因，"成立一个学习小组是没有问题的"是由原因得出的一个结论。

原因		结论或结果
例(1)老师们都很支持我们		成立一个学习小组是没有问题的
例(3)事先准备得很充分	因 此 ⟶	问题很快就解决了
例(5)雪融化时要吸收热量		气温很快就会下降

"于是"表示后一件事情紧接着前一件事情，后一事往往是由前一事或前一情况引起的。因为"于是"后面的句子表示一件已经发生的事情，所以句子的主要动词后往往带有"了、起来、下来"等词语。如例(2)、(4)、(6)中"于是"后面的句子里的动词"成立""解决""下降"都带"了"，例(7)里的"争吵"带了"起来"。

事情 1	事情 2
例(4) 同学们很快就行动起来	一个学习小组就这样成立了
例(5) 大家认真讨论了有利和不利的因素	问题很快就解决了
例(6) 雪融化时吸收了很多热量	气温很快就下降了
例(7) 小王和小张都认为自己对	两个人就争吵起来

于是 →

考考你

请用"因此""于是"选择填空：

① 我跟他是多年的老朋友了，_____ 我很了解他。

② 没有一定的文化水平，学习专业就会遇到困难，_____ 我们必须首先学好文化，打好基础。

③ 那天我正在看书，小王突然来借词典，_____ 我就放下书，给他找词典去了。

④ 大家这么一鼓励，我 _____ 又恢复了自信。

⑤ 由于事先做了充分准备，_____ 会议开得很成功。

⑥ 学习计划确定以后，就要保证按计划进行，_____ 必须按期检查。

⑦ 公司决定组织大家学习外语，附近学校又帮助解决了教师问题，_____ 一个业余学习班就成立了。

223. "既然""如果""虽然"与"即使"

(1) **既然**下雨,我**就**不去了。

(2) **如果**下雨,我**就**不去了。

(3) **虽然**下雨,**但**我还是要去。

(4) **即使**下雨,我**也**要去。

疑问

怎样才能更好地区分上面 4 个词的用法?

析疑

我们可以把这 4 个句子作这样的分析:

事实	假设	
例(1) **既然**下雨,我**就**不去了。	例(2) **如果**下雨,我**就**不去了。	不转折
例(3) **虽然**下雨,**但**我还是要去。	例(4) **即使**下雨,我**也**要去。	转折

从上面的图表,我们可以看到这 4 个词用法上的区别。说话时,首先应看我们所说的是不是事实,是事实,就应该选择用"既然"或"虽然";不是事实,就应选择"如果"或"即使"。

接着,就要看后一句在意思上有没有转折关系。比如说,一般来说,遇上下雨,人们是不愿意出门的,如果你真的因为这样不去了,那就不存在转折关系;如果你还是要去,就是一种转折关系了。没有转折关系的,我们应选择用"既然"或"如果";有转折关系的,就应用"虽然"或"即使"。

考考你

请用"既然……就……""如果……就……""虽然……但……""即使……也……""固然……但……"填空:(请注意情景,"固然"可参见第 226 条。)

(一)(A、B 两人正在商量到百货大楼去买衣服。)

① A:_____衣服价钱贵,我_____不买了。

② B:不,只要是我看中的,_____再贵,我_____要买。(到百货大楼以后,她们两人不约而同地看中了其中一件衣服,价钱是 1000 元。)

③ A:_____价钱这么贵,咱们_____别买了吧。

④ B:你看这件衣服款式多新颖,_____价钱不便宜,_____我还是决定把它买下来。

⑤ A:买衣服款式新颖_____很不错,_____也不能不考虑价钱。

(二)

① _____事情没办成,_____我还是要谢谢你。

② 你已经劝过多次了,_____他不听,你_____不用再去劝他了。

③ 他下了决心,_____碰到再大的困难,_____要坚持下去。

④ 这是我的手机号码，_____有什么情况，_____马上给我来个电话。

⑤ _____他已经认识到自己错了，我们_____不要再说他了。

224. "即使"都是用于假设将来的情况吗？

---

(1) 我已经拿定主意了，**即使**大家都反对，我也要坚持下去。

(2) 对老师提出的问题，你们要大胆回答，**即使**说错了，也没关系。

(3) **即使**是陌生人，小强也很乐意帮忙。

(4) 不要忘了别人给过你的帮助，**即使**是一点点帮助，也要记住。

(5) 这两年，她忙于工作很少逛街，**即使**上街，也是买点儿东西马上就回。

疑问

"即使"表示让步时，假设的都是将来的情况吗？

析疑

"即使"表示让步时，确实是常用于假设将来的某一个情况（见第 223 条）。如例（1）假设的是，接下来可能会发生"大家都反对"

的这一情况。例(2),说话人假设的是,回答老师提出的问题时,有可能会出现"说错了"的情况。

但我们也要注意,"**即使**"表示让步时,所说的情况并不都指向将来,有的是以往已存在的,如例(3)—(5)。其中例(5)很明显就是纯粹的让步;而例(3)、(4)的让步同样带有假设,只不过,它所假设的是平日最不可能发生的情况,意思是,连最不可能的都做到了,别的就更不用说了。

如例(3),决不是假设将来的情况,该句表示的是小强平日都是这样做的。小强乐意帮忙的都有些什么人呢?老师、朋友、同学、陌生人。其中最不可能去帮的是什么人?当然是陌生人。小强连陌生人都乐意帮忙,对老师、朋友和同学就更不用说了。

再如例(4),别人给过的帮助肯定不止一次,而且肯定是已经发生了的事实。这些帮助有大有小,我们可用大小不一的圆圈来表示:

那么,一般人最不可能记住的肯定是右边实心小圈所代表的很小的帮助。连一点点帮助都记住了,别的同样也更不用说了,肯定都能记住。

可见,当"即使……也……"用于说明以往已存在的情况时,多是通过假设平日最不可能发生的情况都做到了,来强调情况具有周遍性。

考考你

请用"即使"改写下面的句子：

① 春天他坚持游泳，夏天他坚持游泳，秋天他坚持游泳，冬天他也坚持游泳。

② 看到不合理的现象，对普通人他敢批评，对朋友他敢批评，对官员他敢批评。

③ 昨天的比赛，住得近的同学提前到了，住得比较远的同学提前到了，住得很远的同学提前到了。

④ 一路走来，遇到小的困难，他没有放弃过；遇到较大的困难，他没有放弃过；遇到很大的困难，他没有放弃过。

225. "即使""甚至"与"连"

> (1) **即使**明天下雨，我们也要去爬山。　　×甚至、连
>
> (2) 这里这几年很少下雪，**即使**下，也不会太大。　×甚至、连
>
> (3) 小明太喜欢他的新玩具了，**即使**睡觉时也不放下。
>
> 　　　　　　　　　　　　　　　　　→甚至、连
>
> (4) **即使**最困难的时候，他也没有放弃过。　　→甚至、连
>
> (5) 他胖多了，**甚至**有的人都说他变样了。　　×即使、连
>
> (6) 这几年，他抓紧一切时间写作，**甚至**春节期间也不休息。
>
> 　　　　　　　　　　　　　　　　　→即使、连
>
> (7) 他**连**饭都没吃就走了。　　　　　　　×即使
>
> (8) 那个年代**连**女孩子都不打扮。　　　　→即使、甚至

疑问

"即使""甚至"与"连"这 3 个词什么时候可以互换,什么时候不行?

析疑

"即使"的用法前面第 223、224 条已介绍过。"即使"能否用"甚至""连"替换,首先要看它表示的是将来的情况,还是已经发生的事实。

如果假设的是将来的情况,不能用"甚至""连"替换。如例(1)。

如果表示的是已经发生的事实,如例(2)—(4),能否替换还是有不同。其中例(2)很明显只是单纯的让步,无法替换。而例(3)、(4)的让步是通过假设最不可能发生情况来表示"周遍"意义的,如例(3)最不可能抱着玩具不放的是睡觉的时候,小明连睡觉也不放下玩具,那白天更是如此;例(4)最不可能不放弃的是最困难的时候,这种情况下"他"也没放弃,说明"他"始终坚持。这种用法的"即使"能用"甚至""连"替换。

"甚至"的用法是提出突出的事例,表示更进一层的意思。例(5)是单纯的递进,不能替换。再看例(6),一年中最不可能不休息的是春节,"他"连春节期间也不休息,那这几年肯定是没有好好休息过,表示的也是"周遍"意义。这种用法的"甚至"能用"即使""连"替换。

"连"的用法是标举极端事例,"连……都……"句用于强调某种状况。其中例(7)很明显是一种单纯的强调,通过标举极端的事例"没吃饭",强调他走得急。而例(8)不同,按照常理,最不可能不打扮的是女孩子,那个年代连女孩子都不打扮,可想而知一般人谁都不打扮,表示的也是"周遍"意义。这种用法的"连"能用"即使""甚至"替换。

上面的分析可用下面的表来表示:

分　类	用　　法		能否替换
"即使"句	假设将来的情况		－
	表示已经发生的事实	单纯让步式,不表"周遍"意义	－
		让步性地假设最不可能发生的情况,**表示"周遍"意义**	＋
"甚至"句	单纯递进式,不表"周遍"意义		－
	用递进的方式提出突出的事例,**表示"周遍"意义**		＋
"连"字句	单纯强调式,不表"周遍"意义		－
	通过强调极端事例,**表示"周遍"意义**		＋

总的来说,在通过提出已经发生的极端事例来表示"周遍"意义,并且句法条件也合适的情况下,"即使""甚至"与"连"这 3 个词一般可以互换。

另外,"甚至"和"连"有时可连用。如:

(6')这几年,他抓紧一切时间写作,**甚至连**春节期间也不休息。

(8')那个年代**甚至连**女孩子都不打扮。

考考你

请用"即使""甚至""连"填空:

① 这件事闹得很大,_____惊动了校长。

② 你怎么_____我都怕呢?

③ 他常常利用星期天去做义工,_____过年休假也不例外。

④ _____ 没有人相信你,也不要放弃希望。

⑤ 他一辈子没读过书,_____ 他自己的名字也不会写。

⑥ 你_____ 这个字都不认识?

⑦ 他脾气不好,经常骂人,_____ 打人。

⑧ 这几个汉字极少用,_____ 我们的老师也不认识。

⑨ _____ 困难再大,我们也要想办法解决,决不能向困难低头。

226. "虽然"与"固然"

(1) 他**虽然**年龄很小,**但是**做事情却很有经验。

(2) **虽然**他已经不在人世了,**但**我们永远也不会忘记他。

(3) A:他年龄太小了,这件事他能做得好吗?

　　 B:他年龄**固然**小一些,**但是**做事情却很有经验,
　　　 应该没有问题。

(4) 这个办法**固然**很好,那个办法**也**不错。

(5) 对于学生来说,学习成绩**固然**重要,学习能力**却**更加重要。

疑问

连词"虽然"与"固然"的用法一样吗?

析疑

"虽然"与"固然"的用法不一样：

"虽然"表示让步，即先摆出某一事实，然后指出一个跟预期相反的事实。如例(1)先摆出事实"他年龄小"，然后指出一个与预期(年龄小，可能做事情的经验也少)相反的事实"他做事情很有经验"。

"固然"是先承认前提(即别人或自己原来所认为的情况)是对的，然后再指出一个跟预期相反的事实。往往用"但(是)"引出后一分句。如例(3)B先承认A说的"他年龄小"这个事实是对的，然后又指出了一个跟预期相反的事实"他做事情很有经验"。

另外，"固然"还可以先承认甲事实，然后又指出也应该承认乙事实，后一分句往往出现"也"或者"更"，如例(4)、(5)。"虽然"没有这种用法。

从位置上看，"虽然"既可以用在主语后面，如例(1)；也可以用在主语前面，如例(2)。(具体应放在主语前还是主语后，请参看第191条。)"固然"一般只用在主语后面，如例(3)、(4)、(5)。

考考你

请用"虽然""固然"以及适当的关联词语，将下列各组句子组成复句：

例：现在已经是冬天了。现在天气仍然比较暖和。(虽然)

→ 虽然现在已经是冬天了，但天气仍然比较暖和。

① 我讲了很多话。他一句都没有听进去。(虽然)

→

② 我很想帮助他。我不知怎样才能帮助他。(虽然)

→

③ A: 我们现在要做的工作很多。

B: 你们的工作确实是很多。你们还是可以抽出一些时间的。

→

④ 他的英语水平很好。他的法语水平也不错。（固然）

→

⑤ 数量确实是很重要的。质量更加重要。（固然）

→

⑥ 他的年纪还很小。他读了很多很多书。（虽然）

→

227. "但是""只是"与"不过"

(1) 小明说得很好，但是往往做不到。这样的人，
我不喜欢。

(2) 小明说得很好，只是稍微快了点儿，他应该
会得第一。

(3) 马克虽然个子小，但是力气却很大。

(4) 我其实很想去看看，只是没有时间罢了。

(5) 他身体一直不太好，不过现在好多了。

疑问

连词"但是""只是"与"不过"的意思一样吗？

析疑

"但是""只是"与"不过"都能表示转折，但它们强调的重点不一样。

让我们先比较例（1）和例（2）：

（1）小明说得很好，**但是**往往做不到。这样的人，我不喜欢。

（2）小明说得很好，**只是**稍微快了点儿，他应该会得第一。

这两例的第一小句都是"小明说得很好"，但是说话人的态度和观点（见画浪线部分）完全不一样。

在例（1）中，说话人表示不喜欢小明，原因是他往往说了却做不到。可见，"往往做不到"是说话人所要强调的重点，表示转折的词语用的是"但是"。

在例（2）中，说话人明显是肯定小明的，为什么断定小明会得第一，原因是他说得很好。可见，"小明说得很好"是强调的重点。这句表示转折的词语用的是"只是"，表明说话人认为，"稍微快了点儿"仅仅是很轻微的问题，

这样，我们就能清楚地看到，"但是"和"只是"用法的不同。

"但是"表示比较重的转折，它后面的内容是强调的重点，强调某种事情或情况跟预期或常理相反。再如例（3），强调的是马克"力气很大"。

"只是"表示轻微的转折，它前面的部分才是句子强调的重点，强调前面所说的事情或情况是主要的，再用"只是……"对次要的情况做一点补充说明。再如例（4），强调的是"我其实很想去看

看"，下句又用次要的情况"没有时间"做了一点补充说明。"只是"
所引出的内容中常带有表示不是那么重要的词语，如例(2)中的
"稍微"、例(4)中的"罢了"等。

"不过"也表示转折，用另一种情况对前面所说的情况进行补
充说明。前后两种情况都是强调的重点。如例(5)先说"他身体一
直不太好"，然后又进行补充"现在好多了"。这三者的区别可以用
下图来表示(△表示强调的重点)：

_____ ,但是 △ 。	（重转）
_____ △ ,只是_____ 。	（轻转）
_____ △ ,不过 △ 。	（中转）

考考你

请用"但是""只是"或"不过"将下列各组句子组成复句：

例：现在已经是冬天了。现在天气仍然比较暖和。（但是）

→ 虽然现在已经是冬天了，但是天气仍然比较暖和。

① 这件衣服看上去不怎么样。这件衣服很贵。（但是）

→

② 他写的作文很好。他的作文有几个错别字。（只是）

③ 进口小汽车很漂亮，很舒适。进口小汽车坏了不容易修
理。（但是）

→

④ 老刘今天来了一趟。老刘坐了几分钟就走了。（不过）

→

⑤ 这人很面熟。这人我一时想不起来是谁。（不过）

　　→

⑥ 我也很想看一看。我没有时间罢了。（只是）

　　→

228. "不管"与"尽管"

（1）**不管**明天下不下雨，我们**都**要去爬山。

（2）**尽管**外面下着雨，他还是照常去爬山了。

（3）当时**不管**谁劝他，他**都**不听。

（4）**尽管**王明一再劝他，但他还是不听。

（5）**不管**这个问题有多难，我们**都**要把它处理好。

（6）**尽管**这个问题很难，我们还是把它处理好了。

疑问

连词"不管"和"尽管"的意思一样吗？

析疑

"不管"和"尽管"的意思不一样：

"不管"跟"无论、不论"的意思差不多，**表示某种情况或动作行为不受任何条件的限制**。它表示的是假设的情况，如例（1）表示如果不下雨，当然要去爬山；如果下雨，也要爬山，根本不受天气条件的限制。例(3)表示不受任何人劝阻的限制。

由于"不管"强调在任何条件下结果都不会改变,所以,在用法上有一个很明显的特点,那就是"不管"的后面不能只是一种情况,而必须有两种以上的情况。而且,后一小句还要用上"都"。

$$
\text{不管}
\begin{cases}
\text{两种以上的情况} \\
\text{下(雨)} \quad \text{不下雨} \\
\text{谁/什么/哪儿/怎么……} \\
\text{多(么)……}
\end{cases}
\quad \text{都……}
$$

连词"**尽管**"跟"虽然"的意思差不多,**表示让步**,它表示的是一个**已经存在的确定的事实**。因而,跟"不管"不同的是,"尽管"的后面只能是一种情况。如例(2)中的"下着雨",例(4)中的"王明一再劝他",例(6)中的"很难"。

考考你

请用"不管""尽管"填空:

① _____ 他多忙,他都要抽出时间锻炼身体。

② _____ 有什么困难,我们都要想办法克服。

③ _____ 他得了重感冒,他还是按时完成了任务。

④ _____ 雨停不停,我们都要按时出发。

⑤ _____ 是哪门功课,他都考得很好。

⑥ _____ 已经 11 月了,但天气并不怎么冷。

229."不管"与"任凭"

(1) **不管**我怎么说,他都不相信。　　　　→ 任凭

(2) **不管**明天下不下雨,你都要来。　　　　× 任凭

(3) **不管**是在家里,还是在学校,他学习
都很认真。　　　　　　　　　　　× 任凭

(4) **任凭**他跑到天上去,我们也要把他找回来。× 不管

疑问

"不管"和"任凭"的意思一样吗?

析疑

"不管"和"任凭"都有"无论……,都……"的意思,但它们的用法不完全一样:

(一) 当"不管"后面有不表示疑问的词语"怎么、谁、什么、哪儿"的时候,"不管"与"任凭"的用法,在句子中可以互换,如例(1)。

(二) 当"不管"后面是并列结构的时候,不能换成"任凭"。如例(2)中的"下不下雨"、例(3)中的"在家里还是在学校",都是并列结构。"任凭"没有这样的用法,因此例(2)、(3)中的"不管"不能换成"任凭"。

(三) "任凭"还有"即使"的意思,如例(4)。"不管"没有这种用法,所以例(4)中的"任凭"不能换成"不管"。

考考你

请用"不管""任凭"填空：

① _____ 我怎么讲，他都不明白。

② _____ 是新同学还是老同学，都应该遵守学校的纪律。

③ _____ 你同意不同意，我都要去。

④ _____ 我说破了嗓子，叫他回家吃饭，他也不听。

⑤ _____ 天热还是不热，他总是穿那么多。

⑥ _____ 你有天大的本事，也甭想把它打开。

230. "只要……就……"与"只有……才……"

（1）**只要**吃这种药，你的病**就**能好。

（2）**只有**吃这种药，你的病**才**能好。

（3）他们的服务非常好，**只要**打个电话，**就**会马上上门修理。

（4）**只有**购了票，**才**能上车。

（5）你**只要**坚持锻炼，身体**就**会好起来的。放心好了！

（6）你**只有**坚持锻炼，身体**才**能好起来。

疑问

"只要……就……"与"只有……才……"有什么不同？

析疑

"只要 X 就 Y",表示做到了 X,就能有 Y 的结果。如例(1),说的是吃了这种药,病就能治好。没有说吃别的药不行。显然,条件是不太高的。

"只有 X 才 Y",表示如果做不到 X,就不可能有 Y 的结果。如例(2),说的是如果不吃这种药,病就不可能治好。意思是吃别的药都不行。这个条件是唯一的,因此条件比较高。

说话时到底用"只要……就……",还是用"只有……才……",有两种情况:

(一)**由客观情况决定**。如果客观上不这样做就不行,就要用"只有……才……",如例(2)、(4)。如果客观上采用别的做法也可以有同样的结果,那就用"只要……就……",如例(1)、(3)。

(二)**由说话人表达的需要而决定**。比如大家都知道"坚持锻炼身体好"的道理,问题是用"只要……就……"还是"只有……才……",这就要看说话人想强调什么。如果想强调"身体好"是容易实现的(条件不高),就用"只要……就……";如果想强调"身体好"是不容易实现的(条件高),就用"只有……才……"。例(5)是安慰身体不好的朋友或亲人,希望他有信心,当然不把实现"身体好"的结果说得那么难。而假设一个年轻人年纪轻轻身体却不好,可是又不愿锻炼,那么他的亲人要激励他坚持锻炼,当然说的就是例(6)的句子。

考考你

请用"只要……就……"或"只有……才……"填空:

① _____他能来,问题_____好办了。

② A：这个菜可以生吃吗？

    B：不能生吃，_____煮熟了_____能吃。

③ A：这个菜怎么做？

    B：很简单，_____放在开水里煮一下_____可以吃了。

④ 事情没那么简单，你_____深入实际，____能真正了解情况。

⑤ 这件事很麻烦，_____小王去办，我_____放心。

⑥ 汉语不难学，____有恒心，____可以学好。

231. "因为"与"为了"

---

(1) 她因为每天听广播，所以汉语水平提高得很快。

(2) 为了提高汉语水平，她每天都听广播。

(3) 昨天我没去找他，(是)因为有别的事情。

(4) 昨天我去找他，是为了把问题弄清楚。

(5) 昨天我之所以没去找他，是因为有别的事情。

疑问

"因为"和"为了"有什么不同？

析疑

    "因为"表示的是原因，常常跟"所以"一起用。前面一句说的是原因,后面一句说的是结果。如例(1)"每天听广播"是原因,"汉语水平提高得很快"是由这个原因产生的结果。

"为了"表示的是目的。"目的"往往就是"想要得到的结果",跟"原因"是不一样的。如例(2)"每天都听广播"只是一种做法,目的是想"提高汉语水平",所以用"为了"引出这个目的。

这两个词都可以放在后面说。这时,"因为"前可不加"是",如例(3);"为了"前必须加"是",如例(4)。

"因为"放在后面一句时,还可以采用"之所以……是因为……"的格式,如例(5)。

考考你

请用"因为""为了"填空:

① _____考试不及格,他不得不补考。

② _____我们互相了解,有时候不用说话也知道对方的想法。

③ _____让同学们有更多的时间练习听力,语音室延长了开放的时间。

④ 飞机没有起飞,是_____天气不好。

⑤ 马克这次到中国来,是_____参加在广州举办的中国出口商品交易会。

232."为的是"与"以便"

(1) 大家批评你,为的是帮助你,没有别的意思。

(2) 企业登广告,为的是扩大自己的产品的影响。

(3) 动身前打个电话来,以便我们到车站去接你。

(4) 黑板上的字要写得大些,以便后面的同学看得清。

疑问

"为的是"和"以便"有什么不同?

析疑

它们都是**表示目的**,而且都是**把做法放在前面说,再把目的放在后面说**。不同的是:

"为的是"**强调前面提到的做法是为了什么**。一般来说,那种做法多是已经实现了的,多用来叙述一件事情。如例(1)的"批评你"是已经发生了的事情。"为的是"也可以换成"是为了"。

"以便"**强调使得后面所说的目的容易实现**。常常用在说话人向别人提建议或提要求的场合。所以,一般来说,那种做法大多是还没有做的,如例(3)、(4)。

考考你

请用"为的是""以便"填空:

① 他工作多年了,还利用业余时间去读书,_____不断更新自己的知识。

② 请把地址留下,_____今后联系。

③ 我们每个人都应该坚持锻炼身体,_____增强体质。

④ 近年来,报纸上经常发表一些关于环境保护方面的文章,_____进一步增强人们的环保意识,共同保护好我们的生存空间。

233. "从而"与"进而"

(1) 经过三年的努力,他终于学好了汉语,**从而**为学习专业创造了有利条件。

(2) 他想先学好汉语,再**进而**学习专业课。

(3) 这种新的教学方法在个别班级进行了实验,**从而**使教师们对它有了充分的了解。

(4) 新的教学方法将先在个别班级进行实验,**进而**在全校推广。

(5) 公司在内部进行了改革,**从而**大大提高了职工们的工作积极性。

(6) 公司在内部进行了改革,并**进而**建立了良好的管理制度。

疑问

连词"从而"和"进而"有什么不同?

析疑

"从而"和"进而"是不同的,"从而"表示根据前面的条件或原因引出了某种结果。"进而"表示在前一行动的基础上进一步行动。例(1)—(6)可以表示为:

	原因或条件	从而＋为/使	某人/事/物	结果
例(1)	他终于学好了汉语	从而 ＋ 为	学习专业	创造了有利条件
例(3)	这种新的教学方法在个别班级进行了实验	从而 ＋ 使	教师们	对它有了充分的了解
例(5)	公司在内部进行了改革	从而 ＋ 使	职工们的工作积极性	大大提高了

	某人/事/物	行动 1	再/并＋进而		行动 2
例(2)	他	想先学好汉语	再	进而	学习专业课
例(4)	新的教学方法	将先在个别班级进行实验		进而	在全校推广
例(6)	公司	在内部进行了改革	并	进而	建立了良好的管理制度

考考你

请模仿所给的例句,用"从而"或"进而"把下列各组句子分别组成一段话：

例：从而

北京队昨天 3：2 打败了上海队。

这一结果为北京队进入决赛创造了有利条件。

→北京队昨天 3：2 打败了上海队，从而为进入决赛创造了有利条件。

① 从而

我们学院建立了幼儿园。

幼儿园大大方便了教职工。

→

② 从而

他终于发现了这种病的病因。

这一发现为彻底战胜这种疾病奠定了基础。

→

③ 进而

你应该先努力学好第一外语。

你应该在学好第一外语以后，再学习第二外语。

→

④ 进而

你要先弄懂这个问题。

你才能研究其他问题。

→

⑤ 进而、从而

这个新的生产方法我们先在车间进行了实验。

这个新的生产方法我们在全厂推广。

这个新的生产方法取得了良好的生产效果。

→

234. "一旦"

(1) 这事一旦让她知道了,她会很伤心的。

(2) 一旦发生电器火灾,首先必须立即切断电源。

(3) 大家一起生活了这么久,一旦离别,当然很舍不得。

(4) 别看他平日不怎么说话,一旦发起脾气来,那也是够厉害的。

(5) 你们不能大意,一旦发现问题,就必须马上通知我。

(6) 他一旦下了决心,就会认真去做,决不后悔。

疑问

关于"一旦"的意义,相关文献的解释很不一致,有的认为,相当于"一下子",或"忽然""突然";有的说"多用于新情况的出现";有的指出,它的意义为"如果有一天"或"突然有一天";还有的说相当于"只要有一天"。究竟"一旦"的意思和用法是怎样的?

析疑

我们先看下面的句子：

(7) a. 弟弟**一下子**就学会了。

　　b. ×弟弟**一旦**学会了。

(8) a. 说话之间，**忽然**小王推门进来。

　　b. ×说话之间，**一旦**小王推门进来。

(9) a. 他不来了。（新情况出现）

　　b. ×**一旦**他不来了。

例(7)—(9)换用"一旦"后，句子都不成立，总给人话没说完的感觉。可见，"一旦"并不相当于"一下子"或"忽然"，同时，出现新情况也并不都能用"一旦"。

再看例(1)—(6)，可以发现，"一旦"可以用在两种情况下：

1. 新情况并没有发生，只是假设如果发生了会怎么样，如例(1)，或应怎么样，如例(2)。句中的"一旦"可以换成"如果有一天"。

2. 新情况是已经发生了的，如例(3)、(4)，"一旦"可以换成"突然有一天"。这种用法占的比例比较小。

至于例(5)、(6)，"一旦"可以换成"只要（有一天）"，既可用于未发生的情况，如例(5)；也用于可兼表已然和未然的语境，如例(6)，既可以指"他"过去就是这种情况，也可用以说明"他"将来会是这样。

有两点值得注意的：

（一）上面所说的"如果有一天""突然有一天"和"只要（有一天）"中的"有一天"很重要，**表明"一旦"所说的发生新情况的"这一**

天"之前并不是这种情况，即存在由不是这种情况到出现这种新情况的一个变化。

$$之前不是这种情况 \xrightarrow[变化]{一旦} 出现新情况……$$

如果没有这重意思，是不能用"一旦"的。如：

(11) a. 这篇文章指出了当今教育的一些问题，你**如果**有兴趣，可以看看。

　　 b. ×这篇文章指出了当今教育的一些问题，你**一旦**有兴趣，可以看看。

(12) a. 不知您能不能帮帮我？**只要**您肯帮忙，我就能渡过这个难关。

　　 b. ×不知您能不能帮帮我？**一旦**您肯帮忙，我就能渡过这个难关。

例(11)中的说话人认为"你"对这篇文章可能感兴趣，也可能不感兴趣，所以才用"如果"来提出建议，此句并不存在"你"此前是不感兴趣的情形，也就是说，"感兴趣"并不是新情况，没有发生任何的变化，所以不能用"一旦"。

同样的道理，例(12)中的说话人也不知道"您"肯不肯帮自己，说明此前并不存在"您"不肯帮忙的情形，也不能用"一旦"。

（二）对例(7)—(9)的分析已启示我们，"一旦"一般不用于单句，而且从例(1)—(6)也可以看到，它一般用于前一小句，后面往往还要有内容。即：

（　　　） 　一旦……＿＿＿＿＿＿＿，　……＿＿＿＿＿＿＿＿。

之前不是"一旦"所说的情况。往往不需要用文字的形式出现。	未发生： 　如果有一天…… 　只要有一天…… 已发生： 　突然有一天…… 　只要有一天……	说明结果会怎么样，或应怎么做

　　总的来说，"一旦"的意义是：**假设或提出某种新情况的出现，接着说明随之产生的结果，或面对此情况的做法、主张。**简单来说，就是**常常表示与之前不同的情况出现时，会发生什么，或应怎么做。**

考考你

　　请判断下面句子中的"一旦"用得对不对，不对的请改正：

① 你说她一旦了解事情的真相，会怎么样？

② 你们先做好思想准备，一旦出现新情况，大家一定要镇定。

③ 真糟糕，我的电脑一旦中了病毒。

④ 这个秘密一旦被传出去，可就麻烦了。

⑤ 你已经很努力了，一旦继续努力，就一定会成功。

⑥ 婚姻是人生大事，一旦做出决定，就要承担责任。

⑦ 做人要讲究信用，否则一旦失去别人的信任，事业就很难获得成功。

⑧ 对他的提议，你有没有意见？一旦你也同意，我们就这样定下来。

235.“一旦”与“万一”

（1）大家千万不能大意，**一旦**计算错误，
　　就会影响整个工程。　　　　　　　　　→ 万一

（2）我们下去吧，**万一**现在火山爆发，我
　　们跑都来不及了。　　　　　　　　　　→ 一旦

（3）这种植物的果实**一旦**成熟，就会落下来。　✕ 万一

（4）别担心，他**一旦**肯花工夫，准能学会。　✕ 万一

（5）**一旦**条件允许，我们就会在室外进行训练。　✕ 万一

（6）**一旦**做出了决定，就不要随便改变。　✕ 万一

（7）**万一**真是这么回事呢，那怎么办？　✕ 一旦

（8）他不敢相信她会这么做，可是**万一**呢？　✕ 一旦

（9）你们应该早点预约，**万一**到时预约满了呢？　✕ 一旦

疑问

　　“一旦”与“万一”的意思和用法一样吗？

析疑

　　“一旦”与“万一”有的能互换，如例（1）、（2），有的不能互换，如例（3）—（8）。关于“一旦”，第 234 条已有较详细的分析。这里着重谈谈“万一”，同时跟“一旦”做对比。

　　人们常说“不怕一万，就怕万一”“以防万一”，这就形象地表明

了"万一"的一些特点：

（一）"万一"所说的情况，绝大多数是说话人所不希望的，认为不如意的。如例(7)不希望真有这么回事，例(8)不希望她会这么做，例(9)担心到时预约已满。

"一旦"所说的情况不同，既有不希望的，如第234条中的不少例子，以及本条的例(1)；也有是说话人所希望的，如例（4）、(5)；还有是跟希望不希望没太大关系的，如(3)、(6)。

（二）"万一"所说的情况，说话人认为发生的可能性很小或较小，但还是有发生的可能。

而"一旦"除了这种情况以外，还有新情况的发生是必然的，如例(3)树上的果实总会要成熟的；或者是很可能会发生的，如例(5)经过努力创造条件，是很有可能"条件允许"的。

（三）"万一"所假设的情况，并不是全都像"一旦"那样属于一种变化。

例(2)由没有火山爆发到"火山爆发"，是属于一种变化，用"万一""一旦"都行。但例(7)、(8)不同，例(7)存在"没有这么回事"和"真是这么回事"并行的两种可能，根本不可能有从"没有这么回事"到"真是这么回事"的变化。例(8)也是同样的情况，"她不会这么做"跟"她会这么做"也是并行的两种可能，不存在什么变化。两句都不能换用"一旦"。

（四）"万一"侧重于说话人的主观表达，基本上都出现在对话中，个别用于非对话的心理活动场景。除了告知万一出现什么情况，就会有什么结果外，还多用于疑问句，常见句式为："万一……呢？"如例(8)、(9)。

"一旦"侧重于说明客观事理，很少用于疑问句。

考考你

请用"一旦""万一"填空：

① 别担心,孩子＿＿＿＿对这个有兴趣,就会深入进去。

② ＿＿＿＿她不肯来怎么办?

③ 你先别去,＿＿＿＿他是骗你的呢?

④ ＿＿＿＿我有了能力,我会帮你实现你所有的理想!

⑤ 我们不熟悉这里,＿＿＿＿走错路,就更麻烦了。

⑥ 他答应是答应了,＿＿＿＿他又反悔了呢?

⑦ 药可不能随便乱吃,＿＿＿＿出问题,那怎么办?

⑧ 有些东西,你拥有时不觉得,＿＿＿＿失去,才发现它有多重要。

练习参考答案

1. ①以来　②以前　③以内　④以前　⑤以后　⑥A.以内,以前/B.以后,以后　⑦以后　⑧以前

2. ①以前/从前　②以前　③以前　④以前/从前　⑤以前　⑥以前　⑦以前/从前　⑧从前/以前

3. ①以后　②后来　③后来　④以后　⑤以后　⑥以后

4. ①然后　②然后　③后来　④后来　⑤然后　⑥后来

5. (一)例(1)中有两个时间点,必须用"之间"。例(2)中的"1个小时"只是一个总的时间量,没有两个时间点,所以不能换成"之间"。例(3)表面上看不到两个点,但"互相关心""互相帮助"都是双方的一种相互的关系,只能用"之间"。例(4)不是强调同学间的关系,而是给出一个总的范围(你们班的同学),强调这个范围中的某一个,所以也只能用"中间"。

(二)①之内　②中间　③之间　④之间　⑤之内

6. ①D　②A　③C　④A　⑤B

7. ①B　②A　③A　④A

8. ①C　②B　③A　④C　⑤A

9. ①A/B　②A　③B　④A　⑤A/B　⑥B

10. ①时间　②时候,时间　③时间　④时候,时候　⑤时候,时间　⑥时候,时间,时间　⑦时候

11. ①的时候　②的时候　③以后　④的时候　⑤的时候　⑥以后

12. ①明天　②第二天　③第二天　④明天　⑤第二天　⑥明天

13. ①现在　②最近/现在　③现在　④最近　⑤现在　⑥现在

14. ①一天　②有一天/一天　③一天　④有一天/一天

⑤有时,有时 ⑥有一天 ⑦有时,有时 ⑧有一天

15. ①刚 ②刚才 ③刚 ④刚/刚才 ⑤刚 ⑥刚才 ⑦刚
⑧刚才

16. ①处处 ②到处 ③到处 ④处处

17. ①二,两,二 ②二,二,二 ③二,二,两,两 ④两,二,二
⑤两,两 ⑥二/两,二/两,二,两

18. ①个/位,名,个/位 ②个,个,个 ③位 ④个/位
⑤位/名/个 ⑥位 ⑦口/个 ⑧位 ⑨个/名 ⑩位

19. ①只,头,匹,只 ②条,头/只,头,只 ③头/只,只,头/只,只

20. ①群 ②批 ③堆 ④批 ⑤群 ⑥堆 ⑦群 ⑧堆

21. ①下/趟 ②趟/下 ③次 ④下 ⑤遍/次 ⑥次 ⑦趟 ⑧次

22. ①C ②A ③D ④C ⑤B

23. ①每一间→间间 ②每一次→次次 ③不能换 ④每年→年
年 ⑤每一棵→棵棵

24. ①每一句 ②一年一年(表方式) ③一朵一朵(表数量多)
④每一双 ⑤一群一群(表数量多) ⑥一圈一圈(表方式)
⑦一刀一刀(表方式) ⑧每一件

25. 参加口试的考生很多,每次只能进去两个人,所以要分批,出
来了两个,再进去两个,一直到口试完毕。

26. ①要 ②想/要 ③要,想 ④不想 ⑤不想
⑥要/想,要/想 ⑦要/想 ⑧想,不

27. ①愿意/肯 ②愿意 ③愿意 ④肯/愿意 ⑤肯 ⑥愿意

28. ①愿意 ②愿意 ③想 ④肯 ⑤肯 ⑥不 ⑦想 ⑧不

29. ①必须 ②应该/必须(用"应该"是一种建议;用"必须"是一
种命令。) ③必须 ④必须 ⑤应该 ⑥必须/应该 ⑦应该
⑧应该/必须(用"应该"是谈看法;用"必须"是下命令。)

30. ①会/能 ②能 ③会 ④能 ⑤能 ⑥能

31. ①会 ②能 ③能 ④会 ⑤会 ⑥能

32. ①会 ②能 ③会 ④会

33. ①× 改正:不能喝酒　②× 改正:买不到票　③✓　④✓
⑤× 改正:起不了床　⑥× 改正:我不会一个人逃走的。
⑦× 改正:你帮不了我的。　⑧× 改正:他不会吸烟的。

34. ①能　②能/可以　③能

35. ①能　②A:能/可以　B:可以　③A:能/可以　B:能/可以
④能/可以

36. ①A:能/可以　B:可以　②能/可以　③可以　④A:能/可以
B:不行　⑤可以

37. ①缓和语气、客气　②轻松、随便　③缓和语气、客气　④动
作的时间短,次数少　⑤试着做某事　⑥时间短　⑦试着做
某事　⑧轻松、随便

38. ①研究研究　②唠唠叨叨　③来来回回　④观察观察
⑤打打闹闹　⑥哕哕嗦嗦

39. ①× 改正:上了他的当　②× 改正:你已经跟你的女朋友订
了婚。　③× 改正:请过几回客　④× 改正:他向大家鞠了
一躬。　⑤× 改正:跳跳舞　⑥✓　⑦× 改正:大家都捐了
很多款　⑧× 改正:他最近正为这件事发愁。

40. ①× 改正:小强跟她订婚了。　②✓　③✓　④× 改正:毕
业生们向老师鞠躬。　⑤✓　⑥✓

41. ①× 改正:他离开两个小时了。　②✓　③× 改正:她跳舞
跳了半个小时。/她跳了半个小时的舞。　④✓　⑤× 改正:
昨晚小强睡觉睡了 6 个小时。/昨晚小强睡了 6 个小时的觉。
⑥× 改正:他们出发两天了。

42. ①那儿的东西质量是很好　②我很忙　③打得很好　④今天
那儿人是特别多　⑤那儿的东西很贵　⑥B:是很好看 A:我
很忙/太忙了

43. ①✓　②✓　③× 改正:走进一看,屋子里很干净/非常干净。
④× 改正:这本书有点贵/很贵/太贵了。　⑤✓　⑥✓
⑦× 改正:……他个子很高。/……他个子高高的。　⑧✓

44.①高高兴兴　②热闹热闹　③轻松轻松　④快快乐乐
　　⑤痛痛快快　⑥高兴高兴

45.很清楚　很老实　很高　很严肃　特别清楚　特别老实
　　特别高　特别严肃　非常清楚　非常老实　非常高　非常严肃

46.①别人/人家　②别人　③人家(指"他")　④人家(指"张
　　文")　⑤人家(指"我")　⑥人家(指"我")

47.①本人/自己　②自己、自己　③本人　④自己　⑤自己
　　⑥自己　⑦自己　⑧本人/自己

48.①咱们/我们　②我们　③咱们/我们　④我们

49.①√　②× 改正:那年　③× 改正:那本书　④√
　　⑤× 改正:这台　⑥√

50.①这么　②这么/那么　③这么　④这么　⑤那么　⑥那么

51.(没有练习)

52.(一)①这样　②这么/这样　③这么/这样　④这样　⑤这样
　　(二)①× 改正:这么大的湿气。/湿气这么大。　②√

53.①很多　②很多,多少　③多少　④很多

54.①我喜欢当老师/记者/……　②找到了/还没有呢　③他是
　　我舅舅/叔叔/哥哥/……　④是啊,是有人说我坏话。/没人
　　说我坏话,只是身体有点不舒服。　⑤再穿件毛衣吧。/再穿
　　件大衣吧。　⑥不用,一会儿就回来了。/行,那我就再多穿
　　件衣服。

55.①什么　②什么　③怎么　④怎么　⑤什么　⑥怎么

56.(一)例(1)问的是方式,所以用"怎么""怎样"都行。例(2)问
　　　　的是原因,所以只能用"怎么"。
　　(二)①怎么/怎样　②怎么样　③怎么　④怎么　⑤怎么样
　　　　⑥怎么　⑦怎么样

57.①怎么/为什么　②为什么　③怎么/为什么　④为什么
　　⑤怎么　⑥怎么/为什么　⑦怎么/为什么　⑧为什么/怎么

58.①这件衣服多少钱?　　②你在几班?

③这间房有多大? ④你几岁了?/你多大了?

⑤你多大了? ⑥你得了第几名?

⑦每年生产多少辆汽车? ⑧从你到学校有多远?

59.①其他/别的 ②其他(的)/别的 ③其他 ④其他(的)/别的

⑤别的/其他(的) ⑥别的

60.③、④、⑤不能换。因为这三个例句中的"其他"指的是范围以外的事物。

61.①其他的/另外的 ②另外/其他 ③另外

④其他的/另外的 ⑤另外 ⑥另外

62.①每 ②各 ③各 ④每 ⑤每 ⑥每,各 ⑦每 ⑧各

⑨每 ⑩各,各

63.①所有 ②全部、所有 ③所有 ④一切 ⑤一切 ⑥全部

⑦全部 ⑧一切 ⑨一切

64.①怎么/哪儿 ②怎么/哪儿 ③怎么没意思? ④怎么/哪儿

⑤怎么/哪儿 ⑥哪儿 ⑦怎么/哪儿 ⑧哪儿

65.①× 改正:太可惜了 ②× 改正:太好→很好 ③√

④× 改正:实在太坏了 ⑤√ ⑥× 改正:太晚→很晚

⑦× 改正:太咸了 ⑧× 改正:你太相信别人了

66.①可以 ②不能 ③可以 ④可以 ⑤不能

67.①大不 ②不大 ③不大 ④不大 ⑤大不

68.①不,不,不 ②没 ③没 ④不 ⑤不 ⑥没 ⑦不 ⑧不

69.①再 ②又 ③还 ④又/还 ⑤又,还 ⑥再 ⑦再 ⑧还

70.①下星期五我们又要举行汉语水平比赛了。

②明天这场球,我们队又会赢的。(强调会重复出现同样的情况。)或:明天这场球,我们队还会赢。(强调会继续赢。)

③任务没完成,我们明天还要继续干。

④下个月她姐姐结婚,她又要回去一趟。

⑤我希望以后能有机会再来中国。

71.①也 ②又 ③又 ④也 ⑤也 ⑥又

72.①再　②再　③还　④再　⑤还　⑥还

73.（没有练习）

74.①√　②× 改正：……我还是不懂。　③× 第 3 句改正：我还是想买这件蓝的。　④√　⑤× 改正：……今天她还是不听。　⑥√

75.①才 4 月 1 日他就买好了去北京的飞机票。

②她 38 岁才结婚。

③这次我们班才 9 个同学去桂林旅游。

④这次听力考试,我才考了 90 分。

⑤只有努力学习,才能学好汉语。

⑥他们谈了几次才把那个问题解决了。

76.①再　②才　③再　④再　⑤才　⑥才

77.①再(也)不　②不再　③再(也)不　④不再　⑤再不　⑥再(也)不

78.①再/更　②更　③更　④再　⑤更　⑥再　⑦再　⑧更

79.①并　②/　③又　④又　⑤/　⑥并　⑦又　⑧并

80.①×　②√　③×　④×　⑤√　⑥×　⑦×

81.①全/全部　②全部　③全　④全/全部　⑤全　⑥全部　⑦全/全部　⑧全

82.（没有练习）

83.①不能　②可以　③不能　④可以(语气不同)　⑤可以(语气不同)　⑥不能　⑦可以　⑧可以　⑨可以(语气不同)　⑩可以

84.①都/已经("都"更好)　②都/已经("都"更好)　③已经　④已经/都(语气不同)　⑤已经　⑥已经　⑦已经　⑧都/已经("都"更好)

85.①玛丽刚学中文,她只认识这几个汉字。　②我跟张老师只学过跳舞。　③我只跟张老师学过跳舞。　④今天我们班只有小王一个人迟到。　⑤我打听的只是这个人。

86. ①只/就去过北京路　②我只/就会说英语　③只有/就那台
电视机还值几个钱。　④我只/就学过半年　⑤只有/就这一
台电脑　⑥只有/就她嫌难吃

87. ①马上/立刻　②马上/立刻　③马上/立刻　④马上　⑤马
上　⑥马上

88. ①马上,赶紧/马上　②一下子/马上　③连忙/赶紧/马上
④马上　⑤一下子/马上　⑥一下子/马上　⑦赶紧　⑧马上
⑨连忙/赶紧/马上　⑩赶紧/马上

89. ①一时　②一下子　③一时　④一下子　⑤一下子　⑥一时
⑦一下子　⑧一时

90. ①一时　②一时　③一度　④一时　⑤一度　⑥一度　⑦一
时　⑧一度

91. ①一时　②一时　③暂时　④暂时　⑤一时　⑥暂时　⑦一
时　⑧一时/暂时

92. ①暂时　②临时　③暂时　④暂时　⑤临时　⑥临时　⑦临
时　⑧暂时

93. ①一下子　②忽然　③忽然　④忽然,一下子　⑤一下子
⑥忽然

94. ①一直　②一直/总　③总/一直　④一直　⑤一直/总　⑥
总　⑦一直　⑧总("想起"不是持续性的,所以这个句子不能
用"一直"。如改成"这些天,他一直想着他的女朋友",句子可
以成立。)

95. ①总　②一直　③总　④总　⑤一直　⑥总

96. (一) ①从来(强调)/一直　②从来　③一直　④从来　⑤一
直　⑥从来
(二) ①A　②B

97. (一) ①一向/一贯　②一直　③一向/一贯　④一直　⑤一贯
⑥一向
(二) ①a.√　b.×　②a.√　b.×　c.×　d.√　③×

98.①一向/从来 ②从来 ③从来 ④一向 ⑤一向 ⑥一向/从来 ⑦一向 ⑧从来

99.①老是/总是 ②总是 ③总是 ④老是/总是 ⑤老是/总是 ⑥总是

100.①不断/不停 ②不断 ③不断/不停 ④不断/不停 ⑤不断 ⑥不断

101.①根本 ②始终 ③始终 ④根本 ⑤根本 ⑥始终

102.①原来/本来 ②本来 ③本来 ④本来 ⑤原来 ⑥本来/原来 ⑦原来 ⑧本来

103.①× 改正:……稍微便宜一些。 ②× 改正:我们班小明最聪明。 ③√ ④× 改正:……办得稍微好一些。 ⑤× 改正:他们班的同学中她的汉语最好。

104.①有点儿,一点儿 ②有点儿 ③有点儿,一点儿 ④有点儿,一点儿 ⑤一点儿 ⑥有点儿

105.①在 ②正 ③在 ④在 ⑤正 ⑥正

106.①可以换成"一定要/得" ②不能换 ③可以换成"一定得" ④可以换成"一定得" ⑤可以换成"必须",但意思会改变:"一定"表示"保证","必须"表示"客观要求"。 ⑥可以换成"一定得" ⑦不能换 ⑧可以换成"一定要/得" ⑨不能换 ⑩不能换

107.①不必 ②不必/不是必须 ③不必 ④不必 ⑤不是必须 ⑥不必 ⑦不是必须 ⑧不必

108.①一定 ②肯定 ③一定 ④一定 ⑤一定/肯定 ⑥一定/肯定

109.①确实 ②实在 ③确实 ④确实 ⑤实在 ⑥实在

110.①居然 ②反而 ③反而/居然 ④反而 ⑤反而 ⑥居然 ⑦居然 ⑧反而

111.①反而/相反 ②相反 ③反而 ④相反 ⑤反而 ⑥相反 ⑦相反

112. ①√　②× 改正:妹妹倒比姐姐高。/姐姐比妹妹高。　③√
　　④√　⑤× 改正:这种电器质量倒不错,就是价钱贵了点儿,
还是别买了吧。　⑥× 改正:应该是我问你的,你倒先问起
我来。

113. ①但　②倒　③但　④倒　⑤倒　⑥但

114. ①× 改正:……(但)你却说这样的话!　②√　③× 改正:
我相信你们,但这件事不能这样干。　④√　⑤× 改正:应
该来的人没来,不该来的人却来了。　⑥× 改正:他病得很
重,但仍然很乐观。

115. ①无论明天刮风还是下雨,反正我要去。
　　②不管你喝不喝,我反正不喝。
　　③反正修不好,就不去修了吧。
　　④反正他不同意,我就不去找他了。

116. ①最后,终于　②最后　③终于　④最后　⑤终于

117. ①幸亏　②幸亏　③多亏　④幸亏/多亏　⑤多亏　⑥多亏
　　⑦多亏/幸亏　⑧幸亏

118. ①千万　②万万　③千万　④万万　⑤千万/万万　⑥千万
　　⑦千万　⑧万万　⑨万万

119. ①没成功　②没迟到　③"好险啊"表明"被他追上"是不希
望发生的事情,结果是没被追上　④"真可惜"表明"追上他"
是希望发生的事情,结果是没追上　⑤"还好"表明"追上他"
是希望发生的事情,结果是追上了　⑥没忘记

120. ①几乎/差不多　②几乎/差点儿　③几乎/差不多　④几乎
　　⑤几乎　⑥几乎/差点儿　⑦几乎/差不多　⑧几乎

121. ①简直/几乎(用"简直"程度比用"几乎"更深)　②几乎　③
几乎　④简直　⑤简直/几乎(用"简直"程度比用"几乎"更
深)　⑥简直

122. ①√　②√　③× 改正:往　④√　⑤× 改正:向　⑥×
改正:向　⑦√　⑧× 改正:向/朝

123.①向 ②对/向 ③对/向 ④对 ⑤对/向 ⑥对

124.(一)①× 改正:这个菜是专门给你做的。 ②√ ③× 改

正:今天他又给人骗了。 ④× 改正:那位演员给我们

唱了几首歌。或:那位演员唱了几首歌给我们听。

⑤× 改正:我给他鞠了一个躬。 ⑥√

(二)①为 ②被 ③不能换 ④不能换 ⑤为 ⑥向/对

125.①今天我们班除了阿里请假以外,其他同学都到了。/今天

我们班除了阿里以外,没有同学请假。

②除了唱歌,她还喜欢跳舞和弹琴。

③除了泰国以外,别的国家我都没去过。

④这几天除了刮风,就是下雨。

⑤这次比赛除了玛丽以外,我们也都报了名。

⑥除了产量,你脑子里还要有防火、安全这两条。

126.①替/为 ②替 ③替/给/为 ④给 ⑤替/为 ⑥为 ⑦

替 ⑧替/给/为 ⑨给

127.①替/帮 ②帮 ③替 ④替/帮 ⑤替/帮 ⑥替 ⑦替/

帮 ⑧帮

128.①对于 ②对于 ③关于 ④关于 ⑤对于/关于 ⑥关于

⑦对于/关于 ⑧对于

129.①对 ②对 ③对 ④对 ⑤对 ⑥对/对于

130.①在阿里看来 ②对阿里来说 ③在小王看来 ④在他看来

⑤对老年人来说

131.①至于 ②关于 ③至于 ④关于

132.①为 ②为 ③为了/为 ④为了/为 ⑤为 ⑥为/为了

⑦为 ⑧为 ⑨为/为了

133.①从 ②从/自从 ③自从 ④从 ⑤从 ⑥从 ⑦从 ⑧从

134.①昨天他被老师批评了一顿。

②小明,明天的晚会由你负责吧。/小明,由你负责明天的晚

会吧。

③他不认真工作,所以被公司开除了。

④今天忘记带伞了,衣服都被淋湿了。

⑤他们很勇敢,没被困难吓倒。

⑥我们商量好了,后天由小王负责提意见,由我和小刘负责写申请。/……后天提意见由小王负责,写申请由我和小刘负责。

135.①通过　②通过/经过　③通过/经过　④通过　⑤通过/经过　⑥经过　⑦通过/经过　⑧通过

136.①根据/按照　②按照　③根据/按照　④根据/按照　⑤按照　⑥根据　⑦根据　⑧按照　⑨根据/按照

137.①的　②的　③地　④得　⑤地　⑥的,的,得　⑦的,得　⑧的　⑨的

138.①/　②的　③的　④/　⑤的,/　⑥的,/

139.①√　②× 改正:我的理想　③√　④× 改正:王林老师　⑤× 改正:我的汉语老师　⑥√　⑦× 改正:我们下次表演的地方

140.①× 改正:她学汉语的学校是暨南大学。　②√　③√　④√　⑤× 改正:他踢足球的技术很好。　⑥√

141.①× 改正:他正在找那本汉英词典。

②× 改正:她听到这个消息,马上流下了眼泪。

③× 改正:墙上一直挂着一幅世界地图。　④√

⑤× 改正:"躺着,别动,我要给你做检查。"⑥√

142.①× 改正:他常常在床上躺着看书。

②× 改正:她走路去买水果。　　　　③√

④× 改正:……只好坐着上课。

⑤× 改正:交谈中,她一直微笑着看着我。

143.①了　②着　③着　④了　⑤了

144.(没有练习)

145.①× 改正:我的祖父从出生到去世,一直在家乡生活。

②√　③√　④× 改正:小时候,我常常听妈妈讲故事。
⑤√

146.(没有练习)

147.①A　②B　③B　④A　⑤B　⑥B

148.①B　②A　③B　④B(进一层的含义是:这么晚了,您还不下班?)

149.①睡了 10 个小时了　②骗了你很多次了　③开了 3 天会
④洗了半天了　⑤当老师当了 30 多年了
⑥先后发表了 5 篇文章

150.①× 改正:现在不吸烟了。　②√　③× 改正:要下雨了,
快走!　④√　⑤× 改正:这束花真是太美了!　⑥√

151.①过　②了　③过　④了　⑤过　⑥过

152.①什么时候买　②什么时候买的　③什么时候回来
④谁进的货,从哪儿进的

153.①我刚才见到他了　②A:你从哪儿来的　B:我今年三月来
的中国/我今年三月来中国的　③A:什么时候回来的　B:昨
天回来的
④A:昨天丢了钱包　B:在哪儿丢的　A:在车上丢的

154.①呢　②呢　③吗　④呢　⑤吗　⑥呢

155.①你忙不忙?　②小红在哪儿?　③要是完不成怎么办?
④下午你有没有空?　⑤王老师在哪儿?　⑥要是别人知
道了说闲话怎么办?

156.①反问,意思是:"我了解这个人。"　②一般的询问:"他身体
好不好?"　③惊讶地问,没想到他已经不在人世了。　④反
问,意思是:"他是你的好朋友。"　⑤一般的询问:"我可不可
以请教您一个问题?"　⑥惊讶地问,没想到"你"会不害怕这
种人。

157.①吗　②吧　③啊　④吧　⑤吗　⑥啊(语气缓和)/吗(诧
异的语气强)

158. ①不……吗　②不……吧　③不……吗　④不……吧
　　⑤不……吗　⑥不……吧

159. ①表示反问　②表示反问　③表示"吃惊、没想到"
　　④表示反问

160. ①和→而　②和→并　③而→和　④并→和　⑤和→而
　　⑥解决并研究→研究并解决（先研究后解决）　⑦而→并
　　⑧并→和

161. ①B　②A　③B　④C

162. ①和　②和　③和　④和/及　⑤及　⑥和

163. ①B　②C　③A/B　④B

164. ①×　改正:门外走进来一位老师。/张老师从门外走进来。
　　②×　改正:那本小说我已经看完了。/小说我已经看完了。
　　③×　改正:我出去一看,有一个人正在那里哭。　④√

165. (一)①×　改正:用完了　②×　改正:吃饱了　③×　改正:找
　　　到他　④×　改正:正在找那支笔　⑤×　改正:办好了购
　　　房的手续。
　　(二)①他解释清楚了那个问题。/他把那个问题解释清楚了。
　　　②我听懂了他讲的中文故事。
　　　③我们队打赢了这一场球。
　　　④医生救活了那个病人。/医生把那个病人救活了。

166. (一)①我没看见他　②我没看他　③我没见着他
　　(二)①×　改正:梦见/梦到　②√　③看见/看到　④×　改
　　　正:别切着手　⑤×　改正:遇见/遇到

167. ①×　改正:记住了吗　②×　改正:没接住　③×　改正:看住
　　行李　④√(我们劝他,他同意不去了。)　⑤×　改正:抓住这
　　个机会

168. (一)①快出来!　②快进来!　③快进去!　④快出去!
　　(二)①√　②×　改正:他从我这儿借去了几本书。　③×
　　　改正:……把书包一放就跑出去了。　④×　改正:……

带回来很多北京特产给我们品尝。 ⑤√ ⑥× 改正:赛车……从我们面前跑过去了。

169.①√ ②× 改正:好,我这就去。 ③× 改正:……快过去。 ④× 改正:……赶快出去集合!

170.(一)①下去 ②出去 ③起来 ④出来 ⑤下去 ⑥起来
(二)①× 改正:讨论下去 ②× 改正:他向我们介绍起这个学校的情况来了。 ③√

171.①起(来) ②出 ③起 ④出

172.①起来 ②下来 ③下来 ④起来

173.①明天下午3点开始训练。
②听到这个不幸的消息,她哭起来了。
③秋天来了,天气(开始)凉快起来了。
④看到地上有一条蛇,他吓得叫了起来。

174.①下去 ②下来 ③下去 ④下来,下去

175.①过来 ②过去 ③过来 ④过去

176.①× 改正:妈妈要求我努力学习。 ②√ ③√
④× 改正:你跑得这么快,去哪儿?

177.①× 改正:记不住 ②× 改正:答不出来/回答不了
③× 改正:我能借你的笔用一用吗? ④√ ⑤√
⑥× 改正:起不了床 ⑦× 改正:不能拿走
⑧× 改正:教育不好/教育不了

178.第一类(否定有某种结果的可能性):②、③、⑥ 第二类(否定有某种动作或情况的可能性):①、④、⑤

179.①这幅画画得真漂亮!
②这首曲子很难弹,我弹不好。
③这个展览办得好不好?
④这件衣服洗得干净洗不干净?
⑤这篇文章翻译得不太好。

180.①昨天我们去他们家坐了两个小时车。

②我们上车已经两个小时了,车还没开。

③下午他打了两个小时篮球。

④他回国九个月了。

⑤他起床半个小时了,还没吃早饭。

⑥他睡了七个小时(的)觉。

⑦我认识他三年了。

⑧他拍了四十年电视剧。

181. ①我家那只活泼可爱的小花猫不见了。

②我们学校的两位数学老师参加了比赛。

③昨天给我们作报告的是中文系一位非常有名的老教授。

④我有一件非常漂亮的丝绸衬衫。

⑤我们厂生产了很多优质的塑料产品。

⑥桌子上放着两盒我最爱吃的奶油蛋糕。

182. ①你今天晚上千万不要给他讲这件事儿。

②冬冬在椅子上大声地哭了起来。

③老师说完以后,他马上从书包里拿出了课本。

④真不像话,他居然从后门悄悄地溜走了。

⑤也许他现在正在教室里给小明辅导功课呢。

183. ①× 改正:昨天晚上从 8 点到 11 点他一直在家里看书。

②√　③× 改正:我后来才明白过来是怎么回事。

④× 改正:以前他常常来这儿看书。　⑤√

184. ①没都　②不都　③都不　④都不　⑤不都　⑥都不

185. ①A　②B　③A　④B　⑤A　⑥B

186. ①可以不　②不可以　③不可以　④可以不,不可以
⑤不可以　⑥可以不,可以不

187. ①B　②A　③A　④B　⑤A　⑥A

188. ①B　②B　③A　④B　⑤A　⑥B

189. ①× 改正:他们在教室里唱歌。

②× 改正:刚才有个行人被汽车撞倒在地上。

③√　④× 改正：这条裙子你穿在身上会很好看的。

⑤× 改正：张经理正在办公室会见一位客人。

190.①A√　B√　②A×　B√　③A√　B√　④A√　B×

191.①× 改正：由于天气起了变化,飞机没有按时起飞。　②√

③× 改正：乔治汉语不但说得很好,而且写得也很好。

④× 改正：不管天气多么恶劣,你都要准时到达出事地点。

⑤√　⑥× 改正：……即使大家都反对,他也要干下去的。

192.①池子里　②楼上　③对面,一群孩子　④车厢里,很多乘客

⑤餐厅里

193.①√　②× 改正：校门口有一辆小汽车。

③× 改正：树上有两只小鸟。　④√

194.①昨晚小李请我看了一场电影。(兼语句)

②小王打开门走出去了。(连动句)

③经理叫我设计了一个广告。(兼语句)

④老师要(让/叫)马克再朗读一遍。(兼语句)

195.①× 改正：他把文章寄到报社去了。　②× 改正：妈妈把那

块布做成了一条裙子。　③× 改正：他把买来的电脑放在电

脑桌上。　④× 改正：阿里把那本书看完了。　⑤× 改正：

你要把这封信交给谁?　⑥× 改正：我已经把票送到他那里

去了。　⑦√　⑧× 改正：李老师把学生当作自己的孩子,

非常关心他们。

196.①我的车子昨天被谢力弄丢了。　②我已经把饭菜煮好了

③他把他们说服了　④……被酒店服务员罚了(我的)款

197.①×　②√　③×　④×　⑤√　⑥×　⑦×

⑧√(用"把"或"使"都可以)

198.①又……又……　②连……带……　③又……又……

④连……带……　⑤连……带……　⑥又……又……

⑦又……又……

199.①√　②× 改正：一打听　③× 改正：他要了解了解……

④√

200. ①这些衣服长的长,短的短,没有一件合适。②放假了,同学们旅游的旅游,回家的回家,宿舍里没有什么人。

③夜深了,车厢里睡觉的睡觉,看书的看书,十分安静。

201. ①他没有我这么喜欢运动。

②这儿的气候跟我们家乡的一样好。/我们家乡的气候跟这儿的一样好。

③我没有他那么会说话。

④我对你的爱跟海一样深。

⑤以前的生活水平没有现在这么高。

⑥那家商场的东西没有这家档次高。/那家商场的东西档次没有这家的这么高。/那家商场的东西档次哪有这家的高?

202. ①我比他多花20块钱。/我花钱花得比他多。/我花钱比他花得多。

②他昨晚比他妻子早睡一个半小时。/他妻子昨晚睡得比他晚。/他妻子昨晚上比他睡得晚。

③他比我多拿两个苹果。/我比他少拿两个苹果。/苹果我拿得比他少。

④我比他早来一年。/我来得比他早。/我比他来得早。

⑤这趟车比预定时间晚到3个小时。

203. ①今天的最高气温比昨天高一点儿。

②他做作业用的时间比他弟弟用的多得多。(多多了/多很多)

③他的学习成绩比我好一点儿。

④妹妹比哥哥善良得多。(善良多了/善良很多)

⑤我们公司今年的销售额比去年少了一点儿。

⑥光的传播速度比声音快得多。(快多了/快很多)

204. ①他没(有)我有钱。 ②上海不比广州漂亮。

③我没(有)他会做饭。④那个包不比这个包重。

⑤这个小姑娘没(有)她姐姐讨人喜欢。

⑥品牌店里的东西不比一般店里的东西贵多少。

205. ①没(有) ②不如/没(有) ③不如/没(有),没(有)
④没(有) ⑤没(有) ⑥不如

206. ①比……更……/比……还…… ②比……还……
③比……还…… ④比……更……/比……还……
⑤比……还…… ⑥比……更……

207. ①B:我是昨天到的 A:我是前天到的 A:我是跟朋友一起来
的
②B:(这本小说)是从图书馆借的 B:是用汉语写的
③B:我们是前天刚认识的("前天"也可替换为"昨天"或"上
星期"等) B:他是从英国来的("英国"也可替换为别的国家)
④B:是我妈妈打扫的

208. ①小玲是很有爱心的。 ②他是很喜欢这个孩子的。
③这种情况是确实存在的。 ④他这个人是不会说假话的。
⑤他的意见是值得我们认真考虑的。 ⑥这样做是很伤人的。

209. ①他连自己的母语都/也说不好,更别说外语了。
②连很多中国人都/也不会写这个汉字。
③连这么贵的衣服她都舍得买。
④连经理都/也解决不了这个问题。
⑤他连觉都/也睡不好。
⑥他连一个字也没写。
⑦他(气得)连话都/也说不出来。
⑧这孩子连学习的时候都要听着歌。

210. ①B ②A ③C ④C ⑤A ⑥B ⑦A ⑧C

211. ①就 ②才 ③决 ④才 ⑤决 ⑥决 ⑦就 ⑧才 ⑨就

212. ①而/而且 ②而且 ③而且 ④而("旱灾"与"水灾"意思
相对) ⑤而 ⑥而且

213. ①但 ②而 ③但 ④而 ⑤而/但

214. ①× 改正:我们玩得很开心。 ②√ ③√ ④× 改正:他

刻苦自学英语,从而提高了自身水平。 ⑤√

215. ①一方面,一方面 ②一来,二来 ③一面,一面
④一来,二来

216. ①还是,或者 ②还是 ③或者 ④还是

217. ①不是……就是…… ②或者……或者……
③不是……就是…… ④不是……就是……

218. ①与其……不如…… ②宁可……也不……
③宁可……也要…… ④宁可……也不……

219. ①由于/因为 ②由于 ③因为 ④由于/因为 ⑤由于
⑥因为

220. ①那你们之间就不应该这么见外/那对他应该很了解(还可
有别的答案) ②所以我跟他很熟 ③就应该把它做完
④因为我走了一天的路(还可以有别的答案) ⑤因为
⑥既然 ⑦因为天突然下起大雨(还可有别的答案)
⑧既然你知道错了

221. ①所以 ②因此/所以 ③(之)所以,因为 ④(之)所以,因为

222. ①因此 ②因此 ③于是 ④于是 ⑤因此 ⑥因此 ⑦于是

223. (一)①如果……就…… ②即使……也…… ③既然……
就…… ④虽然……但…… ⑤固然……但……
(二)①虽然……但…… ②既然……就…… ③即使……
也…… ④如果……就…… ⑤既然……就……

224. ①即使冬天,他也坚持游泳。 ②看到不合理的现象,即使
是对官员,他也敢批评。 ③昨天的比赛,即使是住得很远
的同学也都提前到了。 ④一路走来,即使遇到很大的困
难,他也没有放弃过。

225. ①甚至 ②连 ③即使/甚至/连 ④即使 ⑤即使/甚至/
连 ⑥连 ⑦甚至 ⑧即使/甚至/连 ⑨即使

226. ①虽然我讲了很多话,但他一句都没有听进去。
②我虽然很想帮助他,但不知怎样才能帮助他。

③你们的工作固然很多,但还是可以抽出一些时间来的。

④他的英语水平固然很好,但他的法语水平也不错。

⑤数量固然很重要,但质量更加重要。

⑥他虽然年纪还很小,但读了很多很多书。

227.①这件衣服看上去不怎么样,但是很贵。

②他写的作文很好,只是有几个错别字。

③进口小汽车很漂亮,很舒适,但是坏了不容易修理。

④老刘今天来了一趟,不过坐了几分钟就走了。

⑤这人很面熟,不过我一时想不起来是谁。

⑥我也很想看一看,只是没有时间了。

228.①不管 ②不管 ③尽管 ④不管 ⑤不管 ⑥尽管

229.①不管/任凭 ②不管 ③不管 ④任凭 ⑤不管 ⑥任凭

230.①只要……就…… ②只有……才…… ③只要……就…… ④只有……才…… ⑤只有……才…… ⑥只要……就……

231.①因为 ②因为 ③为了 ④因为 ⑤为了

232.①为的是 ②以便 ③以便 ④为的是

233.①我们学院建立了幼儿园,从而大大方便了教职工。

②他终于发现了这种病的病因,从而为彻底战胜这种疾病奠定了基础。

③你应该先努力学好第一外语,再进而学习第二外语。

④你弄懂这个问题之后,才能进而研究其他问题。

⑤这个新的生产方法我们先在车间进行了实验,进而在全厂推广,从而取得了良好的生产效果。

234.①√ ②√ ③× 改正:……我的电脑突然中了病毒。 ④√ ⑤× 改正:……只要继续努力,就一定会成功。 ⑥√ ⑦√ ⑧× 改正:……如果你也同意,我们就这样定下来。

235.①一旦 ②万一 ③万一 ④一旦 ⑤一旦、万一 ⑥万一 ⑦一旦、万一 ⑧一旦

索 引

（词条后的数字是条目序号）

主要参考文献

房玉清 《实用汉语语法》,北京语言学院出版社,1992 年。

国家对外汉语教学领导小组办公室汉语水平考试部 《汉语水平等级标准与语法等级大纲》,高等教育出版社,1996 年。

贺晓玲 《"使"字句与"把"字句——两种表"致使义"句式的异同考察》,硕士学位论文,2001 年 5 月。

侯学超 《现代汉语虚词词典》,北京大学出版社,1998 年。

胡建刚 《述语为"有""是""在"的存在句的语义、句法分析》,《华文教学与研究》(暨南大学华文学院学报)2001 年第 2 期。

黄瓒辉 《时间副词"总"和"一直"的语义、句法、语用分析》,硕士学位论文,2001 年 5 月。

黄瓒辉 《介词"给""为""替"用法补议》,载彭小川主编《现代汉语虚词探索与研究》,暨南大学出版社,2007 年。

李大忠 《外国人学汉语语法偏误分析》,北京语言文化大学出版社,1996 年。

李守纪 《"根本"和"始终"》,《广州华苑》2000 年第 1 期。

李守纪 《"居然"的语篇分析》,《广州华苑》1999 年第 2 期。

李守纪 《试论篇章中的对比性连接成分》,中国对外汉语教学学会第七届学术讨论会(2001.7 成都)。

李 艳 《论普通话中表达个人意愿的否定形式》,硕士学位论文,2000 年 5 月。

刘清平 《"却"与"但是"的异同考察》,硕士学位论文,2001 年 5 月。

刘月华等 《实用现代汉语语法》,外语教学与研究出版社,1983 年。

卢福波 《对外汉语教学实用语法》,北京语言学院出版社,1996 年。

卢福波 《对外汉语常用词语对比例释》,北京语言大学出版社,2000 年。

陆俭明 《"对外汉语教学"中的语法教学》,《语言教学与研究》2000 年第 3 期。

陆俭明、马 真 《现代汉语虚词散论》,北京大学出版社,1985 年。

吕叔湘等 《现代汉语八百词》,商务印书馆,1996 年。

吕文华　《对外汉语教学语法探索》,语文出版社,1994年。

彭小川　《对外汉语语法课语段教学刍议》,《语言文字应用》1999年第3期。

彭小川　《论副词"倒"的语篇功能——兼论对外汉语语篇教学》,《北京大学学报》1999年第5期。

彭小川　《副词"并""又"用于否定形式的语义、语用差异》,《华中师范大学学报》(人文社科版)1999年第2期。

彭小川　《试论华文教学的深入浅出问题》,《暨南学报》(哲社版)1998年第4期。

彭小川　《论"精讲活练"》,《语言教学与研究》2003年第1期。

彭小川　《关于是非问句的几点思考》,《语言教学与研究》2006年第6期。

彭小川、杨　江　《说"一旦"》,《世界汉语教学》2006年第1期。

彭小川、周　芍　《也谈"了₂"的语法意义》,《学术交流》2005年第1期。

彭小川、严丽明　《"全部""所有"和"一切"的语义考察》,《世界汉语教学》2007年第4期。

彭小川、胡　玲　《转折句中的"还是"》《汉语学习》2009年第6期。

陶　然等　《现代汉语虚词辞典》,中国国际广播出版社,1995年。

王凤兰　《"暂时"和"一时"的异同考察》,《语言与翻译》2005年第2期。

王凤兰　《谈副词"几乎"》,载彭小川主编《现代汉语虚词探索与研究》,暨南大学出版社,2007年。

王凤兰　《现代汉语目的范畴研究》,吉林出版集团有限责任公司,2013年。

王　红　《副词"都"的语法意义》,《汉语学习》(吉林)1999年第6期。

王　红　《副词"净"浅析》,《暨南学报》(社科版)2000年第1期。

王　红　《试析"应该"与"必须"》,《广州华苑》1999年第1期。

王　红　《语气副词"都"的语义、语用分析》,《华文教学与研究》(暨南大学华文学院学报)2001年第2期。

王　还　《对外汉语教学语法大纲》,北京语言学院出版社,1995年。

邢福义　《方位结构"X里"和"X中"》,《世界汉语教学》1996年第4期。

叶盼云、吴中伟　《外国人学汉语难点释疑》,北京语言文化大学出版社,1999年。

赵金铭　《教外国人汉语语法的一些原则问题》,《语言教学与研究》1994年第2期。

赵　敏　《"连"字句、"甚至"句、"即使"句的语义对比分析》,载彭小川主编

《现代汉语虚词探索与研究》，暨南大学出版社，2007 年。

赵新、李英主编　《学汉语近义词词典》，商务印书馆，2009 年。

中国科学院语言研究所词典编辑室　《现代汉语词典》（修订本），商务印书馆，1996 年。

朱德熙　《语法讲义》，商务印书馆，1984 年。

后　记

本书第一版出版于 2004 年,距今已 15 年了。当年促成我们撰写此书的缘由是,在教学过程中,常有留学生就汉语的一些语法现象向我们提出"为什么……""……有什么不同"之类的疑问。尽管我们对其中一些问题做了专题研究,撰写了一批论文,但成果毕竟是零散的,且所解答的问题数量也很有限。于是我们申请国家汉办的科研项目,获得了立项,对 201 个常见的语法问题进行了释疑,并得以在商务印书馆出版,以期能为留学生释疑解惑,并为对外汉语教师及从事 TCSL 的人士提供一些参考。

第一版面世后,获得海内外读者的广泛好评。但随着时间的推移,我们愈发清楚地意识到该版尚存一些有待完善之处,如条目还可更丰富一些;有的条目对词语的辨析还可更全面、准确些,或更直观、明确些……于是,我们向商务印书馆提出申请,顺利获批出版增订本。

增订本新增条目 34 条,全书条目共 235 条。其中部分条目反映出我们多年来专题研究的成果;更多条目则通过参考大量的文献,检索语料库,经过反复思考、推敲,总结出我们自己的研究心得;同时,我们还注意吸收语法学界一些新的研究成果(包括新观点、新方法),并跟其他所有的条目一样,尽可能深入浅出地反映出来。限于篇幅,所参考过的文献无法尽数列出,在此向所有有关的著者以及相关语料库的创建者表示衷心的感谢!

本书的出版与再版均得到了商务印书馆的大力支持;资深编审冯爱珍女士当年便是本书的责编,如今又再次上阵,为增订本的出版付出了大量的辛勤的劳动;萧文茵女士为本书绘制了精美的插图。在此一并深表谢忱!

增订本尚存的不足之处,恳请专家学者以及本书的使用者继续不吝指正,谢谢!

作 者

2020 年 12 月